本輯出版得到西南大學漢語言文獻研究所學科發展經費資助

簡帛語言文字研究

第六輯

張顯成 主編

四川出版集團
巴蜀書社

《簡帛語言文字研究》編委會

學術顧問　饒宗頤　李學勤

主　　編　張顯成

編　　委　王志平　王貴元　李家浩
　　　　　沈　培　孟蓬生　高大倫
　　　　　陳松長　張顯成　趙平安
　　　　　劉　釗　劉樂賢　魏德勝
　　　　　（以上以姓氏筆畫爲序）

本輯編務　馬克冬

饒宗頤先生題詞：

勾沈探賾

辛巳 選堂

李學勤先生題詞：

揆之文義而安，求之古訓而合，采漢唐宋增儒之所長，而化其鑿空之病與拘牽之習，蓋非冒前人之說而不之用，乃師前人之說而善用之者也。

右載錄王余摚經傳釋序語，藉賀《簡帛語言文字研究》創刊

李學勤
二〇〇一年八月

目 錄

郭靜云　釋楚簡"悉"、"阵"、"隱"和"舍"字……………（ 1 ）
蘇建洲　說《武王踐阼》簡3"矩"字……………………（ 16 ）
李詠健　《上博七·鄭子家喪》"毋敢勹門而出"考………（ 23 ）
張新俊　釋上博簡《凡物流形》中的"及"………………（ 39 ）
路方鴿　《居延新簡》校釋二則……………………………（ 52 ）
周祖亮　《馬王堆漢墓帛書〔肆〕》釋文校勘劄記………（ 58 ）
聶　丹　《河西簡牘》校勘記………………………………（ 73 ）
趙　德　《居延漢簡》異文釋讀研究舉例…………………（ 88 ）
張新雲　《銀雀山漢墓竹簡〔貳〕》異位字研究…………（ 99 ）
馬智全　清華簡《尹至》字體散論…………………………（117）
張存良　水泉子漢簡《蒼頡篇》的文字及書法特點………（132）
楊艷輝　通假的語音關係初探
　　　　——以《敦煌漢簡》爲主要研究材料……………（141）
馬克冬　居延漢簡的辭書學價值……………………………（156）

陳榮傑	《嘉禾吏民田家莂》田地詞語的層級性	（174）
盧中陽	從清華簡《楚居》篇多鄩看先秦時期的異地同名現象	（194）
王玉蛟	《清華簡（壹）》人稱代詞研究	（205）
李 燁	《清華簡（壹）》"厥"和"其"的用法及其時代性初探	（223）
汪 穎	《清華簡（壹）》名詞研究	（239）
李迎莉	《清華簡（壹）》複音詞研究	（257）
田佳鷺	睡虎地秦墓竹簡《日書甲種》複音詞考察	（275）
熊昌華	秦簡介詞初探	（290）
范紅麗	《銀雀山漢墓竹簡〔貳〕》介詞、連詞、助詞、語氣詞調查	（307）
房相楠	《周家臺秦簡·病方及其它》短語研究	（331）
李若暉	馬王堆帛書《要》篇"幽贊"解詁	（343）
李 燁　張顯成	《尹灣漢簡》兵器名物索引	（351）
田佳鷺　張顯成	《尹灣漢簡》人名索引	（363）
王玉蛟　張顯成	《尹灣漢簡》遣策名物索引	（381）
王 偉	建國以來秦簡的發現與研究	（391）
後 記		（411）
《簡帛語言文字研究》徵稿啟事		（413）

釋楚簡"悉"、"阩"、"隱"和"舍"字

郭靜云①

摘 要：本文對"悉"、"阩"、"隱"字進行考證，並對"舍"字提出若干想法。本文認爲，《緇衣》郭店本的"隱"字應是"悗"字的異構。郭店本的用字，佐證了王引之的見解，"民言不詭行，行不詭言"之語表達言行不相違，兼有不詭詐、不謊誕的意味。

關鍵詞：古文字；楚簡文字；《緇衣》；《禮記》

前 言

郭店《緇衣》第33簡言："民言不隱行不隱言"。上博《緇衣》第16簡言："民言不舍行﹦，不舍言"。《禮記·緇衣》此處作"民言不危行，而行不危言矣"。在此處郭店簡本作"隱"；

---

① 郭靜云，臺灣中正大學歷史系 教授；廣州中山大學歷史系 博士生導師 廣州 510275。

上博簡本作"舍";禮記經本作"危"字。本文據出土文本用字的考證,嘗試釐清《緇衣》用"危"字的本義。

一、釋"危"

關於經本的"危"字,鄭玄注曰:"危猶高也,言不高於行,行不高於言,言行相應也。"①

然筆者認爲此解仍有文義不順之處。由前文來看,《緇衣》強調少言語,而以行爲體現仁德。所以,否定"高言"尚可理解,否定"高行"則明顯與前文產生矛盾。先秦文獻中,"高言"有負面的意思,如:

> 是故人主有能用其道者不事心,不勞意,不動力,而土地自辟,囷倉自實,蓄積自多,甲兵自彊,群臣無軸偽,百官無姦邪,奇術技藝之人,莫敢高言孟行,以過其情,以遇其主矣。(《管子·任法》)

> 從事於談說,高言偽議。(《商君書·農戰》)②

但"高行"卻用於正面的意思,如《管子·法法》曰:"故雖有明智高行,倍法而治,是廢規矩而正方圜也。"③ 因此,此處釋"危"爲"高",文義上仍模糊不清,未能定論。

---

① 漢·鄭玄注、唐·孔穎達疏《禮記注疏》,《十三經注疏》,新文豐出版公司,2001年,頁2314。
② 春秋齊·管仲、黎翔鳳撰、梁運華整理《管子校注》,中華書局,2006年,頁900-901;戰國衛·商鞅撰、賀凌虛注譯《商君書今注今譯》,商務印書館,1985年,頁33。
③ 春秋齊·管仲、黎翔鳳撰、梁運華整理《管子校注》,頁308。

因之，清代孫希旦將鄭玄所釋的"高"字，進一步轉釋爲"越"、"過"，其謂：

> 危，高峻也。君子之言行，不越中庸，而民效之。故言不敢高於行，言必顧行也；行不敢高於言，行必顧言也。呂氏大臨曰：引《詩》，言爲人上者，當善慎其客止，不過於先王《曲禮》之儀，以證言行之不可過也。①

考諸"危"字的涵義，若其用以表達高峻的意思，則同時亦帶有危險的意味。如《國語·晉語八》："拱木不生危，松柏不生埤。"高誘注："危，高險也。"在文獻中並未發現以"危"字同時表示高峻和超越雙重意涵者。所以孫希旦的推論缺乏例證。

若不訓爲"高峻"，在漢代以前的文獻中，"危言"、"危行"仍有兩種不同用法。其一是形容謹慎或正直的言、行，其次則指危險的行動。如：

> 及其得柘棘枳枸之間也，危行側視，振動悼慄。（《莊子·山木》）

> 其在朝，君語及之，即危言；語不及之，即危行。（《史記·管晏列傳》）張守節正義："謂己謙讓，非云功能。"

> 危言不干德曰正。（《逸周書·武順》）

> 邦有道，危言危行；邦無道，危行言遜。（《論語·憲問》）何晏集解引包咸曰："危，厲也。"

> 《象》曰："震往來厲，危行也。"

---

① 清·孫希旦《禮記集解》，中華書局，1995年，卷52，頁1324。

孔穎達疏："'危行也'者,懷懼往來,是致危之行。"(《易‧震‧象傳》)①

在上述文例中,雖亦同時提到"危言"和"危行",但顯然與《緇衣》本旨不同。因之,清代王引之在《經義述聞》中,提出此"危"應釋作"詭"的意見:

> 危,讀爲詭。詭者,危也,反也。言君子言行相顧,則民言不違行,行不違言矣。《呂氏春秋‧淫辭篇》:"所言非所行也,所行非所言也。言行相詭,不祥莫大焉。"謂言行相違也。②

依筆者淺見,王說足以解決經本兩千年來的疑問。

然而出土簡本此處並不寫作"危"字,我們仍需針對簡本用字加以理解,纔能闡明其本意所在。

二、釋"隱"

學界對此字的解讀主要有二:一、裘錫圭先生釋之爲"危"的語音假借字③,學者多從此說;二,楊澤生釋爲"禍"(過)

---

① 戰國宋‧莊周著、王叔岷校《莊子校詮》,頁748;漢‧司馬遷撰、瀧川龜太郎(日)會注考證《史記會注考證》,大安出版社,1998年,頁851;黃懷信、張懋鎔、田旭東撰《逸周書彙校集注》,上海古籍出版社,2007年,頁320;魏‧何晏等注、宋‧邢昺疏《論語注疏》,《十三經注疏》,新文豐出版公司,2001年,頁306;魏‧王弼、晉‧韓康伯注、唐‧孔穎達等正義《周易正義》,《十三經注疏》,新文豐出版公司,2001年,頁423。
② 清‧王引之著《經義述聞》,廣文書局,1979年,卷十六,頁393。
③ 荊門市博物館編著《郭店楚墓竹簡》,文物出版社,1998年,頁135。

的語音假借字①。江俊偉曾蒐集郭店、上博簡中釋讀作"危"的字體，但找不到類似"隓"的字形結構，故而贊同楊澤生的說法。然反觀楚簡中已見的"過"字寫法，同樣沒有接近"隓"的結構。

學者們多認為"隓"是從"禾"得聲，"禾"字先秦古音為 g (h) wāj②；"禍"字古音為 ghwāj，"過"為 kwājh③，聲韻近同；西漢以前，"危"字讀作 ŋwaj，聲近音同。就語音而論，"隓"假借為"禍"（過）與"危"均屬合理，兩者間仍莫衷一是。

上博《孔子詩論》第 8 簡，評論《小宛》的文句中有"𢖺"（悆）字（馬承源隸為"惡"④）。李零先生推論："'佞'，原從心從年，疑以音近讀為'佞'（'佞'是泥母耕部字，'年'是泥母真部字，讀音相近）。'佞'是巧於言辭的意思。'其言不惡，少有佞焉'，是說批評比較委婉。"⑤ 李學勤、廖名春、季旭昇先生視為"急"（仁）字的訛形，意思是："《小宛》的話不

---

① 楊澤生《關於郭店楚簡緇衣篇的兩處異文》，《孔子研究》，2002 年第 1 期，頁 36 –39。
② Starostin S. (project leader). Database query to Chinese characters. *The Tower of Babel*. http: //starling. rinet. ru/cgi – bin/query. cgi? root = config&morpho = 0&basename = \ data \ china \ bigchina.
③ Karlgren code 0018 f – g, 0018 e.
④ 馬承源《孔子詩論》，《上海博物館藏戰國楚竹書（一）》，頁 136。
⑤ 李零《上博楚簡校讀記（之一）——《子羔》篇"孔子詩論"部分》，簡帛研究網 2002/01/04, http: //www. bamboosilk. org/Wssf/2002/liling01 –2. htm.

壞，可以算稍爲接近'仁'了。"① 俞志慧先生把"年"形偏旁看作'禾'（金文所見"年"的異文），並視爲"秀"的異構②。何琳儀、周鳳五先生將此字讀作"危"③，周鳳五先生並引郭店《緇衣》的"隱"字作證，其謂："《詩論》之意似謂'《小宛》並非惡言，但稍有危言聳聽之嫌。''其言不惡，少有危焉'，蓋美詩人處衰亂之世而能戒慎恐懼，《小宛》末章云：'惴惴小心，如臨於谷；戰戰兢兢，如履薄冰'是也。"。

楊澤生先生分析戰國文字及《孔子詩論》的書體，論定"𥝩"字上部隸爲"禾"即可，古文字中"禾"與"年"確實經常不區分。楊澤生先生認爲，"悉"字從"禾"得聲，故可釋爲"過"或"禍"的異構，其論曰：

根據文義，此字可讀"過"或"禍"。如果讀"過"，簡文"《小宛》其言不惡，小有過焉"，是說《小宛》裏諷刺或勸諫周王的話並非惡言，祇是稍微過分一點或小有過失罷了。詩中直斥"彼昏不知，壹醉日富"，並以教訓的口吻說"毋忝爾所生"，這是不是不夠委婉而過了一點，或者算

---

① 季旭昇主編，陳霖慶、鄭玉姍、鄒濬智合撰《上海博物館藏戰國楚竹書（一）讀本》，萬卷樓圖書，2003年，頁21。另參李學勤《上海博物館藏楚竹書〈詩論〉分章釋文》，《國際簡帛研究通訊》，第二卷第二期，2002年1月；廖名春《上博〈詩論〉簡的形制和編連》，簡帛研究網 2002/1/12, http://www.bamboosilk.org/Wssf/2002/liaomincun01.htm；廖名春《上博〈詩論〉簡的作者和作年》，http://www.bamboosilk.org/Wssf/2002/liaomincun02.htm.

② 俞志慧《〈戰國楚竹書·孔子詩論〉校箋（上）》，簡帛研究網 2002/01/17, http://www.bamboosilk.org/Wssf/2002/yuzhihui01-1.htm；俞志慧，《竹書〈孔子詩論〉芻議》，簡帛研究網 2002/03/02, http://www.bamboosilk.org/Wssf/2002/yuzhihui02.htm.

③ 何琳儀《滬簡詩論選釋》，簡帛研究網 2002-1-17, http://www.jianbo.org/Wssf/2002/helinyi01.htm；周鳳五，《〈孔子詩論〉新釋文及注解》，簡帛研究網 2002/01/16, http://www.bamboosilk.org/Wssf/2002/zhoufengwu01.htm.

是小有過失呢？若此，簡文的句式和文義似乎可與《易·訟》"不永所事，小有言，終吉"比較。如果讀"禍"，簡文"《小宛》其言不惡，少有禍焉"可能是說《小宛》前半部分：

宛彼鳴鳩，翰飛戾天。我心憂傷，念昔先人。明發不寐，有懷二人。

人之齊聖，飲酒溫克。彼昏不知，壹醉日富。各敬爾儀，天命不又。

中原有菽，庶民採之。螟蛉有子，蜾蠃負之。教誨爾子，式穀似之。

題彼脊令，載飛載鳴。我日斯邁，而月斯征。夙興夜寐，毋忝爾所生。

這些諷諫周王的話並非惡言；而詩歌的後半部分：

交交桑扈，率場啄粟。哀我填寡，宜岸宜獄。握粟出卜，自何能穀？

溫溫恭人，如集於木。惴惴小心，如臨於谷。戰戰兢兢，如履薄冰。

以自己遭受禍患而勸人小心謹慎，其目的無非是希望"少有禍焉"。朱熹《詩集傳》說《小宛》是"大夫遭時之亂，而兄弟相戒以免禍之詩"，曾運乾說"此詩蓋賢者懼於獄而戒其兄弟也"（參曾運乾著、周秉鈞整理《毛詩說》，岳麓書社，1990年，頁122）。由此看來，無論是讀"過"

還是讀"禍",都和《小宛》中的詩句、主題扣得比較緊。①

筆者認爲楊澤生的想法頗有理據,《孔子詩論》的"悉"讀爲"過"(或"禍")字,確實較合理。

楚簡"過"字從"化"得聲,如《緇衣》即多用從"辵"的"迁"字,另外亦有多處從"心"的"怤",在郭店《太一》、《成之聞之》、《性自命出》,以及上博《性情論》、《仲弓》中均釋作"過",在《吳命》則釋作"禍"。"咼"古音 khwrāj、"化"音 ŋrwājh②、"禾"音 g(h)wāj,三者古音皆通。以"和氏之璧"的"和"字爲例,《淮南子·說山》寫作"咼"氏,顯示"禾"、"咼"聲符間確有混用的現象。"悉"的字形結構與"怤"相近,在《孔子詩論》中,釋作"過"或"禍"字,文義也通順,故筆者贊同其說。

至於《緇衣》的"隱"字,楊澤生認爲仍應釋讀爲"過"。③ 考諸傳世文獻,確實有"過言"的概念,如:

> 吾聞作忠以造怨兮,忽謂之過言。(《楚辭·九章·惜誦》)
>
> 君子恥其言而過其行。(《論語·憲問》)
>
> 不足於行者,說過;不足於信者,誠言。(《荀子·大略》)
>
> 君子過言,則民作辭;過動,則民作則。君子言不過

---

① 楊澤生,《上海博物館所藏楚簡文字說叢》,簡帛研究網 2002/02/03, http://www.jianbo.org/Wssf/2002/yangzesheng02.htm.
② Karlgren code 0018 a、0019 a-b.
③ 楊澤生,《關於郭店楚簡緇衣篇的兩處異文》,頁 36-37。

辭，動不過則，百姓不命而敬恭。(《禮記·哀公問》) 鄭玄注："君之言雖過，民猶稱其辭；君之行雖過，民猶以爲法。"①

這些文例所指，與《緇衣》此章文意相近，故楊說大致可採。但筆者以爲，可能仍有其他更具說服力的釋讀方式。

包山簡第86簡有"㕁"(阣)字，劉信芳釋爲"危"的語音假借。"禾"、"危"古音相同，"阣"可能是"危"字異體。可惜包山簡中，此字用於人名，今已難知其義。若然，則單以形、音觀之，"隓"字即應隸作"恑"字②。

《說文·心部》曰："恑，變也，从心，危聲。"段玉裁注："今此義多用詭。過委切。"朱駿聲通訓："譎詐怪異之意。《一切經音義》三引《說文》：'變詐也。'史書皆以詭爲之。"③"詭"字古音kwaj④，若以"禾"爲聲符，在聲韻是可以成立的。

"詭"與"恑"的字形關係，恰與"譌"、"偽"相同。"偽"與"訛"音、義皆通，楚簡中的"爲"字或即"譌"、"訛"、"偽"古字。如《老子甲》："絕僞棄慮。"⑤ 此外，亦可

---

① 戰國楚·屈原著、宋·洪興祖補注《楚辭補注》，大安出版社，2004年，頁180；魏·何晏等注、宋·邢昺疏《論語注疏》，頁328；漢·鄭玄注、唐·孔穎達疏《禮記注疏》，頁2123–2124；戰國趙·荀況撰、清·王先謙集解《荀子集解》，華正書局，1991年，頁797。
② 劉信芳《包山楚簡解詁》，頁83–84。
③ 漢·許慎著、清·段玉裁注《說文解字注》，藝文印書館，1966年，頁510下；漢·許慎著、清·朱駿聲編著《說文通訓定聲》，中華書局，1998年，頁530。
④ Karlgren code 0029 b.
⑤ 荊門市博物館編著《郭店楚墓竹簡·老子甲》，文物出版社，2002年，頁1。

釋作"化"或"爲"字，如《老子甲》："衍亙（道恆）亡爲也，侯王能守之，而萬勿酒（物將）自偽。"《語叢一》："譔天道以偽民燹（氣）。"① 郭店簡、包山簡此字皆寫作"䙴"與《緇衣》"䙴"字寫法相當接近。筆者推斷，《孔子詩論》的"悉"係"過"（禍）字，而《緇衣》的"隱"則爲"詭"字。

儘管郭店本的用字，佐證了王引之的見解無誤。不過依鄙見，所謂"民言不詭行，行不詭言"不僅指言行不相違，也具有不詭詐、不譎誕的意味。人民言無虛矯，不以妄言掩飾行。《穀梁傳·文公六年》曰："故士造辟而言，詭辭而出。"范甯注："詭辭而出，不以實告人。"《管子·四時》也云："刑德合於時則生福，詭則生禍。"②

三、釋"㐁"

上博簡本此字難解，觀其字形，隸從"今"、"石"應無疑問。若其從"今"得聲，古音爲 k(r)əm（侵部字），若從"石"得聲，古音爲 diak（昔部字）③，無論"今"、"石"，古音都與"危"、"禾"、"咼"不同。因此，學者們推論該字是"咼"的

---

① 荊門市博物館編著《郭店楚墓竹簡·老子甲》，頁 13；荊門市博物館編著《郭店楚墓竹簡·語叢一》，文物出版社，2003 年，頁 34。
② 晉·范甯注、唐·楊士勛疏《春秋穀梁傳注疏》，《十三經注疏》，新文豐出版公司，2001 年，頁 290；春秋齊·管仲、黎翔鳳撰、梁運華整理《管子校注》，頁 838。
③ Karlgren code 0651 a–e、0795 a–c。

訛形（從"广"、"二"、"口"），亦即"危"字①，但從實際的字形來看，此說恐流於牽強。另外，史傑鵬曾提出將之釋讀爲"險"的假設②，筆者另案如下。

靜云案："險"有從"石"和從"山"兩種異體字。《集韻·琰韻》："險，《說文》：'阻難也'或從山。"③ 此一"嶮"字，可見諸漢代以來的各種文獻。至於"磏"的出現年代則較爲晚近，如明代梅膺祚《字彙·石部》云："磏，同險。"④ 然"石"、"山"、"阜"偏旁互相取代、混用的狀況實屬常見，所以仍無法排除"險"字在先秦有從"石"寫法的可能性。"險"古音 hraᵐ⑤ 曉紐琰部字，"今"爲見紐侵部字，曉、見兩紐相近，琰、侵兩部旁轉，"今"、"僉"聲符基本上可以通假。因此，史傑鵬的釋讀仍有其合理性。《書·盤庚上》云：

> "今汝聒聒，起信險膚，予弗知乃所訟。"孔穎達疏："起信險膚者，言發起所行，專信此險僞膚受淺近之言，信此浮言，妄有爭訟。"孫星衍疏："險者，《廣雅·釋詁》云：'邪也。'《說文》有'憸'，云：'詖也。'險聲近憸。

---

① 大西克也《試論上博楚簡《緇衣》中的"𠂤"字及相關諸字》，《第四屆國際中國古文字學研討會》，中文大學，2003年，頁331–346；季旭昇主編，陳霖慶、鄭玉姍、鄒濬智合撰《上海博物館藏戰國楚竹書（一）讀本》，頁128；虞萬里《上博館藏楚竹書《緇衣》綜合研究》，武漢大學出版社，2010年，頁130–132。
② 史傑鵬《談談上海博物館楚簡的"𠂤"字》，《簡帛研究二〇〇二、二〇〇三》，廣西師範大學出版社，2004年，頁108–109。
③ 漢語大字典編纂委員會編《漢語大字典》，湖北辭書出版社、四川辭書出版社，1986–1990年，頁801。
④ 明·梅膺祚著、清·吳任臣撰《字彙》，收入《續收四庫全書·經部·小學類》第233冊，上海古籍出版社，1995年，頁129。
⑤ Karlgren code 0613 f.

……言群臣譁言拒善，而興信邪險膚傳之語。"①

若從其說，"險"字的用法確實與上述"詭"字有互通之處。可以推論，此處上博本用字雖與郭店、禮記本不同，但文義仍屬一致。

此外，顏世鉉先生提出"舍"即"岑"字的假設②。以字形來看，其說確實可從，但以"岑"字套入句中，文義頗有不順之處。考諸先秦文獻，"岑"字有如下用法：

　　山陵岑巖，淵泉閎流。（《管子·宙合》）
　　夜半於無人之時而與舟人鬥，未始離於岑而足以造於怨也。（《莊子·徐無鬼》）陸德明釋文："崖，岸也。"
　　山小而高曰岑。（《爾雅·釋山》）③

依筆者淺見，"岑"字與《緇衣》本旨不合。但藉由"舍"、"岑"間的字形關聯，或許可以說明鄭玄何以將"危"字解釋爲"高"。

結　論

經過上述分析筆者推論，《緇衣》郭店本的用字，佐證了王引之的見解，"民言不詭行，行不詭言"之語表達言行不相違，

---

① 漢·孔安國傳、唐·孔穎達等正義《尚書正義》，頁341、343；清·孫星衍撰《尚書今古文注疏》，中華書局，1965年，卷六，頁四右。
② 顏世鉉《上博楚竹書（一）、（二）讀記》，《臺灣中文學報》，第18期，2003年6月，頁1-30。
③ 春秋齊·管仲、黎翔鳳撰、梁運華整理《管子校注》，頁234；戰國宋·莊周著、王叔岷校《莊子校詮》，中央研究院歷史語言研究所，1999年，頁840-841；晉·郭璞注、宋·邢昺疏《爾雅注疏》，《十三經注疏》，新文豐出版公司，2001年，頁383。

兼有不詭詐、謊誕的意味。人民言無虛矯，不以妄言掩飾行。

參考文獻：
著作：
[1] 荊門市博物館編著《郭店楚墓竹簡·老子甲》，文物出版社，2002 年。
[2] 荊門市博物館編著《郭店楚墓竹簡·語叢一》，文物出版社，2003 年。
[3] 馬承源主編《上海博物館藏戰國楚竹書（一）》，上海古籍出版社，2001 年。
[4] 魏·王弼、晉·韓康伯注、唐·孔穎達等正義，《周易正義》，《十三經注疏》，新文豐出版公司，2001 年。
[5] 漢·鄭玄注、唐·孔穎達疏《禮記注疏》，《十三經注疏》，新文豐出版公司，2001 年。
[6] 晉·范甯注、唐·楊士勛疏《春秋穀梁傳注疏》，《十三經注疏》，新文豐出版公司，2001 年。
[7] 魏·何晏等注、宋·邢昺疏《論語注疏》，《十三經注疏》，新文豐出版公司，2001 年。
[8] 晉·郭璞注、宋·邢昺疏《爾雅注疏》，《十三經注疏》，新文豐出版公司，2001 年。
[9] 清·孫希旦《禮記集解》，中華書局，1995 年。
[10] 黃懷信、張懋鎔、田旭東撰《逸周書彙校集注》，上海古籍出版社，2007 年。
[11] 戰國宋·莊周著、王叔岷校《莊子校詮》，中央研究院歷史語言研究所，1999 年。
[12] 戰國楚·屈原著、宋·洪興祖補注《楚辭補注》，大安出版社，2004 年。

[13] 春秋齊·管仲傳、黎翔鳳撰、梁運華整理《管子校注》，中華書局，2006年。

[14] 戰國衛·商鞅撰、賀凌虛注譯《商君書今注今譯》，商務印書館，1985年。

[15] 戰國趙·荀況撰、清·王先謙集解《荀子集解》，華正書局，1991年。

[16] 漢·司馬遷撰、瀧川龜太郎（日）會注考證《史記會注考證》，大安出版社，1998年。

[17] 漢·許慎著、清·段玉裁注《說文解字注》，藝文印書館，1966年。

[18] 漢·許慎著、清·朱駿聲編著《說文通訓定聲》，中華書局，1998年。

[19] 明·梅膺祚著、清·吳任臣撰《字彙》，收入《續收四庫全書·經部·小學類》第233冊，上海古籍出版社，1995年。

[20] 清·孫星衍撰《尚書今古文注疏》，中華書局，1965年。

[21] 清·王引之著《經義述聞》，廣文書局，1979年。

[22] 漢語大字典編纂委員會編《漢語大字典》，湖北辭書出版社、四川辭書出版社，1986–1990年。

論文：

[1] 大西克也《試論上博楚簡〈緇衣〉中的"倉"字及相關諸字》，《第四屆國際中國古文字學研討會》，中文大學，2003年，頁331–346。

[2] 史傑鵬《談談上海博物館楚簡的"舍"字》，《簡帛研究二〇〇二、二〇〇三》，廣西師範大學出版社，2004年，頁108–109。

[3] 李學勤《上海博物館藏楚竹書〈詩論〉分章釋文》，《國際簡帛研究通訊》，第二卷第二期，2002年1月。

[4] 李零《上博楚簡校讀記（之一）——〈子羔〉篇"孔子詩論"部分》，簡帛研究網 2002/01/04，http：//www.bamboosilk.org/Wssf/

2002/liling01-2. htm.

［5］何琳儀《滬簡詩論選釋》，簡帛研究網 2002-1-17，http：//www. jianbo. org/Wssf/2002/helinyi01. htm.

［6］季旭昇主編，陳霖慶、鄭玉姍、鄒濬智合撰《上海博物館藏戰國楚竹書（一）讀本》，萬卷樓圖書，2003 年。

［7］周鳳五《〈孔子詩論〉新釋文及注解》，簡帛研究網 2002/01/16，http：//www. bamboosilk. org/Wssf/2002/zhoufengwu01. htm.

［8］俞志慧《竹書〈孔子詩論〉芻議》，簡帛研究網 2002/03/02，http：//www. bamboosilk. org/Wssf/2002/yuzhihui02. htm.

［9］俞志慧《〈戰國楚竹書·孔子詩論〉校箋（上）》，簡帛研究網 2002/01/17，http：//www. bamboosilk. org/Wssf/2002/yuzhihui01-1. htm.

［10］楊澤生《上海博物館所藏楚簡文字說叢》，簡帛研究網 2002/02/03，http：//www. jianbo. org/Wssf/2002/yangzesheng02. htm.

［11］楊澤生《關於郭店楚簡緇衣篇的兩處異文》，《孔子研究》，2002 年第 1 期，頁 36-39。

［12］廖名春《上博〈詩論〉簡的形制和編連》，簡帛研究網 2002/1/12，http：//www. bamboosilk. org/Wssf/2002/liaomincun01. htm.

［13］廖名春《上博〈詩論〉簡的作者和作年》，http：//www. bamboosilk. org/Wssf/2002/liaomincun02. htm.

［14］顏世鉉《上博楚竹書（一）、（二）讀記》，《臺灣中文學報》，第 18 期，2003 年 6 月，頁 1-30。

［15］虞萬里《上博館藏楚竹書〈緇衣〉綜合研究》，武漢大學出版社，2010 年。

［16］Starostin S. (project leader). Database query to Chinese characters. The Tower of Babel.

http：//starling. rinet. ru/cgi-bin/query. cgi? root = config&morpho = 0&basename = \ data \ china \ bigchina.

說《武王踐阼》簡3"矩"字

蘇建洲①

摘 要：《武王踐阼》簡3"武王西面而行，⿰木巨折而南，東面而立。"本文同意張崇禮先生所說"⿰木巨"讀爲"矩"，簡文所描寫的正是周武王折旋的神態。由字形來看，"⿰木巨"釋爲"柜"是有可能的，如此自然可以讀爲"矩"。但是"⿰木巨"恐怕更接近戰國文字"曲"的寫法，可以隸定爲"柚"，讀爲"矩"。

關鍵詞：《上博竹書》；《武王踐阼》；文字考釋；矩折

《上博七·武王踐阼》簡2-3有段文字曰：

帀（師）上（尚）父【2】［曰］："夫先王之箸（書），不异（與）北面。"武王西面而行，△折而南，東面而立。②

---

① 蘇建洲，臺灣彰化師範大學國文學系　副教授　臺灣彰化　500。
② 馬承源主編《上海博物館藏戰國楚竹書（七）》，上海古籍出版社，2008年，頁17。

今本作：

　　師尚父曰："先王之道，不北面。"王行西，折而南，東面而立。①

看得出來簡文"△折而南"是對應今本"折而南"的。簡文疑難字"△"作：

　　　　　　　柜

整理者釋此字爲"柚"，分析爲從木，曲聲，讀作"曲"。《廣雅·釋詁》："曲，折也。""曲折"，謂彎曲迴轉。此句意爲：武王向西面行走，轉至南面，到東面而立。② 復旦讀書會從之。③ 劉雲先生將此字分析爲從木從聲從屯，認爲此字很可能就是"磬"字，簡文"磬折"可能有兩種意思：一種表示人身體彎曲的狀態。這樣"磬折而南"的表面意思就是彎着身子向南走，深層的意思就是畢恭畢敬地向南走。一種表示拐了個像磬的形體一樣的彎。這樣"磬折而南"的意思就是拐了個像磬的形體一樣的彎向南走。這樣理解能和《大戴禮記·武王踐阼》中對應的語句"折而南"有個統一的解釋。④ 張崇禮先生認爲此字右旁所從爲"巨"，字形即是"柜"字，可釋爲"矩"，是畫直

---

① 〔清〕王聘珍撰，王文錦點校《大戴禮記解詁》，中華書局，1998年，頁104。
② 馬承源主編《上海博物館藏戰國楚竹書（七）》，上海古籍出版社，2008年，頁153-154。
③ 復旦大學出土文獻與古文字研究中心研究生讀書會《〈上博七·武王踐阼〉校讀》，復旦大學出土文獻與古文字研究中心網站，2008年12月30日，http://www.gwz.fudan.edu.cn/SrcShow.asp?Src_ID=576。底下簡稱"復旦讀書會"，並不再注出。
④ 劉雲《說上博簡中的從"屯"之字》，復旦大學出土文獻與古文字研究中心網站，2009年1月5日，http://www.guwenzi.com/SrcShow.asp?Src_ID=618。

角或方形用的曲尺。《禮記·玉藻》認爲古之君子應當"周還中規，折還中矩"。簡文"武王西面而行，矩折而南，東面而立"，一方面武王正好轉了一個九十度的直角，另一方面武王的動作合乎古之君子的行動規範，也反映了他態度的莊重和嚴肅。① 侯乃峰先生則認爲字形右部有可能是"匠"字的減省寫法。字形即是"樞"，在簡文中當可以讀爲"頤"。"頤折"一詞，在簡文中似也可以視爲狀語，解釋爲頭前傾故而頤曲，表示武王行走疾速。② 劉洪濤先生釋爲"柜（？矩？）"③。許文獻先生釋爲"樞"。④

謹案：就文意來看，張崇禮先生所舉"周還中規，折還中矩"的證據最值得注意：

《孟子·盡心下》："動容周旋中禮者，盛德之至也。"

《禮記·玉藻》："古之君子必佩玉，右徵、角，左宮、羽。趨以《采齊》，行以《肆夏》，周還中規，折還中矩，進則揖之，退則揚之，然後玉鏘鳴也。"鄭玄注"折還中矩"曰："曲行也，宜方。"⑤

《大戴禮記·保傅》："行以《采茨》，趨以《肆夏》，步環中規，折還中矩，進則揖之，退則揚之，然後玉鏘鳴

---

① 張崇禮《釋〈武王踐阼〉的"矩折"》，復旦大學出土文獻與古文字研究中心網站，2009年1月5日，http://www.guwenzi.com/SrcShow.asp?Src_ID=620。
② 侯乃峰《上博（七）字詞雜記六則》，復旦大學出土文獻與古文字研究中心網站，2009年1月16日，http://www.gwz.fudan.edu.cn/SrcShow.asp?Src_ID=665。
③ 劉洪濤《用簡本校讀傳本〈武王踐阼〉》，武漢大學簡帛網，2009年3月3日，http://www.bsm.org.cn/show_article.php?id=997。
④ 許文獻《上博七釋字札記——〈武王踐阼〉"樞"字試釋》，2009年3月28日，http://www.bsm.org.cn/show_article.php?id=1008。
⑤ 李學勤主編、龔抗雲整理《禮記正義（中）》，北京大學出版社，1999年，頁914。

也。"孔廣森曰:"步環尚圓,若般避時也。折還尚方,若揖曲時也。"朱子曰:"折旋,是直去了復橫去,如曲尺相似,其橫轉處欲其方如矩也。"①

簡文所描寫的正是周武王折旋的神態,所以"△"讀爲"矩"是合適的。

再看字形的問題:張先生將"△"釋爲"柜"。古文字"巨"字寫法固定,一般作:②

　　　　(《語叢四》14)　　(《曾侯》172)

可以理解爲兩橫筆中間有交叉的直筆,"△"右旁　並不符合此條件。不過,我們注意到《昭王毀室》簡1"殀"作　,其"歹"旁與《子羔》1"殊"偏旁對比如下:

前者交叉的兩直筆也可以寫作"一直筆"與"3"形筆畫,正可以比對:

似乎可以證明"△"就是"柜",自然可以讀爲"矩"。不過　畢竟與尋常所見的"巨"有所不同,作爲一種可能,整理者釋爲"柚"值得關注,這種"曲"字寫法常見於璽印文字,如:

---

① 並見黃懷信主撰《大戴禮記彙校集注》,三秦出版社,2005年,頁414－415。
② 黃德寬主編《古文字譜系疏證(二)》,商務印書館,2007,頁1388－1394。

(《璽彙》2238) (《璽彙》0907) (《璽彙3417》)

第一方《古璽彙編》釋爲"厶郇守",吳振武、何琳儀先生將"厶"改釋爲"郵",① 《戰國文字編》、施謝捷先生釋文相同。② 第二方《彙編》釋爲"私坅(璽)",吳振武、何琳儀先生釋爲"曲坅(璽)",③ 施謝捷先生同之。④ 第三方璽印末二字吳振武、何琳儀先生亦釋爲"曲坅(璽)"。⑤ 何琳儀先生後來負責撰寫的《古文字譜系疏證-侯部》下仍將這些璽印字形釋爲"曲"。他解釋這些形體來源說:"曲,象彎曲之形。或雙鉤、或單鉤,或於雙鉤內加飾筆。單鉤作L者,可演變爲匕形。參區之甲骨文作 形,區本從曲得聲。雙鉤者由 而 ,與單鉤者由L而匕,演變軌跡完全吻合。至於秦文字作 者,乃六國文字 之側置而已。"⑥ 其說可從。吳振武先生亦將" "釋爲"曲"。又如《溫縣盟書》WT1 K14:572"總"作 、上皋落戈"少曲"的"曲"作 。⑦ 筆者爲這種現象再補充一個例證,如下列傳鈔古文"乃":⑧

---

① 吳振武《談戰國貨幣銘文中的"曲"字》,《中國錢幣》1993年第2期;何琳儀《戰國古文字典》,中華書局,1998年,頁349。
② 湯餘惠主編《戰國文字編》,福建人民出版社,2001年,頁431;施謝捷《古璽彙考》,安徽大學博士學位論文,2006年,頁123。
③ 吳振武《談戰國貨幣銘文中的"曲"字》,《中國錢幣》1993年第2期;何琳儀《戰國古文字典》,中華書局,1998年,頁349。
④ 施謝捷《古璽彙考》,安徽大學博士學位論文,2006年,頁212。
⑤ 何琳儀《戰國古文字典》,中華書局,1998年,頁349。
⑥ 黃德寬主編《古文字譜系疏證(二)》,商務印書館,2007年,頁950-952。
⑦ 湯志彪《三晉文字編》,吉林大學博士論文,2009年,頁762、903。
⑧ 徐在國《傳鈔古文字編》中,線裝書局,2006年,頁475-476。

▣（乃，《汗簡》6.83）▣（乃，《古文四聲韻》3.13引雲臺碑）

▣（《集古文韻上聲卷第三》引《籀韻》）

又作：

▣（乃，《汗簡》6.82）▣（乃，《古文四聲韻》3.13引古尚書）

▣（《集古文韻上聲卷第三》引《古尚書》）《汗簡 古文四聲韻》頁88

演變方法如出一轍。可見楚竹書"曲"字雖作：

▣（《季庚子問孔子》23）▣（《弟子問》13）

但可以演變爲如下的字形：

▣ ▣ ▣ ▣

總之，"△"釋爲"柚"應該是可以成立的。

"柚"正可以讀爲"矩"。"曲"，溪紐屋部合口三等；"矩"，見紐魚部合口三等，音近可通。韻部魚屋可通，如王力先生曾指出濾、漉是一組同源詞，而濾是魚部、漉是屋部。① 陳偉武先生亦曾指出："與東陽合韻平行的現象有：……魚屋合韻（《孫臏·官一》、《六韜》五、《十問》）。……于豪亮先生在討論魚侯二部的關係時說：'在《詩經》中侯部字有時同魚部字押韻。……到了戰國時期，侯部字同魚部字葉韻更爲普遍。……李

---

① 王力《同源字典》，商務印書館，1999年，頁152。

星橋先生認爲戰國至漢魚、侯二部仍有分立的界限，但也承認二部通押大量存在的事實。'"① 而且"曲"、"矩"古籍亦有通假例證，如：《爾雅·釋木》："下句曰朻"，《詩·周南·樛木》："南有樛木"下《毛傳》曰："木下曲曰樛。"② 則【句和曲】可通假。③ 另外，《莊子·田子方》："履句履者，知地形"，《經典釋文》："句，音矩。"④ 可見"曲"與"矩"通假是沒有問題的。簡文讀作"武王西面而行，矩折而南，東面而立"，上引朱子的話將"矩折"的動作形容得很傳神，可以參考想象。

附記：本文爲「楚系簡帛字典編纂計劃」的研究成果之一，並獲得國家科學發展委員會的資助（計劃編號NSC99－2410－H－018－032），特此致謝。

---

① 陳偉武《簡帛兵學文獻探論》，中山大學出版社，1999年，頁167。
② 李學勤主編、龔抗雲等整理《毛詩正義（上）》，北京大學出版社，1999年，頁41。
③ 高亨、董治安編纂《古字通假會典》，齊魯書社，1997年，頁336。
④〔清〕郭慶藩《莊子集釋》，貫雅文化，1991年，頁718。

《上博七·鄭子家喪》"毋敢勺門而出"考

李詠健①

摘　要：《上博七·鄭子家喪》云："毋敢勺門而出"。對"勺"字的釋讀，學者眾說紛紜，莫衷一是。本文認爲，"勺"即燕璽及齊刀銘所見"勺"字，在簡文中讀爲"排"，訓"推"。"毋敢排門而出"，即"不敢推門而出"。據服虔、孔穎達、李貽德及楊伯峻之說，周代卿之喪禮必"從朝出正門"，"正門"即國都之南門。故此，簡文所排之門，統言之爲城門，析言之，則爲國都之南門。

關鍵詞：《上博七》；《鄭子家喪》；勺；排；南門

一

《上博七·鄭子家喪》甲乙本簡 5 有簡文作：

---

① 李詠健，香港大學中文學院　博士生　香港。

奠（鄭）人命㠯（以）子良爲執命，囟（思—使）子豪（家）利（梨）木三酓（寸），絘（疏）索㠯（以）紞（紘），毋敓（敢）A門而出，敓（掩）之城坙（基）。①

本文主要討論"毋敓（敢）A門而出"一句。其中A字，甲本形體如下：

此字略有漫漶，比對乙本簡五，與之相應之字作：

针对此字的釋讀，學者眾說紛紜。整理者隸作"厶"，讀爲"私"，並引《淮南子·氾論訓》"私門成黨"，認爲"私門"即"得以私行請託之權門"或"家門"。② 復旦大學出土文獻與古文字研究中心研究生讀書會（下稱"復旦讀書會"）不同意整理者之說，而把A改釋爲"丁"，其說曰：

"毋敢 門而出"之 ，乙本作 ，當爲"丁"字，試比較楚文字"丁"（轉引自《楚文字編》）：

包81	九M5640	九M5639	秦13	秦13

上揭"丁"字都是先寫一個折筆，再用墨團填實，或者在

---

① 釋文據復旦大學出土文獻與古文字研究中心研究生讀書會《〈上博七·鄭子家喪〉校讀》，復旦大學出土文獻與古文字研究中心網站，2008年12月31日。此文已發表於《出土文獻與古文字研究》第三輯，復旦大學出版社，2010年，頁284-291。上列引文見頁284。

② 馬承源主編《上海博物館藏戰國楚竹書（七）》，上海古籍出版社，2008年，頁177。

轉折處直接頓出墨團。甲本的🅼左下角殘缺，乙本的𠂆折筆比寫得其他"丁"字長，但是結構、筆順都是相同的。①

至於"毋敢丁門而出"之意，復旦讀書會釋曰：

"毋敢丁門而出，掩之城基"的意思應當是：棺木不許從城門出城，祇能埋在內城的城墻底下。"丁門"是一個動賓結構，或許可以讀爲"當門"。②

復旦讀書會認爲"丁門"可讀爲"當門"，劉信芳、③ 李松儒④從之。陳偉亦從讀書會之說，但認爲"丁門"之義待考。⑤ 郝士宏則指出"丁門"應讀爲"正門"，他說：

我們認爲，此字確應從"讀書會"釋爲"丁"字。不過此處不應讀爲"當"，而是要讀爲"正"。丁爲端紐耕部，正爲照三耕部，二字古音極相近（見陳復華、何九盈《古韻通曉》）。"丁"在《廣韻》就有"中莖切"一讀。"丁門"，正門也。正門，《詩·大雅·緜》"迺立應門，應門將將"毛傳："王之正門曰應門。"《孔子家語·觀鄉射》："主人親速賓，及介而衆賓從之，至於正門之外。"《左傳·昭公五年》：叔促子謂季紗曰："帶受命于子叔孫曰：'葬鮮者

---

① 復旦讀書會《〈上博七·鄭子家喪〉校讀》。又見劉釗主編《出土文獻與古文字研究》第三輯，頁290。
② 同上。
③ 劉信芳《〈上博藏（七）〉試說（之三）》，復旦大學出土文獻與古文字研究中心網站，2009年1月18日。
④ 李松儒《〈鄭子家喪〉甲乙本字跡研究》，武漢大學簡帛研究網站，2009年6月2日。論文已發表於《中國文字》新36期，藝文印書館，2011，頁67–80。其中"丁"字考釋見頁79–80。
⑤ 陳偉《〈鄭子家喪〉通釋》，武漢大學簡帛研究中心網站，2009年1月10日。

自西門。'"杜注："不以壽終爲鮮,西門非魯朝正門。"即謂葬"不以壽終"不從正門而出。由此可知,側門出葬並非禮之常故,所以簡文言葬子家不敢以"正門"而出。①

李天虹亦取復旦讀書會釋"丁"之說,但認爲"丁"本有"當"義,不煩改讀。她說:

> 丁,從復旦讀書會釋。復旦讀書會疑讀爲"當",郝士宏先生讀爲"正"。兩種讀法都有一定道理。不過這裡的"丁"或許可以不破讀。"丁"本有"當"義。《爾雅·釋詁》:"丁,當也。"《詩·大雅·雲漢》:"寧丁我躬。"毛傳:"丁,當也。"是"毋敢丁門而出"即"毋敢當門而出"。②

劉雲則認爲"丁"當讀爲"經","毋敢經門而出"的意思就是不要從門中走出,他說:

> 我們認爲"丁"應該讀爲"經","丁"字的古音是端母耕部,"經"字的古音是見母耕部,兩字聲母分屬舌、牙,相距不遠,如"鳥"是端母字,而從"鳥"得聲的"梟"是見母字,兩字韻部相同,可見兩字古音相近。《說文解字·赤部》"經"字的或體作"赨","丁"聲字與"巠"聲字直接相通,可見"丁"讀爲從"巠"得聲的

---

① 郝士宏《讀〈鄭子家喪〉小記》,復旦大學出土文獻與古文字研究中心網站,2009年1月3日。
② 李天虹《〈鄭子家喪〉補釋》,武漢大學簡帛研究中心網站,2009年1月12日。論文已發表於《江漢考古》2009年第3期(總第112期),頁110-113。

"經"是十分有可能的。①

案：上引諸氏之說，皆據復旦讀書會之釋讀立論。然諦審甲乙本 A 字形體，可見其字與楚簡中的"丁"字略有不同。甲本字形模糊，此處以乙本爲討論對象。讀書會已指出"乙本的𠂆折筆比寫得其他'丁'字長"，其實這折筆正是 A 與"丁"字的最大差異。考楚簡"丁"字的折筆末端一般向外彎（參上文復旦讀書會所引諸例），乙本 A 字則向內彎，且該折筆比地寫得"丁"字要長得多，可見 A 與"丁"未必是同一字。②

何有祖提出另一看法，其說云：

　　巳，簡文作𠂆，整理者作"厶（私）"。
　　按：楚簡有"犯"字作：
　　𤰔　語叢三 45
　　𤰔　容成氏 51
　　𤰔　從政甲 16

其右部與簡文形近，字當隸作"巳"，讀作"犯"。犯門指違禁強行打開城門。《左傳》襄公二十三年："乃盟臧氏，曰：'毋或如臧孫紇於國之紀，犯門斬關。'"同簡言及"城"，此處"門"當指城門。③

---

① 劉雲《上博七詞義五札》，武漢大學簡帛研究中心網站，2009 年 3 月 17 日。
② 李松儒《〈鄭子家喪〉甲乙本字跡研究》曾列舉楚簡"丁"字的字形，並補充了復旦讀書會未具引的兩個包山楚簡字例，分別作𠂆（包 121）和𠂆（包 267）等。此二例雖然較復旦讀書會所引諸形更接近 A 字，但前者的折筆比乙本 A 字要短，後者的折筆則向外彎，與 A 字仍有差異，加上二字皆非普遍寫法。故它們是否可證明 A 爲"丁"字，尚有疑問。
③ 何有祖《上博七〈鄭子家喪〉劄記》，武漢大學簡帛研究中心網站，2008 年 12 月 31 日。

案：何氏釋"A"爲"犯"，問題與釋"丁"之說同。考"㠯"字雖與 A 同作填實寫法，但"㠯"字是先寫一折筆，後再向外折一筆，而 A 字則祇有一折筆，並且其收筆向內，與"㠯"字差別明顯。

程燕也注意到復旦讀書會與何說的缺點，故別爲一說。程氏云：

> 我們懷疑此字（引者案：即⺈字）可能是"夕"。"夕"字上博簡習見：
> ⺈上博四·柬9
> ⺈上博五·姑1
> ⺈上博六·競3
> ⺈上博六·用15
> 顯而易見，上列"夕"字的結構、筆勢皆與上博七⺈同，祇是虛框與填實的不同，古文字中填實與虛框往往無別。
> "夕"在簡文中讀作"藉"。夕，邪紐鐸部；藉，從紐鐸部，二者音近可通。夕與昔二聲係通假例證可參見《古字通假會典》905 頁"昔與夕"條。藉有踐踏之義。《荀子·正名》："故窮藉而無極。"楊倞注："藉，踐履也。"《左傳·昭公十八年》："鄅人藉稻"孔穎達疏："藉，踐履之義。"簡文"毋敢藉門而出"即不敢踏著門出去。①

---

① 程燕《上博七讀後記》，復旦大學出土文獻與古文字研究中心網站，2008 年 12 月 31 日。相關論述又見氏著《上博七考釋五則》，《簡帛語言文字研究》第五輯，巴蜀書社，2010 年，頁 80–81。

案：程氏認爲 A 應釋作"夕"，讀作"藉"。以字形考之，A 與楚文字"夕"最重要的分别是 A 字中部填實，而"夕"字則否。對此，程氏以"古文字中填實與虛框往往無别"來解釋。筆者認爲其說可商。雖然劉釗《古文字構形學》在總結古文字演變條例時也指出"古文字中一些字填實與空廓無别"，[①] 但劉氏僅謂"一些字"，明此例並非絕對。事實上，楚文字中之"夕"字，其例甚多，但都寫作夕形，[②] 未見作填實寫法者，即從"夕"之"外"與"多"字亦然。[③] 由此可見，A 字未必是"夕"字。

二

以上諸說均有疑點，本文嘗試提出另一看法。筆者認爲，A 字應釋作"勹"，讀爲"排"，下文細加申述。

先從幾個璽印文字說起。燕官璽有字作勹、勹、勹及勹。[④] 此四字，何琳儀《戰國文字通論》釋爲"勹"（伏字初文），其說云：

《璽滙》下列長條形朱文璽均爲燕官璽：
大司徒長勹乘（証）　　　　　　　　0022

[①] 劉釗《古文字構形學》，福建人民出版社，2006 年，第 1 版，頁 336。
[②] 上博簡"夕"字寫法見上文程氏所引例子，其餘楚文字字例見李守奎《楚文字編》，華東師範大學出版社，2003 年，頁 432–433。
[③] "外"及"多"字寫法參見李守奎編著《楚文字編》頁 433–435；李守奎、曲冰、孫偉龍編著《上海博物館藏戰國楚竹書（一—五）文字編》（作家出版社，2007 年），頁 353–355。
[④] 四字見故宫博物院編；羅福頤主編《古璽彙編》，文物出版社，1981 年，頁 4、63、505。

鄆祐（都）市王　鍴（瑞）　　　0361

東（陽）海澤王　鍴（瑞）　　　0362

中（陽）郶（都）王　　　　　　5562

其中"　"、"　"、"　"等形，《補補》釋"卩"。案，燕璽"卩"作"　"、"　"、"　"等形（見《璽文》6.12），象人側面跽形，與上揭"　"等形有別。檢甲骨文"芛"（鬱）兔等字所從"　"形，舊不識。于省吾引《說文》："勹，裹也，象人曲形，有所裹。"謂其字"象人側面俯伏之形"，即伏字初文。周代金文"匍"、"匐"、"匊"、"匃"、"匌"等字均從"勹"，燕璽"　"亦"象人側面俯伏之形"，自應釋"勹"。

"鳧"本"從鳥、勹，勹亦聲"，與"符"通用。《爾雅・釋草》："芀，鳧茈。"郝懿行《義疏》："《後漢書》云，王莽末南北饑饉，人庶群入野澤掘鳧茈而食。注引《續漢書》作符訾。同聲假借字也。"然則燕官璽"勹"可讀"符"。

上揭璽文"勹乘"讀"符徵"。《史記・蘇秦傳》"焚秦符"正義："符，徵兆也。"然則"勹乘"璽亦係"司徒"，似可互證。"勹鍴"則應讀"符瑞"。與"單祐都市王勹鍴"相類的燕璽還有"單祐都市璽"，兩相比勘知"符瑞"相當於"璽"。"符"、"瑞"《說文》均訓"信"，與璽的功用亦脗合。

陶文中亦有"勹"。例如：

昜（陽）　郶（都）王　　　　《季木》31.6

易（陽）安　郂（都）王　𠃌鍴（瑞）　　《錢幣》85.1.9

匋（陶）功（工）　𠃌　　　　　《季木》29.1

至於《三代》20.13.2 戈銘"𠃌陽"，應釋"復陽"，見《漢書·地理志》清河郡，戰國屬齊境。①

案：何氏所考諸"勹"字中，𠃌與《鄭子家喪》中的 A 字至爲接近，但與楚簡"夕"字一樣，此字中部未有填實，與 A 字仍有差別。不過，審視戰國各系文字材料，"勹"字不乏作填實寫法者。如齊國即墨刀銘有字作：

②

此字何琳儀《戰國文字通論》隸作"匋"③，下部所從"勹"旁作𠃌，中部填實，與 A 字同。換言之，戰國所見"勹"字，中部既有作虛框，也有作填實者。以此證之，A 似可釋爲"勹"。簡文"毋敢 A 門而出"應作"毋敢勹門而出"。

惟"勹門"一語，於義難通。復旦讀書會曾指出，此短語爲動賓結構。④ 揆諸文義，"勹"字或可讀爲"排"。下文試加析論。

"勹"字見《說文》，許慎釋云："裹也，象人曲形，有所包裹。"⑤ 徐鉉注音"布交切"，古音屬幫紐幽部，讀若"包"。不

---

① 何琳儀著《戰國文字通論（訂補）》，江蘇教育出版社，2003 年，頁 270。
② 何琳儀著《戰國古文字典》（中華書局，1998 年），頁 5。
③ "匋"字考釋詳參何琳儀《戰國文字通論（訂補）》頁 290－291。何氏著《戰國古文字典》頁 5 則將此字隸作"𦉥"。
④ 說見復旦讀書會《上博七〈鄭子家喪〉校讀》，又見《出土文獻與古文字研究》第三輯，頁 290。
⑤ （漢）許慎撰《說文解字》，岳麓書社，2005 年，頁 187。

少學者據《說文》訓解，認爲"勹"即"包"之本字，如《正字通》云："勹，包本字。"① 段玉裁於《說文》"勹"下亦注曰："包當作勹"，"今字包字而勹廢矣"。② 果如是說，則"勹"之古音當與"包"同，爲幫紐幽部字。然于省吾則另有看法，他認爲"勹"字實"象人側面俯伏之形"，乃"伏"字初文。③ 以《說文·勹部》所隸諸字考之，于說爲長。④ "勹"既爲"伏"之初文，當取"伏"之音讀。惟何琳儀《古陶雜識》謂：

> 輕脣音古重脣音，故"伏"或"俯"之古音均應讀若"包"，即《說文》"勹，象人曲形有所包裹"之"勹"。許慎釋形雖欠精確，但讀"勹"爲"包"，與古音相合。⑤

依何說，則"勹"當讀與"包"同，爲幫紐幽部字。結合音義考之，簡文"勹"字或可讀爲"抔"。"抔"字古音並紐微部，與屬幫紐之"勹"字爲旁紐雙聲，韻部方面，幽、微二部關係密切，古籍中有不少相通例證。龍宇純《上古音芻議》便

---

① 四庫全書存目叢書編纂委員會編《四庫全書存目叢書·經部一九七》，齊魯書社，1997年，頁252上。
② （漢）許慎撰；（清）段玉裁注《說文解字注》，上海古籍出版社，1988年，頁432。
③ 于省吾《釋勹、𠣹、匋》："《說文》勹字作𠣘，並謂：'勹，裹也，象人曲形，有所包裹。'按許氏據小篆之字形爲說，語意含混，似是亦非。自來《說文》學家也均不得其解。甲骨文從勹的字常見，例如字（陳一四九）從勹作𠣘，𠣹字屢見，從勹作𠣘。𠣘與𠣘象人側面俯伏之形，即伏字的初文。"說見于省吾《甲骨文字釋林》，中華書局，1979年，第1版，頁374。
④ 董蓮池謂《說文·勹部》所隸"匈"、"匍"、"匐"、"匊"、"勼"、"匀"、"匌"、"匒"均從初文"伏"得義，並對諸字構形逐一分析，最後得出結論云："許慎隸於本部諸字，實無一字從勹（包）裹之'勹'得義，其對'勹'之訓釋亦不確。"董說誠是。董說詳參氏著《說文部首形義新證》，作家出版社，2007年，頁248－250。
⑤ 《古陶雜識》，《考古與文物》1992年第4期，頁76。

列舉46組幽部和微、物、文三部相通的例子,其中19組爲幽、微相轉之例;① 史傑鵬也補充了一些幽部與微、物、文部相通的例子,可以參看。② 總言之,上古幽、微二部音近可通,故"勹"讀爲"排",在聲韻上沒有問題。

通假例證方面,從非聲與從勹聲之字古有相通之例,《禮記·曲禮下》云:"苞屨、扱衽、厭冠,不入公門。"鄭玄(127-200)注:"苞,或爲菲。"③ 是"苞"與"菲"通。"苞"從"勹"聲,④"菲"從"非"聲,是其證。"排"亦從"非"聲,故"勹"可讀爲"排"。

再就文義言之。"排"有"推"義。《廣雅·釋詁三》云:"排,推也。"⑤《玉篇·手部》亦謂:"排,推排也。"⑥"排門"即"推門"。古籍中不乏以"排"表"推門"之例,如:

　　《禮記·少儀》:"排闔說屨於戶內者,一人而已矣。"
　　孔穎達疏:"闔,謂門扇,謂排推門扇。"⑦

---

① 龍宇純《上古音芻議》,原載《中央研究院歷史語言研究所集刊》第69本第2分,1998年;又見氏著《中上古漢語音韻論文集》,五四書店有限公司,2002年,頁381-462。
② 史傑鵬《由郭店〈老子〉的幾條簡文談幽、物相通現象暨相關問題》,武漢大學簡帛研究中心網站,2010年4月19日。
③ 《十三經注疏》整理委員會整理《禮記正義》,北京大學出版社,2000年,頁131。
④ "苞"從"包"聲,"包"從"勹"聲。《說文》"包"下曰:"象人裹妊,巳在中,象子未成形也。"段玉裁注:"勹象裹其中,巳字象未成之子也。勹亦聲。"是知"勹"除表包裹義,亦兼聲符。說參(漢)許慎撰;(清)段玉裁注《說文解字注》,上海古籍出版社,1988,第2版,頁434上。又何琳儀亦認爲"包"從"勹"聲。說詳何氏《戰國文字通論(訂補)》頁291。
⑤ (清)王念孫撰《廣雅疏證》卷三上,江蘇古籍出版社,2000年,頁91上。
⑥ (梁)顧野王著《大廣益會玉篇》,中華書局,1987年,頁30下。
⑦ 《禮記正義》,頁1187。

《楚辭·遠遊》："排閶闔而望予"，洪興祖補注云："排，推也。"①

《文選·班固〈西都賦〉》："排飛闥而上出"，李善注云："排，推也。"②

《淮南子·原道訓》："排閶闔，淪天門。"③

《全上古三代文卷八·十酒說》："羅襦排門，翠笄窺牖。"④

《史記·司馬相如列傳》："排閶闔而入帝宮兮，載玉女而與之歸。"⑤

《史記·樊酈滕灌列傳》："噲乃排闥直入，大臣隨之。"⑥

上舉"排門"、"排闥"、"排闈"、"排閶闔"等語，皆表"推門"之意，⑦其中《文選》"排飛闥而上出"句與簡文"排門而出"句式尤近，可以互證。由此可見，將簡文"勺門"讀爲"排門"，符合先秦兩漢語言習慣。"毋敢勺門而出"即"毋敢排門而出"，意謂"不敢推門而出"。

---

① （宋）洪興祖撰《楚辭補注》，中華書局，2006年，頁168。
② （梁）蕭統編；（唐）李善注《文選》，上海古籍出版社，1986年，第1冊，頁17。
③ 《二十二子》，上海古籍出版社，1986年，頁1206。
④ （清）嚴可均輯《全上古三代秦漢三國六朝文》，據民國十九年影印清光緒二十年黃岡王氏刻本影印，《續修四庫全書卷一六零三·集部·總類》，上海古籍出版社，1995年，頁63下。
⑤ 《續修四庫全書卷二六二·史部·正史類》（上海古籍出版社，1995年），頁342上。
⑥ 《續修四庫全書卷二六二·史部·正史類》，頁209下。
⑦ 《說文》"闔"下云："門扇也。一曰閉也。從門盍聲。"（頁248上）；"闥"下云："門也。從門達聲。"（頁249下）；"閶"下云："天門也。從門昌聲。楚人名門曰閶闔。"（頁247下）是三字皆"門"之屬，故"排闔"、"排闥"及"排閶闔"等，猶"推門"之謂。

三

简文"排門"之門爲何門？復旦讀書會及何有祖認爲指"城門",①劉信芳和劉雲則以爲是"廟門"或"殯宫門"。② 其中何有祖說：

> 同簡言及"城",此處"門"當指城門。③

何說有理,簡文云"毋敢(敢)排門而出,斁(掩)之城亟(基)",既提及"城基",則前文所排之門,應爲"城門"。又簡文前一句云：

> 囟(思—使)子豪(家)利(梨)木三旹(寸),綊(疏)索巨(以)絉(紘)④

復旦讀書會認爲"'梨木三寸'正是不以禮制葬子家之舉,在當時還被看作一種懲罰的措施"。⑤ 至於"疏索以絃絉","疏"訓"粗",意爲粗劣。"索"指束棺之緘繩。"梨木三寸,疏索以絃"的意思是："給鄭子家用梨木製的三寸薄棺,用粗劣

---

① 復旦讀書會說見《上博七〈鄭子家喪〉校讀》,又見《出土文獻與古文字研究》第三輯,頁290。何有祖說見氏著〈上博七《鄭子家喪》劄記〉。
② 詳參劉信芳《〈上博藏(七)〉試說(之三)》及劉雲《上博七詞義五札》。
③ 何有祖《上博七《鄭子家喪》劄記》。
④ 釋文據復旦讀書會《上博七〈鄭子家喪〉校讀》,又見《出土文獻與古文字研究》第三輯,頁284。案復旦讀書會其後將"絉"字改讀爲"縡",說詳《出土文獻與古文字研究》第三輯,頁289。
⑤ 復旦讀書會《上博七〈鄭子家喪〉校讀》,又見《出土文獻與古文字研究》第三輯,頁289。

的絨繩捆綁。"① 顯然，簡文之意爲楚國向鄭人施壓，令其貶損子家的葬禮以作懲罰。由此推論，鄭人令子家"毋敢排門而出"，其目的亦同，就是要使子家不能成禮而葬。

又《左傳·宣公十年》雲："鄭子家卒。鄭人討幽公之亂，斲子家之棺，而逐其族。"②

復旦讀書會指出，《左傳》所記"斲子家之棺"或與上引簡文有關，是同一事件的不同版本。③ 杜預（222－284）注及孔穎達（574－648）疏也明言"斲薄其棺"目的是"不使從卿禮"，④ 即是要子家無以從卿禮下葬。葛亮也說：

> 杜注、孔疏對於鄭人"斲子家之棺"的目的分析得非常準確，就是"不使從卿禮"。《鄭子家喪》中楚莊王伐鄭的目的與之相同。簡文"使子家梨木三寸，疏索以紘，毋敢丁門而出，掩之城基"，尤其是"梨木三寸"，與此有密切的聯繫。⑤

可見簡文"梨木三寸"、"疏索以紘"、"毋敢排門而出"等，其意皆在使子家不能成禮而下葬。

---

① 同上注。又簡文"梨木"，楊澤生認爲應讀作"厲木"，意爲"惡木"。本文暫從讀書會說。楊說見氏著《上博簡〈鄭子家喪〉之"利木"試解》，《中山大學學報（社會科學版）》，2009年第6期，第49卷（總222期），頁50－53。
② 《十三經注疏》整理委員會整理《春秋左傳正義》，北京大學出版社，2000年，頁720。
③ 復旦讀書會《上博七〈鄭子家喪〉校讀》，又見《出土文獻與古文字研究》第三輯，頁290。
④ 《春秋左傳正義》，頁720。
⑤ 葛亮《〈上博七·鄭子家喪〉補說》，復旦大學出土文獻與古文字研究中心網站，2009年1月5日，又見《出土文獻與古文字研究》第三輯，頁248；相同論述又見葛亮《鄭子家喪的故事構成》，南京大學文學院主辦"'中國語言文學與社會文化'研究生國際學術研討會"（2009年7月5日至9日）論文。

如果以上的假設成立，那麼所謂"排門而出"之舉，應爲周代喪葬常禮的一部分，因此，楚人才會施壓，使子家不能"排門而出"，以達到其貶損子家葬禮的目的。下文嘗試結合周代禮制作分析，考察簡文所言之門與周代喪葬禮儀的關係。

案《左傳·昭公五年》傳云："卿喪自朝，魯禮也。"① 服虔注云："言卿葬，三辭於朝，從朝出正門。卿，佐國之楨榦，君之股肱，必過於朝，重之也。"②

由服注可知，周代卿之葬禮必"從朝出正門"。"朝"，服氏認爲即"君朝"，孔穎達《疏》駁之曰："案：《檀弓》云：'君爲大夫，將葬，弔於宮；及出，命引之，三步則止。如是者三，君退。'是君當就家視之，無造君朝之禮。"③

可見傳文之"朝"非指"君朝"。然則"朝"者何也？《禮記·檀弓下》："喪之朝也"，鄭玄注云："朝謂遷柩於廟。"④ 是也。據鄭注，可知"朝"當指以柩朝廟。至於服氏所謂"從朝出正門"者，清李貽德（1783－1832）《左傳賈服注輯述》釋云：

> 從朝出正門者，《爾雅·釋宮》："應門謂之正門。"郭注云"朝門"。《曲禮》云："龜策、几杖、席蓋、重素、袗絺綌，不入公門。"然則出正門者，非雉皋之門。由朝之路，出國之南門耳。《禮記·玉藻》："聽朔於南門之外"，注："南門，國門是也"。⑤

---

① 《春秋左傳正義》，頁 1394。
② 服注見《春秋左傳正義》孔穎達疏引，參見《春秋左傳正義》，頁 1394。
③ 同上注。
④ 《禮記正義》，頁 322。
⑤ （清）李貽德《春秋左氏傳賈服注輯述》，上海古籍出版社，1995 年，頁 558。

綜合服注、孔《疏》及李貽德之考釋，可知周代正常喪禮，必先移柩於廟，行朝廟之禮後，再由朝之路，出國都之南門。楊伯峻（1909－1992）《春秋左傳注》亦取李貽德說，並引《禮記·檀弓》解釋周代之喪葬禮制，楊氏曰：

  《禮記·檀弓下》云："喪之朝也，順死者之孝心也。其哀離其室也，故至於祖考之廟而後行。殷朝而殯於祖，周朝而遂葬。"則周代之禮，葬前必移柩於宗廟，從朝出正門，正門即《爾雅·釋宮》之應門，郭璞《注》之朝門。由朝之路，出國都之南門。①

案：楊說指出周代之禮制，出葬前必先以柩朝廟，再由朝之路出國門。以此證之，簡文"毋敢排門而出"所指之門，統言之爲"城門"，析言之，即李、楊二氏所言之"國都之南門"。蓋周代正常喪禮，喪者之柩必從朝出國門，而楚人欲貶損子家地位，"不使從卿禮"，故不讓其柩"排門而出"。子家之柩既未能出國都之門，則祇能埋於"城基"（即國都的城牆）之下。筆者認爲，這樣的考釋較合於周代禮制，而釋此門爲國門，亦能照應下文所言之"城基"，並合符楚人不讓子家成禮而葬的原意。

---

① 楊伯峻編著《春秋左傳注》（修訂本）第三册，中華書局，2006 年，第 2 版，頁 1262。

釋上博簡《凡物流形》中的"及"

張新俊①

摘　要：上博簡《凡物流形》甲篇簡 10-11 以及乙篇簡 8-9 有"人中"一詞，目前學術界對此有不同的釋讀意見，或認爲"人"是"人"、"刀"之形近誤字。本文認爲釋"人"不誤，"人中"可以讀作"及中"。淅川下寺出土蹳編鐘銘文中的"人"也應讀作"及"。另外，本文認爲《山海經》中的"入日"也有可能是"及日"之誤。

關鍵詞：上博簡；及；及中

上博簡《凡物流形》甲本簡 10-11 說（原釋文）：

日之（始）出，可（何）古（故）大而不燿（耀）？亓（其）人审（中），黏（故）少（小）雁暲敌？

與此可以相對應的乙本簡 8-9 爲（原釋文）：

日之（始）出，可（何）古（故）大而不燿（耀）？

---

① 張新俊，河南大學文學院 講師　河南開封　475001。

亓（其）人审（中），奚……

审"（中）"前一字，甲本寫作：

（爲稱引方便，以下用 A 替代）

乙本相應部分圖版比較模糊，從字間距來看，此字可能是發現漏抄後所補入，原篆如下：

《凡物流形》簡的整理者曹錦炎先生把此字釋作"人"，解釋說：

> "人"，此處當作"入"，"人"、"入"字形相近易訛。"入"，進入，到達。……"其入中"，日到中午時候，猶言"日中"，即正午。《易·豐》："日中則昃，月盈則食。"《左傳·昭公元年》："叔孫歸，曾夭御季孫以勞之。旦及日中不出。"漢簡所見時稱名，稱中午爲"日中"，或稱"日中入"，也可旁證。①

復旦大學出土文獻與古文字研究中心研究生讀書會在《上博（七）·凡物流形〉重編釋文》中作"其人〈入?〉中"，顯

---

① 馬承源主編《上海博物館藏戰國楚竹書（七）》，上海古籍出版社，2008年，頁244。又曹錦炎《楚竹書〈問日〉章與〈列子·湯問〉"小兒辯日"故事》，《古文字研究》第二十七輯，中華書局，2008年，頁494–497。

然也是懷疑此處的"人"有可能是"入"字之誤,① 這個意見大概是受了曹錦炎先生的影響。張崇禮先生《〈凡物流形〉新編釋文》則徑釋爲"其入中"。②

我們知道,"人"、"入"形近易混應該是秦漢以後才出現的情況,這一點楊澤生先生已經指出,非常正確。③ 在楚文字中"人"、"入"二字區別很明顯,比如《凡物流形》簡甲本中的"人"凡八見,除去前文所舉之"人",其餘形體如下:

簡2　簡4　簡5　簡6　簡12　簡18

簡24

乙本中"人"字凡四見,除去前文所舉1例外,其餘三個寫作:

簡3　簡5　簡11

甲、乙兩個版本雖然在字跡上稍微有所出入,主要是因爲抄手不同所致,沒有問題都是"人"字。④ 而楚文字中的"入",寫作:

---

① 復旦大學出土文獻與古文字研究中心研究生讀書會(鄔可晶執筆)《〈上博(七)·凡物流形〉重編釋文》,《出土文獻與古文字研究》第三輯,復旦大學出版社,2010年,頁274–283。
② 張崇禮《〈凡物流形〉釋文新編》,復旦大學出土文獻與古文字研究中心網站2009年3月20日。
③ 楊澤生《楚竹書〈問日〉章新釋》,《古文字研究》第二十八輯,中華書局,2010年,頁457–460。
④ 關於《凡物流形》簡字跡的情況,可以參看李松儒《〈凡物流形〉甲乙本字跡研究》,《簡帛》第五輯,上海古籍出版社,2010年,頁285–296。

大曾1正　大曾208　《楚系簡帛文字編》第512頁①

或者假"內"爲"人"②，如《凡物流形》甲篇簡25有"內（人）"字：

楚文字中的"人"與"人"形體迥異，二者因形體混訛的可能性不大。如果把A與上揭"人"字相比較，不難看出，二者在形體上幾乎沒有什麽區別。曹錦炎先生釋A爲"人"，從形體上說沒有什麼值得懷疑之處。所以也有學者認爲簡文中的"人"並非錯字。例如宋華强先生就懷疑簡文中的"人"未必有誤，宋先生曾把"人"讀爲"日"、"至"，③後又認爲A乃"刀"之形近誤字，讀作"到"，訓"至"，"到中"與甲骨文中的"羞中"類似。④簡文"到中"蓋即此"到日中"，與《列子·湯問》"及日中則如盤盂"的"及日中"意思一樣。我們認

---

① 滕壬生《楚系簡帛文字編（增訂本）》，湖北教育出版社，2008年。
② 參看李守奎《楚文字編》，華東師範大學出版社，2003年，頁321－322，又李守奎、曲冰、孫偉龍編著《上海博物館藏戰國楚竹書（一一五）文字編》，作家出版社，2007年，頁278－280。
③ 宋先生最初讀"人"爲"日"，解釋其原因"可能是爲避免重複"。參看宋華强《上博竹書〈問〉篇偶識》，簡帛網2008年10月21日。李鋭、蘇建州先生從之。李鋭《〈凡物流形〉釋文新編（稿）》，清華大學簡帛研究網2008年12月31日。蘇建洲《〈上博楚竹書七〉考釋六題》，《出土文獻與古文字研究》第三輯，復旦大學出版社，2010年，頁238。不過，宋先生很快放棄了這個觀點，又把"人"改讀爲"至"。參看宋華强《〈凡物流形〉"五音才人"試解》，簡帛網2009年6月30日。又宋華强《上博竹書〈凡物流形〉釋讀札記（六則）》，《簡帛》第五輯，上海古籍出版社，2010年，頁259－275。此說爲楊澤生所從。參看楊澤生《楚竹書問日章新釋》，《古文字研究》第二十八輯，頁457－460。
④ 宋華强《上博竹書〈凡物流形〉釋讀札記（六則）》，《簡帛》第五輯，頁259－275。

爲"到日中"這種理解雖然符合簡文文義，但仍有可商。因爲在目前所能見到的楚文字中，似乎還沒有確定無疑的"到"或者讀作"到"的字出現。① 再者是宋文所引唐代王建《宮詞》"每到日中重掠鬢"，書證也顯得過晚。

曹錦炎先生把簡文中 A 字釋作"人"從字形上説是正確的，大概是因爲"其人中"不辭，所以學界對此字提出很多不同的意見。從文意上考慮，我們認爲"人中"應該讀作"及中"，指太陽在正午前後的一段時間。② 簡文中"及中"相當於文獻中的"及日中"。"及日中"的説法在文獻中比較常見，如：

《左傳・昭公元年》："叔孫歸，曾夭御季孫以勞之。旦及日中不出。"

《左傳・宣公十二年》："廣有一卒，卒偏之兩。右廣初駕，數及日中，左則受之，以至於昏。"

《左傳・成公十一年》："小臣有晨夢負公以登天，及日中，負晉侯出諸廁，遂以爲殉。"

《禮記・文王世子》："文王之爲世子，朝於王季日三。雞初鳴而衣服，至於寢門外，問內豎之御者曰：'今日安否何如？'內豎曰：'安。'文王乃喜。及日中又至。"

---

① 根據陳劍先生的研究，楚文字讀作"到"的詞，一般用"羿"這種形體來表示。參看陳劍《楚簡"羿"字試解》，《簡帛》第四輯，上海古籍出版社，2009年，頁135–160。清華簡《楚居》公佈之後，李守奎先生最近撰文指出，"到"字目前僅見於秦漢簡（引者案："到"字亦見於戰國秦封邑瓦書），楚國是否也用"到"這個詞還很可疑。參看李守奎《〈楚居〉中的樊字及出土楚文獻中與樊字相關文例的釋讀》，《文物》2011年第4期，頁75–78。
② 作爲時稱的"日中"，學術界有不同的理解。大致有三種意見：1. 爲正午一段時間；2. 一日之中；3. 正午時分。參看沈剛《居延漢簡語詞彙釋》，科學出版社，2008年，頁31。《洪範五行傳》"日之中"注謂"隅中至日跌爲日之中"。參看宗福邦等編《故訓彙纂》，商務印書館，2003年，頁25。

文獻中也有把"日中"省成"中"者,例如:

《禮記·聘義》:聘、射之禮,至大禮也。質明而始行事,日幾中而後禮成。

《三國志》卷六十三:權與呂蒙謀襲關羽,議之近臣,多曰不可。權以問範,範曰:"得之。"後羽在麥城,使使請降。權問範曰:"竟當降否?"範曰:"彼有走氣,言降詐耳。"權使潘璋邀其徑路,覘候者還,白羽已去。範曰:"雖去不免。"問其期,曰:"明日日中。"權立表下漏,以待之。及中不至,權問其故。範曰:"時尚未正中也。"頃之,有風動帷,範拊手曰:"羽至矣。"須臾,外稱萬歲,傳言得羽。

以上兩例中的"及中"顯然是"及日中"之省。

曹錦炎先生最早指出,《凡物流形》簡的這段文字內容與《列子·湯問》篇中的"兩小兒辯日"故事有些相似。爲討論方便,我們把該段文字抄錄於下:

孔子東遊,見兩小兒辯鬥,問其故。一兒曰:"我以日始出時去人近,而日中時遠也。"一兒以日初出遠,而日中時近也。一兒曰:"日初出大如車蓋,及日中則如盤盂,此不爲遠者小而近者大乎?"一兒曰:"日初出蒼蒼涼涼,及其日中如探湯,此不爲近者熱而遠者涼乎?"孔子不能決也。

相似的文字,亦見於東漢學者桓譚的《新論·離事》:

孔子東遊,見兩小兒辯,問其遠近。日中時遠。一兒以日初出遠，日中近者，日初出大如車蓋，日中裁如盤蓋。此遠小而近大也。言遠者日月初出，愴愴涼涼，及中如探湯。此近熱遠愴乎？

又見於《博物志》卷八：

孔子東遊，見二小兒辯鬥，問其故。一小兒曰："我以日始出時去人近，而日中時遠也。"一小兒曰："以日出時遠，而日中時近。"一小兒曰："日初出時大如車蓋，及日中時如盤盂。此不爲遠者小而近者大乎？"一小兒曰："日初出滄滄涼涼；及其中而探湯。此不爲近者熱而遠者涼乎？"

《新論》、《博物志》中的文字顯然與《列子·湯問》同出一源，不過在文字上多少有些出入。如《列子·湯問》"及其日中"，《新論·離事》作"及中"，《博物志》作"及其中"，比較《凡物流形》簡可以知道，"及其日中"與"及其中"當爲"其及日中"、"其及中"之乙，亦爲"日中"可省作"中"之證。

與"及中"、"及日中"類似，文獻中還有"及夜半"、"及晦"、"及昏"等說法。"及"後均爲時稱名詞。如桓譚《新論·雜事》：

日之去人，上方遠而四傍近。何以知之？星宿昏時出東方，其間甚疏，相離丈餘。及夜半，在上方，視之甚數，相離一二尺。

又《楚辭·天問》：自明及晦，所行幾里？

又《左傳·宣公十二年》：及昏，楚人軍於泌。

據以上所引文獻，我們認爲從文意上說把《凡物流形》簡文中的"人中"讀作"及中"是合理的。那麼能不能就此把"人"看成是"及"的誤字呢？《說文》所收錄的"及"字古文，有"ㄟ"、"ゑ"二形，尤其是後者，與"人"在形體上比較接近。① 這種因形近而導致訛誤可能性似乎也不能排除。

除此之外，"人"字有沒有可能讀作"及"呢？我們這種可能性也值得考慮。上古音"人"屬日母真部，"及"屬群母緝部，在讀音上似乎有一定的距離。不過，從出土文獻來看，二者在讀音上關係比較密切。郭店簡《緇衣》第 17 號簡有"出言又｜，黎民所訐"，裘錫圭先生認爲簡文中的"｜"是"針"字的楚文，讀作"慎"，② 此說已爲學術界所信從。既然郭店簡《緇衣》中的"｜"可以讀作"慎"，"慎"屬真部字，"針"屬侵部。"緝"、"侵"二部是入聲韻與陽聲韻的關係。上博簡《用曰》簡 6 + 簡 3 中的"炱（先）其有綸（倫）紀，｜其有成德"，楊先生先生從裘錫圭先生"｜"乃"針"字初文說，認爲章母侵部的"針"字，與群母緝部的"及"字可以相通，當讀作"及"，楊澤生先生有詳細的論證，可以參看。③ 傳鈔古文中"及"字下有如下形體：

---

① 張富海先生認爲這兩種形體有可能是截取"今"字而來，"今"、"及"古音相近。參看張富海《漢人所謂古文研究》，綫裝書局，2007 年，頁 62-63。
② 裘錫圭《釋郭店〈緇衣〉"出言有｜，黎民所訐"——兼說"｜"爲"針"之初文》，《古墓新知——紀念郭店楚簡出土十周年論文專輯》，香港國際炎黃文化出版社，2003 年，頁 1-6。後收入《中國出土古文獻十講》，復旦大學出版社，2004 年，頁 294-302。
③ 楊澤生《上博簡〈用曰〉中的"及"和郭店簡〈緇衣〉中的"出言有及，黎民所慎"》，《簡帛語言文字研究》第五輯，巴蜀書社，2010 年，頁 38-52。

︱石9下　︱海5·35　乁四5·22雲

《傳鈔古文文字編》第286頁①

　　前兩種形體與《用曰》簡3中的"︱"最爲接近。可見楊澤生先生的說法是正確的。此外，根據沈培先生的研究，楚國方言中的緝、侵、真、文等部關係密切。② 可見在戰國晚期的楚方言中，"人"、"及"在韻部上也是比較接近的。至於說聲母，"日"、"群"二母關係也比較密切。例如"頪"字一作丘交切，又作人要切，"撟"一作丘袄切，又作若諎切，這是又音的例子。③ 就出土文獻來說，郭店簡《老子》甲簡33"骨弱筋柔"的"柔"字，寫作從"矛"從"求"，有不少學者指出這是一個雙聲字，上古音"柔"屬日母，"求"屬見母。④ 綜上所述，我們認爲把《凡物流形》簡"人中"讀作"及中"，在音理上是可以成立的。

　　值得注意的是，在淅川下寺春秋楚墓所出土的敬編鐘銘文中，也可以找到"人"讀爲"及"相關綫索。敬編鐘共有十七件，銘文内容基本相同，⑤ 鐘銘上面有如下一段話：

　　凡及君子父兄，永保鼓之，眉壽無疆。

　　鐘銘中釋作的"及"字，除了[圖]這種最常見的形體之外，

---

① 徐在國編《傳鈔古文文字編》，綫裝書局，2006年。
② 沈培《上博簡〈緇衣〉篇"悉"字解》，《新出土文獻與古代文明研究》，上海大學出版社，2004年，頁132－136。
③ 黃焯《古今聲類通轉表》，上海古籍出版社，1983年，頁51。
④ 趙彤《戰國楚方言音系》，中國戲劇出版社，2006年，頁52－55。
⑤ 參看趙世綱《淅川下寺春秋楚墓青銅器銘文考索》，載河南省文物研究所等《淅川下寺春秋楚墓》，文物出版社，1991年，頁350－378。

還存在有以下寫法：

M10：75（以下用 J1 替代）

M：76 （以下用 J2 替代）

M：78（以下用 J3 替代）

李家浩先生在《瓠鐘銘文考釋》一文中說：

  按製作鑄造鐘範模的工匠，文化水平很低，銘文中有漏刻、誤刻之處。例如 76 號鎛鐘漏刻"其反鐘"三字。69 號鈕鐘"呂王"之上漏刻"余"字，68 號鈕鐘上漏刻"其"字，73 號鎛鐘把"金"誤刻爲"余"，78 號鎛鐘把"及"誤刻爲"人"。①

  除 78 號鐘作"人"字外，73 號、74 號、75 號鎛鐘和 67 號鈕鐘皆作"及"。"及"從"人"從"又"。78 號鎛鐘的"人"當是"及"字之誤。②

李家浩先生的這個意見影響比較大，如李守奎先生《楚文字編》"及"字下收錄了 J1、J3 這兩種形體，分別注釋謂"誤

---

① 李家浩《瓠銘文研究》，原載北京大學中文系編《北大中文研究》，北京大學出版社，1998 年，頁 249－263，後收入《著名中年語言學家自選集·李家浩卷》，安徽教育出版社，2002 年，頁 64－81。
② 李家浩《瓠銘文研究》，《著名中年語言學家自選集·李家浩卷》，頁 70。

刻"、"漏刻",J2則失收。①陳雙新先生在《兩周青銅樂器銘文研究》中,也認爲"人"是"及"之誤字。②《新收殷周青銅器銘文暨器影彙編》把J2、J3徑釋爲"及",③胡長春先生在《新出殷周青銅器銘文研究》一書中作"及(人)",④祇是限於書的體例,作者沒有具體解釋,猜想也都是把"人"看作"及"形之誤。

上揭J3爲"人"字,沒有疑問。從圖版來看,J2可能與J3同是"人"字,但J2與J3形態略異,我們懷疑它也有可能是"及"殘泐了上部。J1在形體上與"及"稍微有別。J1這種形體,學者都很少論及。我們認爲,J1右上角的一斜筆有可能是誤刻或者泐痕,若此說正確,則J1與古文字中常見的從"人"、從"又"形的"及"無異。

正如李家浩先生所言,鐘銘文中存在不少漏刻、誤刻現象,諸家把"人"看作"及"之誤字,這種可能性當然存在。但是如果結合上博簡《凡物流形》來看,楚文字中"及"寫作"人"形,恐怕不是偶然的巧合。因爲《凡物流形》簡是抄本,並且存在甲、乙兩種,根據李松儒先生的研究,"先由甲本根據一個底本進行抄寫,乙本是在甲本基礎上進行校改與謄抄。不過乙本和甲本同時抄寫同一底本的可能也不排除"。⑤若如此,則甲乙兩本同時把一個形體結構並不複雜的"及"字抄錯爲"人"

---

① 李守奎《楚文字編》,華東師範大學出版社,2003年,頁181。
② 陳雙新《兩周青銅樂器銘辭研究》,河北大學出版社,2002年,頁245。
③ 鐘柏生、陳昭容、黃銘崇、袁國華編《新收殷周青銅器銘文暨器影彙編》,藝文印書館,2006年,頁348–364。
④ 胡長春《新出殷周青銅器銘文研究》,安徽大學博士學位論文(指導教師:何琳儀教授),2004年,頁86。
⑤ 李松儒《〈凡物流形〉甲乙本字跡研究》,《簡帛》第五輯,頁285–295。

的可能性就比較小了。我們推測,甲乙本所依據的底本上,原本就寫作"人"也不無可能。

綜上所述,我們認爲《凡物流形》A並非誤字,爲"人"無疑。簡文"其人中"可以讀作"其及中"。黻鐘銘文中的 ［字］、［字］也有可能並非誤刻,都可以讀作"及"。

下面談談《山海經》中一處可能存在的錯誤。

《山海經·海外北經》中夸父逐日的故事爲大家所熟知,其文如下:

> 夸父與日逐走。入日,渴,欲得飲。飲於河、渭,河、渭不足,北飲大澤。未至,道渴而死。棄其杖,化爲鄧林。

這段故事中的"入日"二字,存在不同的理解。比如袁珂先生在《山海經校注》一書中說:

> 郭璞云:"言及於日將入也。"……《史記·禮書》裴駰集解引此經作"與日逐走,日入",並與今本異。……珂案:……又經文入日,何焯校本作日入,黃丕烈、周叔弢校同。①

由袁校本可知,"入日"二字,其他版本中或作"日入"。《山海經·大荒北經》說:"夸父不量力,欲追日景,逮之於禺谷。將飲河而不足也,將走大澤,未至,死於此。"由此段文字可知,

---

① 袁珂《山海經校注》,巴蜀書社,1993年,頁285。又袁珂《山海經全譯》,貴州人民出版社,1991年,頁218;袁珂《山海經校譯》,上海古籍出版社,1985年,頁204。

夸父在與日競走的過程中，的確趕上了太陽。我們認爲就"入日"與"日入"兩種不同的版本來說，前者勝於後者。郭錫良等人編著的《古代漢語》一書中，也受有此段文選，注釋者說：

  入日：意思是追趕上了太陽。據《山海經・大荒北經》載，夸父在太陽落下去的地方（禺谷）趕上了太陽（"逮之於禺谷"）。①

就文意的理解來說，我們認爲這種注解是正確的，但"入"字並無趕上的意思，所以把"入日"解釋成"追趕上了太陽"，並不妥當。也有的學者把"入日"按照字母意思徑直解釋爲"闖進了太陽裏面去"，②或者解釋成"走進太陽炎熱的光輪裏"，③均屬望文生義。我們認爲"入日"之"入"，很可能本作"人"形，應該讀作"及"，訓爲"趕上"。把"及日"解釋成"追趕上了太陽"，可謂文從字順。我們推測，在古本《山海經・夸父追日》這段文字中，很有可能本作"夸父與日逐走。人日，渴，欲得飲"，後人在傳抄的過程中，不知道"人日"應讀作"及日"，遂誤改作與"人"形近的"入日"。又因爲"入日"同樣不可解，於是又有人改作"日入"。其因傳抄致誤的過程，由上博簡《凡物流形》中的"其及日"被釋作"其人日"，又被懷疑爲"其入日"可以推見。

---

① 郭錫良等編著《古代漢語（修訂本）》（上），商務印書館，1999年，頁7。
② 《中華活頁文選・合訂本（二）》，上海古籍出版社，1998年，頁2。
③ 袁珂《山海經全譯》，貴州人民出版社，1991年，頁222 。

《居延新簡》校釋二則

路方鴿①

摘 要：本文在對校中華書局出版的《居延新簡》時，發現圖版和釋文之間仍存在一些出入，特以"射鞴"和"行勝"簡爲例，結合傳世文獻以及出土實物做了一番考察，提出了新的看法。

關鍵詞：居延新簡；射鞴；行勝

《居延新簡——甲渠候官》（以下簡稱《新簡》）② 一書自出版以來，以較爲精準的釋文得到了學界的好評，但書中仍不乏可議之處。近年來不少學者已就其中有疑問的字詞做了有益的探討，成績斐然。現不揣簡陋，亦舉二例討論，以就正於方家。

---

① 路方鴿，浙江大學漢語史研究中心 博士研究生 浙江杭州 310028。
② 本文所引簡文一律出自甘肅省文物考古研究所、甘肅省博物館、中國文物研究所、中國社會科學院歷史研究所《居延新簡——甲渠候官》，中華書局，1994年。

一、鞴——韛

(1) 射鞴一，直三百。（ESC·18）

案："射鞴"不辭，釋文作"鞴"字，恐誤。

考"鞴"字，中古時期的字書和韻書都未收錄。《廣韻》收"鞴"字且列有三個音義：① "至"韻下"平秘切"："鞴"即"紴"之假借字；② "暮"韻下"薄故切"："鞴，鞴靫，盛箭室。" ③ "屋"韻下"房六切"："鞴，革囊、步靫。"革囊、步靫類似於現在的風箱。因此，①、③的釋義均與"射"無涉。

值得注意的是②，其釋義貌似與"射"有關，但"盛箭室"一語指稱的是"鞴靫"，而非"鞴"。"鞴靫"實爲一詞，亦如《廣韻·佳韻》："靫，鞴靫，盛箭室。" "鞴"字又可寫成"韛"，如《廣雅·釋器》："靫韛，矢藏也。"王念孫《疏證》[1]引作"韛靫"，並注云："各本韛靫訛作靫韛。"① 如依王氏所論，那麼"鞴靫"一詞首見於《廣雅》，應是中古時期產生的新詞。②

綜上，"鞴"字可能在漢代還未出現，《新簡》將"射鞴"連文，亦不得其義。我們認爲該字當釋讀成"韛"，"鞴"與"韛"因形近而訛。

檢該字圖版，其右部構件在《新簡》中常被釋讀成"冓"

---

① "鞴"、"韛"兩字分別是"鞴"、"韛"之俗字。
② 在此之前，表示"盛箭室"義時一般使用"服"或"箙"，《新簡》中就有大量的用例。如 EPF25·6 號簡："今餘矢服百二十三。"又如 EPS4T2·68 號簡："蘭冠四，靳幹三，有方一，服二，靳幡三，盾一。"

字,如 EPT5·4 號簡之"溝"字,EPF22·232 號簡之"購"字。該構件亦常見於先秦文獻中,如𩜁形和𩜌形,《戰國文字編》[2]分別錄作"溝"和"購"。又從"𦎫"之字與上述字形稍有不同,如 EPF22·221 號簡之"𤖗"字。因此,將該字釋讀成"韛"更符合文字形體。

考"韝"字,《宋本玉篇·革部》:"恪侯切,射韝,臂捍也。"字又可寫作"韝"。《字彙·革部》:"韝同韝。"《廣韻·侯韻》:"韝,臂捍。"《說文·韋部》:"韝,射臂決也。"段玉裁注:[3]"韝,臂衣也。各本作射臂決也,誤甚。決箸於右手大指,不箸於臂。……凡因射著左臂謂之射韝,非射而兩臂皆著之以便於事謂之韝。"段氏所說甚是。韝即今之袖套的原型,它最初僅用於射箭等場合,使用時綁在左臂上,以免拉弦時傷到皮膚,所以也稱爲"射韝"。"韝"在漢代已開始用於日常生活中,爲了區別詞義,專門用"射韝"一語來表示射箭時使用的袖套。文獻用例如《儀禮·鄉射禮》:[4]"司射適堂西,袒決遂,取弓於階西。"鄭玄注:"遂,射韝也。以韋爲之,所以遂弦者也。其非射時則謂之拾。"《禮記·曲禮下》:[5]"野外軍中無摯,以纓、拾、矢,可也。"鄭玄注:"拾,謂射韝。"《漢書·東方朔傳》:[6]"董君綠幘傅韝,隨主前,伏殿下。"韋昭注:"韝形如射韝,以縛左右手,於事便也。"顏師古注:"韝即今之臂韝也。"

另外,1995 年,我國考古隊在新疆尉犁縣營盤墓地 15 號屬於東漢中晚期的墳墓中和尼雅遺址的一座屬於東漢末到魏晉時期的夫婦合葬墓（95MNIM8）中各發現了一件布質的韝，① 實物的出土更加證明了韝在漢代的廣泛使用。

上揭簡牘中的"鞲"當釋讀成"韝"，"射韝"專指射箭等場合中使用的袖套。

二、勝——縢

(2) 行勝、幘、面衣各一，毋。（EPT52·141）

案："行勝"一詞，結構和意義頗爲費解。陳練軍[7]認爲："'勝'和'縢'二字聲符相同，上古韻部也相同，所以'勝'可以假借爲'縢'。'縢'又有假借字'幐'。"由"勝"到"幐"，輾轉相借，多有迂回牽強之嫌。我們認爲該字本爲"幐"，"勝"和"幐"因形旁"力"和"巾"相近而訛。王念孫《讀書雜誌·〈管子〉第十一》"捍寵 勝"條對此現象已有詳細的論述，現轉述如下：

"捍寵累箕，勝蠃屑糠。"洪云："寵當作籠。"念孫案："勝當爲幐字之誤也。幐字本作縢，與勝極相似。《說文》：'幐，音騰，囊也。'《商子·賞刑篇》曰：'贊茅、岐周之粟，以賞天下之人，不得人一幐。'今本亦訛作勝。"

考"幐"字，《說文·巾部》："幐，囊也。""行幐"一語在文獻中多指綁腿布，用例如《唐會要》[8]卷九十九"東謝蠻"

---

① 以上兩件出土實物的詳情可參看新疆文物考古研究所《新疆尉犁縣營盤墓地15號墓發掘簡報》，《文物》，1999年第1期；新疆文物考古研究所《新疆民豐縣尼雅遺址95 MN1號墓地M8發掘簡報》，《文物》，2000年第1期。

條:"貞觀三年,元深入朝,冠烏熊皮冠,若今之旄頭;以金絡額,身披毛帔,韋皮行縢而著履。"

與"行縢"詞形相近、意思相同的還有"行幐",後者使用頻率高於前者。如東漢劉熙《釋名·釋衣服》"幅"字下云:"今謂之行幐,言以裹腳,可以跳騰輕便也。"孫星衍校集《漢官六種·漢官儀》[9]卷下:"吏赤幘、大冠、行幐,帶劍、佩刀、持盾、被甲、設矛戟習射。"《三國志·吳志·呂蒙傳》:[10] "蒙陰賒貰,為兵作絳衣行幐。"姚秦佛陀耶舍共竺佛念等譯《四分律》卷四十《衣揵度》:"爾時比丘著行幐,往佛所白言,此是頭陀端嚴法,願佛聽。佛言不應著,此是白衣法。"(22/857/c)

"幐"與"縢"聲韻皆同,實為通假字,先秦時已有混用例。如《戰國策·秦策一》[11] "贏縢履蹻,負書擔橐",《趙策一》作"贏幐,負書擔橐"。《後漢書·儒林列傳上》:[12] "大則連為帷蓋,小乃製為幐囊。"李賢注:"幐亦縢也。"

綜上,簡文中的"勝"當釋讀成"縢","行縢"指綁腿布,這種實物在我國的農村依然可見。

參考文獻:

[1] 清·王念孫《廣雅疏證》,上海古籍出版社,1983年,頁1035-1036。

[2] 湯餘惠《戰國文字編》,福建人民出版社,2001年,頁403和745。

[3] 清·段玉裁《說文解字注》,上海古籍出版社,1988年,頁235。

[4] 清·阮元校刻《十三經注疏(附校勘記)》,中華書局,1980年,頁996。

[5] 清·孫希旦《禮記集解》,中華書局,1989年,頁161。

[6] 漢·班固《漢書》,中華書局,1962 年,頁 2855–2856。

[7] 陳練軍《居延漢簡詞語劄記二則》,《古漢語研究》2007 年第 2 期。

[8] 宋·王溥《唐會要》,中華書局,1955 年,頁 1761。

[9] 清·孫星衍等輯《漢官六種》,中華書局,1990 年,頁 49。

[10] 西晉·陳壽著,南朝宋·裴松之注《三國志》,中華書局,1982 年,頁 1273。

[11] 范祥雍《戰國策箋證》,上海古籍出版社,2006 年,頁 142 和 968。

[12] 清·王先謙《後漢書集解》,中華書局,1984 年,頁 2548。

《馬王堆漢墓帛書〔肆〕》
釋文校勘劄記

周祖亮①

摘 要：通過對《馬王堆漢墓帛書〔肆〕》圖版、釋文的仔細校核，發現其中還存在一些時賢尚未明確指出的失誤，共計20條，54處。這些錯誤大致可以分爲隸定錯誤、漏釋原文、誤加衍文、顛倒順序、體例不一、標點不當、誤標行號、誤加或遺漏符號。

關鍵詞：馬王堆漢墓帛書〔肆〕；釋文；校勘

《馬王堆漢墓帛書〔肆〕》（以下或簡稱"帛書〔肆〕"）收載了馬王堆漢墓出土的全部醫書，②它共由15部分組成，依次爲《足臂十一脈灸經》、《陰陽十一脈灸經》甲本、《脈法》、《陰陽脈死候》、《五十二病方》（以上五種合爲一卷帛書），《却穀食氣》、《陰陽十一脈灸經》乙本、《導引圖》（以上三種合爲

---

① 周祖亮，廣西中醫學院基礎醫學院教師　廣西南寧　530001；西南大學漢語言文獻研究所博士研究生　重慶　400715。
② 馬王堆漢墓帛書整理小組《馬王堆漢墓帛書〔肆〕》，文物出版社，1985年。

一卷帛書），《養生方》、《雜療方》、《胎產書》（以上三種帛書各自成卷），《十問》、《合陰陽》（以上兩種合爲一卷竹簡），《雜禁方》（木簡）、《天下至道談》（竹簡）（以上兩種合成一卷）。總的來說，帛書〔肆〕圖版比較清晰，釋文與注釋的質量也非常高，爲學界的進一步研究提供了很大方便。

然而由於其中部分帛書殘損嚴重，或文字筆畫時有缺損，整理與釋讀難度非常大。帛書〔肆〕自出版以來，一些專家從不同角度提出了討論意見。在文字隸定、原文釋讀方面，裘錫圭等諸多先生發表了相關著作，提出高見。我們在利用帛書〔肆〕的過程中，將全書釋文與圖版進行了比較仔細的校對，並參考各種相關論著，發現其中還存在一些時賢未曾明確指出的瑕疵，計20條，54處。[①] 這些錯誤大致可以分爲以下幾類：一是隸定錯誤，二是漏釋原文，三是誤加衍文，四是顛倒順序，五是體例不一，六是標點不當，七是誤標行號，八是誤加或遺漏符號。現按上述幾類並依原帛書行序劄記於下，以就教於方家。[②]

一、隸定錯誤

在帛書〔肆〕釋文中，這類錯誤出現次數最多。計8條，共出現於32處。

---

① 除了特別注明之外，對於各位專家論著已經指出的錯誤，本文不作重復與計算。
② 爲行文之方便，所引帛書釋文若文意未完，則引文末不加標點。

（一）誤"无"爲"無"

《足臂十一脈灸經》23 行："陽病折骨絕筋而無陰病。"

《陰陽十一脈灸經》甲本 40 行："甚則無膏，足外反。"

《養生方》197 行："有氣則產，無氣則死。"

又 207 行："血氣不足，我無所樂。"

《十問》27～28 簡："天地之至精，生於無徵，長於無刑（形），成於無腆（體），得者壽長，失者夭死。故善治氣摶（搏）精者，以無徵爲積。"

又 35～36 簡："故身無苛（疴）央（殃）。"

又 70～71 簡："非味也，無以充亓（其）中而長其莭（節）；非志也，無以智（知）其中虛興〈與〉實；非事也，無以動亓（其）四支（肢）而移去其疾。"

《天下至道談》40 簡："非此二者，無非學與服。"

案：上引"無"，原文均爲"无"。《說文》沒有"无"字條，祇是在解釋"無"時順便指出："無，亡也。无，奇字無。"雖然"无"、"無"兩字在上古意義相通，現在"无"又是"無"的簡化字，但是爲了反映帛書字體的本來面貌（而且《十問》等書中同時出現"無"字），釋文應當直接寫作"无"，或者寫作"无（無）"。其實在馬王堆漢墓帛書中，"无"、"無"兩字均多次出現，但是不同的整理者對此作了不同的處理。帛書〔壹〕將"无"字直接寫出，帛書〔三〕、〔肆〕都將"无"隸作"無"。① 我們認爲，相比之下，帛書〔壹〕的處理方式顯得更爲合理。

在帛書〔肆〕中，釋文也存在將繁體字徑直寫作簡體字的情況。例如：

《五十二病方》255－256 行："烟威（滅），取肥□肉置火中，時自啟竅。"

《五十二病方》267－268 行："以土雍（壅）盉，會毋□，烟能炪（泄），即被盉以衣，而毋蓋其盉空（孔）。"

《五十二病方》268－269 行："即令痔者居（踞）盉，令直（脽）直（值）盉空（孔），令烟熏直（脽）。"

查核圖版可知，以上三句中"烟"的字形全部爲"煙"。

（二）誤"虫"爲"蟲"

《五十二病方》21 行："以職（膱）膏弁，封痏，蟲即出。"

又 427 行："其祝曰：浸燔浸燔蟲，黃神在竈中。"

案：上引兩句中的"蟲"，原文都爲"虫"。在上古時代，"虫"與"蟲"原本是兩個不同的字。"虫"的本義是蛇，"蟲"的本義是有足的昆蟲。《說文·虫部》："虫，一名蝮，博三寸，首大如擘指。象其臥形。物之微細，或行，或毛，或臝，或介，或鱗，以虫爲象。"又《蟲部》："蟲，有足謂之蟲，無足謂之豸。從三虫。"《五十二病方》21 行該句話的意思是指用動物性

---

① 可詳見國家文物局古文獻研究室《馬王堆漢墓帛書〔壹〕》（文物出版社，1980 年）和馬王堆漢墓帛書整理小組《馬王堆漢墓帛書〔叁〕》（文物出版社，1983年）。

油脂調和藥物，塗敷在傷口上，就可以把傷口內的蟲子驅逐出來。該句原文雖寫作"虫"，但卻是"蟲"的意思，因此釋文應當寫作"虫（蟲）"。整理小組對427行"黃神"的注釋爲："古代迷信的神名，被認爲能辟除虎狼、惡神、鬼魅。"依此，該行中的"虫"則應是其原字，而不是"蟲"字。

（三）誤"治"爲"冶"

《五十二病方》28行："壹冶藥，足治病。"
又29行："藥已冶，裹以繒臧（藏）。"

案：上引"冶藥"原文爲"治藥"，"藥已冶"原文爲"藥已治"。在簡帛醫藥文獻中，對藥物進行加工，常用"冶"字，意思是將藥物研成細末。其間雖然也偶見"治藥"（如《武威漢代醫簡》16簡），① 但意思是指製作藥物，與"冶藥"意思不同。根據文意，帛書〔肆〕這兩處的"治藥"與"藥已治"都是指對藥物進行加工、研末，故"治"當讀爲"冶"。整理者的意思雖然是對的，但是釋文應改作"治（冶）"，而不能夠直接寫作"冶藥"和"藥已冶"。

（四）誤"爲"爲"以"

《五十二病方》260行："有可，以領傷。"

案：上引"以"，原文作"象"。原文與"以"字相差甚遠，當隸作"爲"字。裘錫圭先生指出，該處釋文疑當讀爲"有

---

① 但陳國清先生認爲該處亦應當讀爲"冶藥"，指把藥物研成細末。詳見於陳國清《〈武威漢代醫簡〉釋文再補正》，《考古與文物》1990年第4期，頁91。

（又）可以領傷"，① 但是未指出句中"爲"字之誤。

（五）誤"已"爲"己"

《五十二病方》230 行："積（瘕）己"

又 282 行："不痛己"

又 319 行："百日己"

又 321 行："三而己"

又 325 行："取秋竹者（煮）之，而以氣熏其痏，己。"

又 331 行："己用"

又 362 行："即孰（熟）□□□□加（痂）□而己。"

又 453 行："瘍己"

案：上引"己"，均當爲"已"字之誤。裘錫圭先生曾指出《五十二病方》230 行"積（瘕）己"句中的"'己'爲'已'字之誤植"。② 但是上述例句表明，在帛書〔肆〕中誤把"己"當作"已"共有 8 處之多。

（六）誤"炙"爲"灸"

《五十二病方》284 行："爛疽者，□□起而□□□□□□□冶，以彘膏未湔（煎）者灸銷（消）以和□傅之。"

案：上引"灸銷（消）"。裘錫圭先生曾經指出，從圖版看，《五十二病方》第 232、281、284、305 行中的"灸"皆應釋作

---

① 裘錫圭《馬王堆醫書釋讀瑣議》，《湖南中醫學院學報》1987 年第 4 期，頁 42－44。

② 裘錫圭《馬王堆醫書釋讀瑣議》，《湖南中醫學院學報》1987 年第 4 期，頁 42－44。

"炙",疑抄寫或排印之誤。① 此說甚是。再以此推之,炙銷,是指用火烤熔。銷,本義是熔化金屬,後又泛指熔化他物。這種解釋與整個句子的意思十分相符,故"銷"不需再讀作"消"。釋文之所以出現這種誤讀,大概是整理者先誤釋"炙"爲"灸",才有把"銷"讀爲"消"之誤。在《五十二病方》中,也有與該句意思大致相應的句子,即:

《五十二病方》358 行:"產痂:先善以水洒,而炙蛇膏令消,傅。"

"炙蛇膏令消"就是將蛇油烤熔。此處的"消"當讀爲"銷"才是,而且該句中的"炙"可證284 行的"灸"字之誤。

(七) 誤"日"爲"月"

《五十二病方》318 行:"殷(瘢)者,以水銀二,男子惡四,丹一,並和,置突【上】二、三月,盛(成),即□□□囊而傅之。"

案:上引"月",原文寫作"🝙",故當隸作"日"字爲是。

(八) 誤"目"爲"日"

《陰陽十一脈灸經》乙本 8 行:"其所產病:日外腆(眥)甬(痛),頰甬(痛),耳聾,爲三病。"

案:上引"日",於文意不通。此處圖版雖然不太清晰,但是據文意與帛書《陰陽十一脈灸經》甲本,當以"目"爲是。

---

① 裘錫圭《馬王堆醫書釋讀瑣議》,《湖南中醫學院學報》1987 年第 4 期,頁 42-44。

二、漏釋原文

指帛書原文有可識之字，但是釋文遺漏，未列出這些字。[①]計兩條，出現於兩處。

（九）漏釋"病者"

馬王堆《五十二病方》殘片（一）最末一行："☐柏【杮】擣者☐"

案：細察圖版，在"擣者"之後，至少還有"☐☐病者☐"五字筆劃清晰，其中"病者"兩字完全可識，應當補全。

（十）漏釋"盾"

《養生方》115 行："盾"

案：該字位於該行末尾，與其他文字隔開，字體是其他文字的兩倍大。其書寫位置、字型大小與《養生方》32、44 兩行末尾的"易"字相似。魏啟鵬、胡翔驊兩位先生指出，這兩處"易"應相當於後世所說的簡易方、便方。[②] 但是釋文未列出"盾"字。該字也不見於字典、辭書，字義待考。

[①] 依照慣例，對帛書中僅餘殘筆而無法釋出的殘缺字，一般要用☐號表示。但是帛書整理者對此一並略去而不作標記。此處統計不包括這類無法釋出的殘缺字。

[②] 魏啟鵬、胡翔驊《馬王堆漢墓醫書校釋〔貳〕》，成都出版社，1992 年，頁17。

三、誤加衍文

指釋文誤加了帛書原文沒有的文字。計 1 條,出現於 1 處。

(十一) 誤加 1 行

《養生方》133～134 行:"□□□□□□斗□□□□□□□□□□□以□化半斗,牡臘□□₁₃₃ □□□□□□升□₁₃₄"

案:帛書〔肆〕該處殘斷,釋文爲整理小組拼合後釋讀的結果。同時整理小組指出,帛書本行以下缺損,行數不明。但是細考圖版,《養生方》並無 134 行,該行所釋"□□□□□□升"即爲 133 行的"□□□□□□斗"。在帛書〔肆〕圖版中,"升"的字形多爲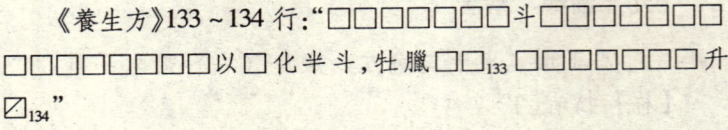,"斗"的字形多爲 ,兩字形體近似,容易混淆。① 由於該行上下殘斷,"斗"字上半部分殘損(圖版爲" "),整理者誤將 133 行的前半部分內容另立一行,並把" "又釋作"升"。裘錫圭先生曾經指出,整理小組也存在對帛書〔肆〕《養生方》釋文漏釋一行文字的失誤。② 如此看來,帛書〔肆〕的《養生方》釋文不但漏釋了一行文字,而且也存在衍釋一行文字的失誤。

---

① 參見陳松長《馬王堆簡帛文字編》,文物出版社,2001 年,頁 573－574。
② 裘錫圭先生指出,《養生方》圖版 215 至 216 之間,尚有未標序數的一行字,爲整理小組漏釋。詳見於裘錫圭《馬王堆醫書釋讀瑣議》,《湖南中醫學院學報》1987 年第 4 期,頁 42－44。

四、顛倒順序

指將帛書中的原字與改正後的字位置顛倒，或將帛書原文的順序顛倒。計兩條，出現於兩處。

（十二）將"踝（踝）"顛倒爲"踝（踝）"

《陰陽十一脈灸經》乙本3行："【少陽】脈・毄（繫）於外踝（踝）之前廉"

案：上引"踝（踝）"，當爲"踝（踝）"之倒植。此處原文爲"踝"，是"踝"的通假字，指踝子骨。

（十三）將"以三出"顛倒爲"二以出"

《養生方》180～181行："置□□□□□□□□□□□二以出□□□見日飲之。"

案：帛書〔肆〕該處殘損嚴重，詳審圖版，上引"二以出"，原文當爲"以三出"。帛書該處"三"字清晰，與"出"字殘筆緊密相連，但被整理者誤釋作"二"。雖然此處"以"（圖版殘餘右半"人"）、"出"（圖版僅殘餘右上半"ᵕᵕ"）兩字殘損，但是整理小組的釋讀基本可從。

五、體例不一

指釋文的用字體例前後缺乏一致性。計2條，出現於4處。

（十四）"孰"、"孰（熟）"不統一

《五十二病方》270 行："取石大如卷（拳）二七，孰（熟）燔之。"

《胎產書》15 行："必孰（熟）榦洒（灑）【胞】。"

案：上引兩處"孰（熟）"，意思是善、精，引申爲反復。在帛書〔肆〕中，表示反復義的"孰"（爲下文說明方便，且記作"孰$_1$"）共見 15 處。① 但是整理小組除了這兩處在原字後標示出訓讀字"熟"外，其餘 13 處都不標示訓讀字。爲保持用字體例的一致，釋文應當都不標示訓讀字，或者全部標示。

《五十二病方》353 行："以南（男）潼（童）弱（溺）一斗半並□，煮熟，□米一升入中。"

案：上引"熟"，原文爲"孰"，指食物加熱到可以吃的程度。在帛書〔肆〕中，表示這種意思的"孰"（且記作"孰$_2$"）共見 24 處（另外還有一處是成熟義）。② 但是釋文除了在該處不標原字直接出示訓讀字外，其他都寫作"孰（熟）"。整理小組爲了區別表示"反復"與"食物加熱到可以吃的程度"、"成熟"幾種意義的"孰"字，可能特意對該字的釋讀作了不同的處理，即"孰$_1$"則不標示訓讀字，"孰$_2$"則標明訓讀字。雖然這種處理方式並無不妥之處，但是釋文前後的體例需要統一才是。

---

① 其餘 13 處見於《五十二病方》第 57、58、131、193、338、342、362、409（2 次）、428 行，《雜療方》第 41（2 次）、71 行。

② 其餘 23 處分別是：《五十二病方》第 4、18、94、95、113、174、176、181、241、244、264、270、286、304、309、328、388 行，《養生方》第 5、12、86、157、166 行，《雜療方》第 25 行。表示"成熟"義的"孰"見於《五十二病方》第 25 行。

（十五）"暴"、"暴（曝）"不統一

《養生方》90行："取弟（蛢）選（蠃）一斗，二分之，以瓽漬一分而暴之。"

案：上引"暴"，意思是其本義"晾曬"。在帛書〔肆〕中，表示"晾曬、曬乾"意思的"暴"字共出現6次，① 但是除此處外，其他釋文都寫作"暴（曝）"。其實，"暴"的本義就是晾曬、曬乾，祇是後來寫作"曝"而已。如《廣韻·屋韻》："暴，日乾也。"又《號韻》："暴，晞也。"既然如此，帛書〔肆〕對該字的處理應當有統一的體例，要麼全部寫作"暴"，要麼都寫作"暴（曝）"。

六、標點不當

指對不需標點處加上標點，需要加標點處卻有遺漏。計2條，出現於4處。

（十六）"☒"號前誤加標點

《五十二病方》299~303行："【一】，☒雎（疽），橿（薑）、桂、椒☒居四☒☒₂₉₉☒淳酒半斗，煮，令成三升，☒"

《養生方》"戲"條（60行下方）："節（即）與【男子】戲，即不明；☒"

----

① 其餘5處見於《五十二病方》第29、164、169、458行，《雜療方》第26行。

案：以上兩例均爲句末殘斷，無法明確後文信息，故句末"☒"前不宜加標點斷開。

（十七）數字之間該斷而未斷

《胎產書》29 行："字者，且垂字，先取市土濡請（清）者，□之方三四尺，高三四寸。"

案：上引"方三四尺，高三四寸"，依據帛書〔肆〕的標點體例，當作"方三、四尺，高三、四寸"。在古籍中，"三四"連寫，容易被誤解爲"三十四"。整理小組顯然注意到了這個問題，故釋文對需要分開的數位一般都有標點隔斷，如《五十二病方》166 行"前【日】至可六、七日秀（秀）"，272 行"日五、六飲之"，《十問》75 簡"二、三言而止"，等等。《胎產書》該句的意思是：婦女懷孕，即將臨產，先取來軟而稀的市土，把它壘成三四尺見方、三四寸高的泥堆。依此，該行的兩處"三四"都是指"三"和"四"，故"三四尺"、"三四寸"的數位之間需要用"、"斷開。當然，在帛書〔肆〕中，部分篇章由於殘損較多，兩個數字之間的關係還無法確定，故不作點斷，這是完全可以理解的。①

七、誤標行號

指帛書的行號、竹簡的簡號標注錯誤或漏標。計 1 條，出現於 7 處，蓋系排印錯誤。

---

① 例如《養生方》56 行："以水洒，支七八□□□。"因帛書殘損，"七"與"八"兩個數字的關係不能完全確定，故中間不需點斷。

（十八）行號、簡號誤標或漏標

《足臂十一脈經》第"三三"行誤標爲"三二"。

《養生方》第"一九"、"一五三"、"一九八"三行的行號分別誤標爲"二九"、"一五二"、"一九〇"。

《雜療方》篇中"爲小囊，入前中"一句後缺"一六"行號。

《胎產書》第"二八"行誤標爲"二六"。

《十問》第"三八"簡誤標爲"三六"。

八、誤加或遺漏符號

指帛書原文清晰，整理者誤加了用字符號；或者帛書某處原有符號標記，但在釋文中被遺漏了。計兩條，出現於兩處。

（十九）誤加【 】號

《五十二病方》17 行："以續【（斷）】根一把"

案：帛書整理小組在《凡例》中指出："原有脫字，隨文補出，外加【 】號……凡能依殘筆、文意或參照其他古書補出的，外加【 】號。"在圖版中，"鐕（斷）"字清晰可見，故不需加【 】表示。

（二十）遺漏"·"號

《五十二病方》47 行："令。"

案：原文此處"令"前有表示強調意義的着重號"·"，釋文遺漏，當補上。

目前，隨着文獻整理技術的更新和工作的深入，出土文獻的整理釋讀工作也得了極大的發展與提高，這必將研究者帶來更多的信息和福音。湖南省博物館已委託復旦大學出土文獻與古文字研究中心對馬王堆漢墓帛書進行重新釋讀，這也包括了對馬王堆醫學典籍的整理。可以預見，在馬王堆醫籍重新整理成果的公佈之後，研究者將能獲得更多的語言文字信息。

附記：本文爲國家社科基金項目（11XYY026）、教育部人文社會科學研究項目（10XJC740008）的階段性成果之一。

《河西簡牘》校勘記

聶丹

摘　要：《河西簡牘》彙集了一批秦漢時期的簡牘，是學習研究秦漢簡牘的很好資料；但白璧微瑕，書中的部分釋文還值得商榷，可以總結爲三點：一是錯釋，二是漏釋，三是衍釋。分析這些現象，避免學習者誤入歧途，獲得正確的認知。

關鍵詞：《河西簡牘》；釋文；校勘

《河西簡牘》是一本裝幀精美的書，大致以時間爲序，收錄了河西地區的武威、馬圈灣、懸泉置、居延、天水放馬灘等地的部分簡牘，並逐條作了釋文。書的圖片清晰，部分簡牘還作了局部放大，是研究秦漢三國簡牘書法的完美資料。該書是爲了滿足人們對書法藝術的興趣和需要而出版，對文字的釋讀有些粗疏，故而釋文部分有可商之處，我們認爲，這本書還可以精益求精，

---

① *聶丹，貴州財經學院文化傳播學院　副教授 貴州貴陽 550004；西南大學漢語言文獻研究所 博士生 重慶北碚 400715。
② 馬建華主編《河西簡牘》，重慶出版社出版，2003 年。

带着這樣的期望，撰寫此文，希望編著者在下次修訂時，聊以參考。

《河西簡牘》釋文上存在的問題分爲幾大點。一是錯釋；二是漏釋；三是衍釋。我們按照不同類型分別討論，有的同時出現兩類問題，我們就按其主要問題進行分類；所列條目，按在書中出現的頁碼先後排列，每條後面括號內附上該條出現在書中的頁碼，在同一頁中有左右兩幅圖版的，則在頁碼後面標明"左"或"右"：

一、錯　釋

（一）錯看圖版產生的錯釋文字

（1）《西漢·甲渠候官文書（2）》釋文第③條："駒望隧長杜未央所帶劍刃崖狗少一……"（29）

案：釋文"崖"，圖版作"圭"，應該寫作"圭"。《居延新簡》幾個本子①②③簡 59.3 均作："……舉駒望隧長杜未央所帶劍刃崖，狗少一。"《河西簡牘》把"圭"釋讀爲"崖"，《居延新簡》釋讀爲"崖"，到底是"崖""崖"還是"圭"；我們先來看《居延新簡》釋讀的"崖"，據《臺灣異體字字典》，"崖"

---

① 甘肅省文物考古研究所、甘肅省博物館、文化部古文獻研究室、中國社會科學院歷史研究所《秦漢魏晉出土文獻——居延新簡》，文物出版社，1990年，頁358。
② 甘肅省文物考古研究所、甘肅省博物館、中國文物研究所、中國社會科學院歷史研究所《居延新簡——甲渠候官》，中華書局，1994年，頁156。
③ 初師賓主編，中國簡牘集成編輯委員會編《中國簡牘集成——甘肅省·内蒙古自治區卷（居延新簡）》第11冊，敦煌文藝出版社，2001年，頁115。

爲"呈"的異體;《河西簡牘》釋讀爲"峚",《臺灣異體字字典》標注"峚"是"峰"的異體字,在《中文大辭典》、《字彙補》中都有收錄。我們據圖版釋讀爲"圭","圭"是我國古代一種天文儀器,可以根據日影的長短測量節氣和一年時間的長短,也叫圭表,其中平放在石座上面的尺就是圭。《額濟納漢簡》有1例"圭":99ES17SH1:32"第十七隊(隧)長朱齊圭錯一下竹折"。據此,我們認爲釋讀爲"圭",就字形和字義而言,更加合理。

(2)《西漢·敦煌馬圈灣簡牘》釋文第⑦條:"☐書而召幹備問之幹備對曰臣取婦二日三夜去之"(47)

案:釋文"召幹備間之,幹備對曰"中的"間",圖版作"問",就是"問",從文意和圖版都不該爲"間"。《敦煌漢簡》496A作"問",正確。

(3)《漢·甲渠吏糜食簿(1)》釋文第①條第三欄:"五月癸未自取"(150)

案:釋文釋讀爲"癸未",據圖版,釋文不準確,見左圖,作"癸亥",即爲"癸亥",釋文當作:"五月癸亥自取"。

(4)《漢·甲渠吏糜食簿(2)》釋文第⑤條第三欄:"第一隧長召浦 二月食三石 正月辛亥自取"(151)

案:據圖版,釋文"正月"當爲"二月",圖版清晰,見右圖,正是"二月"。

(5)《敦煌懸泉置封檢、牘》釋文第④條:"酒泉張(掖)武威金城郡太守承書從事下當用者破羌將軍=吏士畢已過具移所給吏士賜諸 實☐"(147)

案：據圖版，"諸"字下有"襄"，未釋，也未標明"□"。《敦煌懸泉漢簡釋文選》① 簡 51（Ⅱ0114②：293）釋文爲："具移所給吏士賜諸裝（裝）實……"將"襄"釋讀爲"裝"，並解釋："裝，同裝"。細看圖版，應該是"蘘"，《康熙字典》和《中文大字典》收錄，是"蘘"的異體字，《玉篇·草部》："蘘，蘘荷。"《急就篇》卷二："老菁蘘荷冬日藏"，顔師古注："蘘荷，一名蓴苴，莖葉似薑，其根香而脆，可以爲葅。"另外，"實"字下剛好有木節，下面有一個字不清晰，後面是斷簡。所以，釋文④後面應該爲："諸蘘實□☑"。

（二）文字的繁簡產生的錯釋文字

1. 不當用今天的繁體

這一類主要涉及到幾個漢字的繁簡體問題，有的字到了漢代已經簡化，開始採用同音或讀音相近的兩個或幾個字形中字形簡易的字體，人們可能不知道這個時期已經簡化，就習慣性的採用原來的繁體。我們可以根據已經出土的文獻資料證實某些字形簡化的完成或正在發生。在《河西簡牘》中，部分已經簡化的字，在釋讀中卻仍然採用繁體，茲引例如下：

（6）《漢·敦煌馬圈灣木牘（2）》釋文第⑥條："得母病也朱司馬及焦并還未聞西方問不雲何行"（73）

案："雲"，圖版作"云"，就是"云"，不該改繁。"云"和"雲"是一對古今字，"雲"產生以後，它們就分別代表兩個不同的意思，"云"表說話，"雲"指天上的雲朵，不能換用，

---

① 胡平生、張德芳《敦煌懸泉漢簡釋粹》，上海古籍出版社，2001年，頁52。

兩個字讀音相同，都是匣母文韻，① 後來漢字簡化才統一用"云"。在古文中都用字形複雜的一個是不對的。

（7）《東漢・官府文書（2）》釋文第⑦條："建武柒年六月庚午……"（213）

案："柒"，據圖版寫作"㭍"，新莽以後，"七"作"㭍"，東漢沿用。第154頁《新莽・當食者按》冊圖版第⑤、⑥條的"㭍"，釋文也作"柒"，不當。《居延新簡》22.166作："建武㭍年六月庚午，領甲渠候職門下督盜賊鳳，謂第四守候長恭等"，就用"㭍"。新莽時期除了制度改革以外，還有一些職官名、地名也更名了，同時一些數詞也換了字形，除了上面討論的"七"寫成"㭍"外，還有"四"作"亖"，"廿"作"二十"，"卅"作"三十"。

（8）《東漢・推辟書（3）》釋文第④條："吞遠隧去居延百卅裏檄當行十三時"（224）

案：釋文"百卅裏"的"裏"，圖版作"里"，很明顯就是"里"，不當改爲"裏"。"里"與"裏"是兩個不同的字。《說文・里部》："里，居也。""里"是"鄉里"之"里"，也是長度單位。《說文・衣部》："裏，衣內也。""裏"是指衣服內裏，《敦煌漢簡》1268有"褽"，應該是"裏"的累增。"裏"從"里"得聲，兩個字都是"來母之韻"，讀音相同。漢字簡化時，取其字形簡單的一個，"裏"才退出歷史舞臺。衣服內裏寫作"里"，可以解釋爲簡化，長度單位寫作"裏"，是無法解釋的。

（9）《漢・敦煌馬圈灣木牘（3）》釋文第⑤條："人皆具毋

―――――――――
① 郭錫良《漢字古音手冊》，北京大學出版社，1985年，頁246。

它不當言　人邪將留外也初　為當往因車師今反相將來欲　誰因循乎不審　小奴伯望與人眾"　　(63)

案:"初　爲當往因……",據圖版"爲"作"为"應該釋文作"为(爲)",不當改繁。釋文把"为"釋讀成"爲"的在《河西簡牘》中不在少數;第68頁《漢·馬圈灣木牘(1)》釋文第④條:"掌者食輒以時尉驗羚旎鼓采而已留意卒恩爲"。"留意卒恩爲","爲"圖版作"为",同頁釋文第⑤、⑥、⑧條,"爲"字圖版分別是"为"、"为"、"为",都作"为";《敦煌漢簡》170"为"亦釋作"爲",第73頁《漢·敦煌馬圈灣木簡(2)》釋文第①條"爲",圖版亦作"为";第95頁《漢·敦煌馬圈灣木簡(7)》釋文第④條、110頁《漢·敦煌馬圈灣木簡(10)》釋文第①、②條,釋文"爲"字圖版分別是"为"、"为"、"为",都應該釋讀作"为(爲)"。"为"字是"爲"字的草書簡化,在《河西簡牘》中,"爲"幾乎都作"为"。

2. 不當用簡化字體

(10)《西漢·永始三年詔書》釋文第④條:"郡國九谷最少可豫稍為調給立輔既言民所疾苦可以便安☐"(33)

案:釋文"九谷",圖版作"九穀","穀"不當簡化爲"谷"。"穀"與"谷"是兩個完全不同的字,"谷"是"山谷"之"谷","穀"是"五穀"之"穀",兩個字絕對不會混用。後來漢字簡化後,兩個字讀音相同,都是"古母屋韻",才統一用"谷"。在《河西簡牘》中,除了這一條外,第51頁《西漢·敦煌馬圈灣簡、牘》釋文第⑤條也出現了同樣的問題:"益　欲急去恐牛不可用今致賣目宿養之目宿大貴束三泉留久恐食

盡今且寄廣麥一石　王子春家車欲益之主不肯到完取之兼度二十餘日可至亭耳市谷大貴"。按圖版和詞義，寫成"谷"字的都祇能用"穀"字。在第168頁《侯粟君所責寇恩事冊（1）》釋文第⑥條中，圖版"穀"和"穀"，釋文既有寫作"穀"的，也有簡化爲"谷"的："谷卅石凡爲穀百石皆予粟君以當載魚就直"，應該統一用"穀"。該頁釋文第⑦條"到　得買直牛一頭穀廿七石……"就沒有簡化爲"谷"字，這樣是正確的。從圖版看，在西漢時期，"穀"字的使用頻率很高，沒有簡化爲"谷"的，但90頁的《漢・敦煌馬圈灣木簡（6）》釋文⑧"十一月乙丑食□谷五斗　乙酉除一"。釋讀爲"谷"字的圖版不很清晰，作"谷"，不知是否爲"谷"。

（11）《西漢・相利善劍》釋文第⑥條："惡新器劍文斗雞征蛇文者粗者及皆凶不利者．右敝劍文四事"（36）

案：釋文"斗雞征蛇"中的"斗"，圖版作"鬭"，即是"鬭"，不當簡化爲"斗"。《說文・斗部》："斗，十升也。象形，有柄。""斗"是量酒器，也是量詞，引申爲星宿名。"鬭"，遇合，也有打鬥義。上古字音相同，都是"端母侯韻"，中古字音分化，"斗"爲上聲，"鬭"爲去聲，漢字簡化後才統一用"斗"，據圖版及文意都不應該寫成"斗"字。

（12）《漢・敦煌馬圈灣木簡（1）》釋文第②條："足以相當所謂惠而不費故敢白即于法令不可亦不足以干治"（68）

案：釋文"即于法令"，據圖版，"于"作"於"，"於"不當改。"于"和"於"在古代都是介詞，但用法有差異，讀音也不同，"於"讀音是"影母魚韻"，"于"讀音是"匣母魚韻"，"於"開口，"于"合口，它們是兩個不同的詞，圖版作"於"，就不應該寫成"于"。這樣的問題在《河西簡牘》中還有,第105頁《漢·敦煌馬圈灣木簡(9)》釋文第⑦條:"臣△前捕斬焉耆虜地熱多阻險舍宿營止宜于",圖版作"于",同樣也寫成"于"了。《敦煌漢簡》① 簡168作:"足以相當,所謂惠而不費,故敢白。即於法令不可,亦不足以干治",《敦煌漢簡》簡50:"臣ム前捕斬焉耆虜,地熱多阻險,舍宿營止宜於",皆作"於",未改,確。

(三)符號錯釋

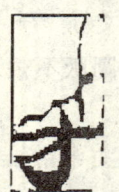

(13)《漢·傳馬名籍》釋文第③條:"☐尺六寸駕　名曰葆橐"(140)

案:釋文"☐尺六寸",據圖版,釋讀不正確,見左圖,"寸"字清晰,無"尺"字,"六"字也看不清,我們認爲應該釋讀爲:"☐☐寸"。

(14)《東漢·推辟書(3)》釋文第①條:"隧長董習留=不以時行其昏時習以"(224)

案:據圖版,重文號當標在"習"字下而不是在"留"字下,見右上圖,釋文當爲"習=留"。《居延新簡》(《簡牘文獻集成》)22.144作:"隧長董習。習留,不以時行。"是"習"字重文,無誤。

---

① 甘肅省文物考古研究所《敦煌漢簡》,中華書局,1991年,頁226。

二、漏　釋

（一）漏釋文字。

有的較爲模糊，但也能釋讀或通過上下文補充出來，甚至有的地方圖版清晰，但書中沒有釋讀出，我們把這樣的情況列舉如下：

（15）《西漢·簡》釋文第②條："父不幸死寧定功一勞三歲八月二日訖九月晦庚戌故不史今"（48右）

案：釋文"故不史今"，語義不通，據圖版"今"字下有"史"，見上頁左圖，當爲"故不史，今史"。《敦煌漢簡》1186AB："玉門千秋隧長敦煌武安里公乘呂安漢年卅七歲長七尺六寸神爵四年六月辛酉除功一勞三歲九月二日其卅日父不幸死寧定功一勞三歲八月二日訖九月晦庚戌故不史今史"。邢義田解釋："故不史今史"，"應該是呂安漢原不知書寫當時公文用的書體——史書，亦即隸書，但記錄功勞時，他已經學會了。"于豪亮先生對"史"、"不史"也有論及。①

（16）《西漢·調廩書》釋文第④條："極·謹受簿入十月移極淵泉敢言"（48左）

案：釋文"敢言"，圖版作"敢言之"。"敢言之"是官文書向上級呈報時的習慣用語，在西北漢簡中出現頻率極高。

（17）《西漢·敦煌馬圈灣簡、牘》釋文第⑤條：
"　益　欲急去恐牛不可用今致賣目宿養之目宿大貴束三泉留久

---

① 于豪亮《于豪亮學術文存》，中華書局，1985年，頁58。

恐食盡今且寄廣麥一石　王子春家車欲益之主不肯到完取之兼度二十餘日可至亭耳市谷大貴"。（51）

案：釋文"留久恐食盡"，據圖版"恐""食"之間有一"全"字，《河西簡牘》漏，見上頁左圖，《敦煌漢簡》239A 釋爲"舍"字，我們細看文字，與《居延漢簡》214.97 有一釋讀爲"會"的"全"字形相似，此處存疑，當釋讀爲"恐□食"。

（18）《西漢·敦煌馬圈灣簡、牘》釋文第⑥條"戍卒祿福匹竟　候熹見　矢銅　三百　　鐵甲　瞀各四百"（51）

案：該簡圖版清晰，釋讀爲"　矢銅　三百"處，見左圖，應當爲"槀矢銅鍭三百"，"槀矢銅鍭"連用或者"槀矢"、"銅鍭"分別連用的情況，西北簡中常見。"鐵甲　瞀各四百"，見右下圖，當爲"鐵甲鞮瞀各四"，漏釋"鞮"，衍"百"。"鞮瞀"在《居延漢簡》中出現 17 例，在《敦煌漢簡》中出現 5 例，另外還有"鍉瞀"在《居延漢簡》出現 9 次，"鍉鍪"在《額濟納漢簡》出現 3 次，《居延漢簡》出現 1 次，字形也作"鍉鍪"、"鞮鍪"，後來用"兜鍪"表示，就是頭盔。

（19）《漢·敦煌馬圈灣木牘（1）》釋文第④條："元康元年七月壬寅朔甲辰關嗇夫廣德佐熹敢言之敦煌壽陵里趙負趣自言夫　爲千秋隧長往遺衣用以令出關敢言之"（55）

案："自言　夫爲千秋隧長"，據圖版，"夫"與"爲"之間有一字，作訢，當補。查《敦煌漢簡》簡 796："……敦煌壽陵里趙負，趣自言：夫訢爲千秋隧長，往遺衣用。"，漏釋"訢"字。

（20）《漢·敦煌馬圈灣木牘（3）》釋文第④條："以時成就又當塞舉舍十五日今已十一日矣願且憂之亦能將卒作朝莫食飲與左伯相近以故令左伯領之且毋以去故恨之也願且借長　椴欲用治簿事已"（63）

案：釋文"願且借長　椴欲用治簿事已"，據圖版"長"與"椴"之間有一個"𣝔"字漏釋。《敦煌漢簡》238B作："願且借長欔椴，欲用治簿。事已。"釋讀爲"欔"字。查"欔"字，還沒有找到這樣的字形，此處姑且存疑。

（21）《漢·敦煌馬圈灣木簡（3）》釋文第②條"戍曹右史原順君　馬一匹，二已　二加一"（76）

案："戍曹右史原順君"，漏"伯"字，當作"戍曹右史原順君伯"。"二已　二加一"。漏"二卩"和"√"，見左圖。《敦煌漢簡》240作："戍曹右史，原順君伯，馬一匹，二卩，二已，二加一√"，正確。

（22）《漢·醫藥木牘》釋文第⑤條："食以食大湯飲一丸不知□□□□腸中恩加甘草二分多血加桂二分"（139）

案：據圖版，後面一個"分"字下有個"多"字，漏釋。當作"血加桂二分多"，與上文"甘草二分多"前後呼應。

（23）《漢·甲渠吏廩食簿（2）》第⑦條第三欄："☐二月食三石 二月壬☐"（151）

案：釋讀爲"壬☐"的地方，圖版清晰（見下頁右圖），可以釋讀爲："二月壬申"，從同廩食簿的其他簡文分別看，其順序分別是：三個"正月辛巳自取"、"正月壬午自取"，兩個"二月辛亥自取"，之後是本簡，然后是兩個"三月丙辰自取"，據此文例，可以補出"自取"二字，本簡可以這樣釋讀："二月壬申【自取】。"

(24)《漢·甲渠吏廩食簿（1）》釋文第⑧條："☒十月☒"（150）

案：釋文"☒十月☒"，該簡上下都殘斷（見左圖，"月"字下有"甲"字清楚，根據上下文及時間表述方式，當爲"十月甲☒"，即某一天。還可以通過同一冊書的其他簡文補出"自取"二字；"十"前有大段留白，釋文應該標明，當釋爲："　☒　十月甲☒【自取】。"

(25)《漢·敦煌馬圈灣木簡（5）》釋文第⑨條："入郡倉居攝三年正月癸卯轉兩粟小石一石六斗六升大居攝三年四月壬辰大煎都……"（85）

案：據圖版"小石"與"一石"之間還有一個字"卅"，應該是"卅"字，漏釋當補上。另外，"大"與"居"之間有空白，應該留白。

（二）漏標圖字符號和漏留白。

有的地方圖版模糊，看不清字形，但可以看出有幾個字，這種情況應該用圖字符標明，不能釋讀一個字就用一個圖字符，而書中有時候漏標這樣的符號。另外，有的在簡中間有空白，這樣的地方也需要留白，根據以往的經驗，留白的地方往往可以加上句號，下面往往是另起一個話題。有的簡雖已殘斷，但簡上面書寫的文字沒有佔滿簡面，文字結束處與簡的殘斷處尚有一段空白，這種情況在釋文後面加上斷簡符號☒是必須的，但應該留白，標明文字到這裡就結束了。如果斷簡符號緊跟着釋讀的文字後面，就可能造成文字還沒有結束的誤解，從而導致理解的錯誤。《河西簡牘》在釋文中就有一些文句的釋讀沒有留出空白。

（26）《漢·敦煌馬圈灣簡牘》釋文第③條："隧長效穀閒田常利里上牛康年三十五☐"。釋文第⑨條："☐樂士吏牛黨　石門里　見☐"（47）

案：第③條，據圖版"五"字下大段無字空白，應該作"三十五　　　☐"。第⑨條亦同，"見"字下大段無字，當爲"見　　☐"。《敦煌漢簡》簡287下"見"後面留白，但簡25"五"後面沒有留白，作"三十五☐"，未標注。《敦煌漢簡釋文》與《敦煌漢簡》標注情況一樣。

（27）《漢·敦煌馬圈灣木簡（6）》釋文①："少罷馬但食枯葭飲水恐盡死欲還又迫策上責"（90）

案：據圖版，"死"與"欲"之間有空白，未留白，當作："恐盡死　欲還"。《敦煌漢簡》43作："少罷，馬但食枯葭飲水，恐盡死。欲還，又迫策上責。"

（28）《漢·敦煌馬圈灣木簡（6）》釋文⑧"從者大男經一元年　八月食麥三斛多三斗十二月乙亥自取　十一月乙丑食☐谷五斗　乙酉除一"（90）

案：據圖版，"斗"與"十"之間有空白，當留白作："三斛多三斗　十二月乙亥"。《敦煌漢簡》簡323作："元年八月食麥三斛多三斗。十二月己亥，自取。"留白的地方可以用句號，下面又開始另一個話題。《敦煌漢簡》簡282"居攝三年正月癸卯轉兩粟小石卅一石六斗六升大　居攝三年四月壬辰大煎都"，就在"居"字始重起一個話題。

（29）《漢·醫藥木牘》釋文②："弓大　十分　菜草二束　凡七物以盼膊高舍之"（139）

案：這枚簡自《武威醫簡》，其"弓大　十分"，據圖版

"弓大"下有字,字迹不清,不知有幾個字,當加上張顯成師提出的"⊡"號,釋作"弓大⊡十分"。

三、衍 釋

(一) 衍加符號

(30)《漢·敦煌馬圈灣木簡(6)》釋文第⑥條"□　元始二年四月壬午倉曹史……"(90)

案:據圖版,簡首雖磨損,不見有字,該簡與同冊書的其他簡長度相同,"元始"上留白是正確的,衍"□"。《敦煌漢簡》簡551作:"☑元始二年四月壬午,倉曹史宗……","元始"前沒有留白,另外加上斷簡符號,不當。

(二) 衍留白

(31)《漢·敦煌馬圈灣木牘(3)》釋文第①條"候普白:具記之,它所欲,力所任,願聞之。迫不及一二一二,致自惡"(63)

案:"致自　惡",見圖14,"自"與"惡"之間不留白。《敦煌漢簡》7A:"候普白:具記之,它所欲,力所任,願聞之。迫不及一∨二,致自=惡。"

《河西簡牘》中出現的問題,漏釋和衍釋大多是沒有細看圖版所致,而文字的錯釋,有的是不明文字的古今關係所致,也有不認識圖版上的文字或沒有細看圖版所致。我們列出以上幾處,拋磚引玉,引起大家的注意,也希望在編撰者再編時,有所幫助。

附記：本文爲教育部人文社會科學2012年研究項目《西北屯戍漢簡名物詞語研究》的前期成果之一。

《居延漢簡》異文釋讀研究舉例

趙 德[①]

摘 要：20世紀80年代初期，謝桂華、李均明等主編的《居延漢簡釋文合校》（以下簡稱《合》）在參照以往成果的基礎上又對居延漢簡的釋文做了校對與補正，爲該項研究提供了較爲完善的釋文，然文中所列不定之異文亦頗佔分量。隨着研究的深入，許多存疑、異議之處可以得到證明，筆者亦以《合》爲底本，對其存疑之處以例定之，對於諸本謬誤之處以據正之；略舉數例，以期該項工作的繼續可對居延漢簡釋文之完善略盡綿薄之力。

關鍵詞：居延漢簡；釋讀；異文

題 解

居延漢簡的發掘與研究迄今已踰80個春秋，一直受到國內外眾多學者的關注，陸續出版的相關著作亦不勝枚舉。20世紀

---

① 趙德，西南大學漢語言文獻研究所 研究生 重慶 400715。

80 年代初由謝桂華、李均明等先生主編的《居延漢簡釋文合校》於居延漢簡釋文方面可謂是最具系統性的著作,自勞榦先生的《居延漢簡考釋》(1943 年四川南溪石印本)至《居延漢簡甲編》(科學出版社,1959 年)再至《居延漢簡甲乙編》(中華書局,1980 年)均有收錄,大裨於此項學術之研究;然就其體例與內容而言,僅系諸多版本相異之處的羅列與比對;每有一家之言,或欠缺精當,或言之不足,可容商榷之處亦多有之。筆者於此基礎之上,以《合》爲底本,重新核對圖版、比對字形、徵引文獻、採集衆說,意慾使居延漢簡之釋文更加準確、詳盡,以期此項工作日臻完善。①

39.20:出塢上苣火一通　元延二年七月辛未☐

本枚簡《合》所釋"苣火"之"苣"《甲乙》、《考》皆作"蓬",誤。按《墨子·備城門》:"城上二步積苣,大一圍丈,廿枚。"《荊楚歲時記》:"正月未日,夜蘆苣火照井廁中則百鬼走。""(苣火)即一束薪草,或灌以油脂。"②

40.4A:五鳳二年十月庚戌朔壬申　甲渠候漢彊敢言之府移舉曰甲渠候所移鄣廥

本枚簡末二字《甲乙》、《甲》、《考》諸本皆釋作"鄣應",據圖版當依《合》釋作"鄣廥"。案"鄣""漢邊塞地區的小城

---

① 本文所用之簡稱如下:
(1)《居延漢簡釋文合校》(文物出版社,1987 年)簡稱《合》
(2)《居延漢簡考釋》(1943 年四川南溪石印本)簡稱《考》
(3)《居延漢簡甲編》(科學出版社,1959 年)簡稱《甲》
(4)《居延漢簡甲乙編》(中華書局,1980 年)簡稱《甲乙》
(5)《中國簡牘集成》(敦煌文藝出版社,2005 年)簡稱《集成》
另,以下各條,先引底本文字,然後予以辨析。
② 陳直《居延漢簡總論》,《居延漢簡研究》,天津古籍出版社,1986 年。

堡，凡塞候之官皆設障，守鄣之卒曰鄣卒。"① "廥"字《漢語大字典》的四個義項均與糧草之倉或囤積之糧草有關，故《合》說不誤。

40.20：

出錢三千三百五十	候長胡霸二百—— 執胡隧長范安世四百伏地 囗虜隧長屯仁五百 武彊隧長囗應囗五百五十	驚虜隧長富囗 俱南隧長王囗 俱起隧長孟昌六百

本枚簡《合》釋"囗虜隧長屯仁五百"之"屯"《甲乙》釋作"長"，《考》釋作"去"，此二者均誤。案據本枚簡辭例若"執胡隧長范安世四百伏地"者若干條，可知起首處爲該"隧長"之名稱（或職務），其次爲其姓名，最後爲數量單位，故"五百"之前當爲姓氏，《漢語大字典》"屯"字下有："屯，姓。《通志·氏族略四》：'屯氏，《姓苑》云：渾沌氏之後，去水爲屯，漢有太山屯莫。巴都有後蜀法部尚書屯度，望出巴郡。'"② 故《合》釋可信。

44.17：囗使第卅五隧長安世告　　囗
　　　　囗官不催援幸為通問官　　囗

本枚簡《合》所釋"幸"字顯係謬誤。據圖版當依《甲乙》、《考》釋作"舉"。案《風俗通義》："比（司空比）援舉

---

① 中國簡牘集成編輯委員會《中國簡牘集成》第五冊，敦煌文藝出版社，2005年，頁6。
② 漢語大字典編纂委員會編《漢語大字典》，四川辭書出版社，湖北此書出版社，1986年。

起家，拜尚書。遷弘農班詔勸耕道於澠池間瓊薨即發喪制服上病載輂車還府。"①

47.6A：命者縣別課與計偕謹移應書一編敢言之

本枚簡《合》所釋"命"字，據圖版當依《甲乙》、《甲》、《考》諸本作"卻"。按卻（圖版）顯系"卻（卻）"之異體。

49.31，49.13：

| 當曲卒 | 正月備　□日病四日官不□□□□後三日萬歲長 |
| 屈樊子 | 久背□□二所□□後數日府醫來到飲藥一齊置□ |

本枚簡前六字《合》釋作"當曲卒屈樊子"，"子"《甲乙》釋作"於"。按居延漢簡辭例有"當食者案"、"當食案"（按規定列於廩者檔案的士卒）、"當罷卒"（即將罷除遣返原籍之戍卒）。此處"曲"當指"曲反"或"曲斾"，"反，讀如幡。它處作曲斾。二者應是一物，即曲旗幟。"② 想來"當曲卒"當是值旗之卒，其後應是人名，釋作"子"似更妥。

52.20：縣索四里二百一十步縣索二里五十步幣絕反□幣☑

本枚簡《合》所釋"縣索"之"索"，《甲乙》、《考》皆作"南"。按，縣者，懸也。"縣索，即懸索。漢塞的防禦設施之一，由椊柱支撐，爲界線警示標誌。"③ 此字當依《合》說。

52.45：☑□□直符一日一夜謹行視事錢財物減內戶

---

① 漢·應劭《風俗通義》，上海古籍出版，1993年，頁105。
② 中國簡牘集成編輯委員會《中國簡牘集成》第八冊，敦煌文藝出版社，2005年，頁184。
③ 中國簡牘集成編輯委員會《中國簡牘集成》第五冊，敦煌文藝出版社，2005年，頁148。

□敢言之

本枚簡《合》所釋"直符"之"符"《甲乙》、《考》皆作"□"。案《漢書·王尊傳》"直符史詣閣下,太守從其事"。顏師古注:"直符史,若今之當直佐史也。""持符執勤警戒巡邏。"① 故依辭例及文意當依《合》說。

54.1:六石弩一　傷淵中一所

本枚簡《合》所釋"傷淵"之"淵"字,《甲乙》作"洞",《考》作"洞",《考》作"□"。本枚簡《合》之釋文爲:"六石弩一　傷淵中一所"。《集成》(九,P144):"六石具弩,張力六石的弩。漢制一石等於二十九點五公斤……所謂具弩,即各部件完整。"又"左右淵當分指弓體的部的彎曲部分"、② "弩機部件名稱,指弩弓的彎曲部分"。③ 本枚簡所謂"六石弩"之所以不稱"六石具弩"其故在於"傷淵",故依《合》釋作"淵"較妥。

56.11:六石具弩一完

●右吏被兵

六石具弩一完

本枚簡《合》所釋"被兵"之"被",《甲乙》、《考》皆作"報"。案此字當爲"被"無誤。陳直《"居延漢簡甲編"釋文校正》(《考古》,1960(4)):"屢見於居延簡,謂清點兵器之

---

① 中國簡牘集成編輯委員會《中國簡牘集成》第十一冊,敦煌文藝出版社,2005年,頁258。
② 裘錫圭《漢簡拾零》,載《文史》第十二輯,中華書局,1981年。
③ 中國簡牘集成編輯委員會《中國簡牘集成》第十一冊,敦煌文藝出版社,2005年,頁197。

計數也。"薛群英:"指有套子的兵器。"①李天虹:"大約是配備兵器的意思。"②總之居延漢簡中出現多次被兵簿,此字釋"被",《合》說不誤。

57.26:

廩糒石九斗三升少 □乙糒石九斗 三升□□	辛衡世糒石九斗三升少 辛丁完糒石九 斗三升少

本枚簡《合》所釋"糒",《甲乙》、《考》皆作"耗"。案《彙釋》引各家之說,均爲軍糧、乾糧、熟糧之意,《史記·大宛傳》:"載糒給貳師。"故依《合》說較合漢代語例。

58.15A:☑官女子周舒君等自言責隧

本枚簡《合》所釋"舒",《甲乙》作"卻",《考》作"邰"。按此字當依《合》釋作"舒"。 ![字形] 本枚簡"舒", ![字形] 泰成十七年 ![字形] 吾辞罐碑陰 (《漢語大字典》所收簡牘"舒")

59.3:出第廿五積茭六百五十三石

本枚簡《合》所釋"積茭"之"茭"《甲乙》、《考》皆作"麥"。據圖版《合》說不誤,其餘二本皆非。。案永田正英:"積茭,把割下來的飼草堆起來。"③

62.56:☑以功次遷補肩水候候官以三月辛未到官□☑

---

① 薛群英《居延漢簡通論》,甘肅教育出版社,1991年,頁452。
② 李天虹《居延漢簡簿籍分類研究》,科學出版社,2003年,頁93。
③ 永田正英《居延漢簡集成之二》,《簡牘研究譯叢》第一輯,中華書局,1987年。

本枚簡《合》所釋"遷補肩水候"之"補",《甲乙》作"爲",《考》作"□"。案此字對應圖版爲✦,單由圖版觀之,此字確係不清,李均明:"遷,升遷。"①李天虹:"補,是特指因職位有缺而授職,正因如此,它幾乎可以和各類任命用語連用。"②

67.2:

第廿九車父白馬亭里富武都	桐六其一傷 斧二 斤二	大鉗一 小鉗一

本枚簡簡《合》釋小字部分"桐六其一傷"之"桐",《甲乙》作"相"。案筆者認爲此字當依《甲乙》之說,本枚簡小字部分如下:

  桐六其一傷
  斧二 大鉗一
  斤二 小鉗一

"相"有觀察、查驗之意,居延漢簡有"相牛"一詞,"相牛,驗牛。"③"傷"有損毀之意,在居延漢簡中不爲鮮例,如"傷淵"(簡54.1),此處既已道明是六件器物,故其意爲:視察此六件器物,其中一件損毀。若依《合》說,不通。

---

① 李均明《談簡牘文書—官吏任免書》,《文物天地》1989年第1期。
② 李天虹《居延漢簡所見侯官少史的任用與罷免》,《史學集刊》1996年第三期。
③ 中國簡牘集成編輯委員會《中國簡牘集成》第七冊,敦煌文藝出版社,2005年,頁63。

67.40：謾論臣充光昧死再拜以聞

本枚簡起首二字《合》釋作"謾論"，《甲乙》作"謾諭"，《甲》作"NFDF3 論"，《考》作"讜論"。案據圖版本枚簡第二字顯係"論"，若按圖版第二字依《甲乙》釋作"諤"，𧬱（此字圖版），然此二字後之簡文作"臣充光昧死再拜以聞"，據文意筆者以爲當依《考》作"讜論"，有直言不諱之意，《文章辨體彙選》："昔年仲淹初以忠言讜論聞於中外天下。"

68.105：☐署　　　　　　　☐☐☐
　　　　☐斗五，毋靡　　狗少一☐
　　　　☐上根不蒙塗　　兩行少廿☐
　　　　☐繩少十丈　　　連梃繩解☐

本枚簡《合》所釋"上根不蒙塗"之"蒙"，《甲乙》、《考》均釋作"冣"。案《漢語大字典》："根，高木也。""蒙塗（塗），漢塞爲防火，積薪、柴堆之物，皆需塗一層泥之類的東西。"① 本枚簡"蒙"字圖版依稀可見其形且據文意當依《合》釋作"蒙"。

68.109：

門關戍隨	地表幣
塢戶穿	地表堀埃
☐☐殘鉏	
☐少一	☐☐

本枚簡《合》所釋"戍隨"，《甲乙》、《考》皆作"戍隧"。

---

① 中國簡牘集成編輯委員會《中國簡牘集成》第五冊，敦煌文藝出版社，2005 年，頁 196。

案《彙釋》引《集成》（五，P197）："戉，通牡，即戶牡。"又引陳直"戉隨，戉爲牡之轉音，隨爲墮之假借字，謂門關之戶牡墮落也"，① 故《合》說不誤，《甲乙》、《考》皆非。

71. 64：☐罪☐

本枚簡《合》所釋"罪"，《甲乙》、《考》皆釋作"死罪"。按罪（圖版"罪"），此字下部類似"死"，恐係《甲乙》、《考》將其視爲合文。筆者認爲此字當依《合》釋作"罪"，罪（定縣竹簡八 罪），罪（熹·書·康誥 罪）"，其字形顯然與簡文相同，《合》釋不誤，後二者皆非。

73. 16：●居延甲渠候官永始三年正月盡三月　吏奉賦名籍

本枚簡《合》所釋"吏奉賦名籍"之"奉"，《甲乙》、《甲》、《考》均作"卒"。（圖版"吏奉賦"，見左圖）"奉賦，指用賦錢支付吏奉，漢代的賦稅主要有算賦、口賦和更賦，其中算賦用於軍事開支"。②

圖版磨損，"賦"字右部已殘，然此三字依稀可見，故《合》釋不誤，其餘二本皆非。

73. 17：☐給假千人丞蘇奉親行塞南馬三匹四二束

本枚簡《合》釋作"☐給假千人丞蘇奉親行塞南馬三匹四二束"。其中"假"字，《甲乙》、《考》均釋作"征"。按《彙釋》亦有"假"之釋義（二等，副職之意），然此片顯係徵募士卒，走行邊塞之意。故依《甲乙》、《考》之說爲妥。

---

① 陳直《居延漢簡解要》，天津古籍出版社，1986年，頁305。
② 李天虹《居延漢簡簿籍分類研究》，科學出版社，2003年，頁37。

74.8：

☐二千☐千 ☐絉一兩		校得錢八百其三百小錢

本枚簡《合》所釋"一兩"之"絉"，《甲乙》、《甲》、《考》均釋作"綺"。按《漢語大字典》："絉，同'襪'，襪子。""一兩，謂一雙，爲西漢人之習俗語。"① 秦漢時候成雙物品常謂之'兩'，例如《睡虎地秦墓竹簡·封診式》：'男子西有漆秦綦履一兩'；《說苑》卷一九《修文》："夫人受琮，取一兩履以履女。"故以"襪"冠以"雙（兩）"較爲合理，《合》釋不誤，諸本皆非。

74.22：☐崇年三十死不出　　右第三車

本枚簡《合》所釋"崇年"之"崇"，《甲乙》作"☐"，《甲》、《考》均作"賫"。據圖版及文意此字當依《合》釋作"崇"。（圖版"崇"）按《漢語大詞典》釋"崇年"義項有二，1：尊敬老者。《文選·潘嶽〈閒居賦〉》："祇聖敬以明順，養更老以崇年。"2：老年。明袁崇道《明吏部尚書汪公墓誌銘》："崇年厭世，乘彼卿雲。夷猶帝鄉，公則列星。"《合》釋不誤，諸本皆非。本枚簡《合》所釋"死不出"之"死"，《甲乙》作"☐"，《甲》、《考》均釋作"頭"，據圖版當依《合》說。（圖版"死"）

76.17：

---

① 陳直《居延漢簡解要》，天津古籍出版社，1986年，頁377。

		斗食嗇
☐☐		佐一人
		凡四人

本枚簡《合》所釋"斗食嗇☐"之"嗇",考作"麥",此處當依《甲乙》釋作"吏"。案"斗食,俸祿百食以下的基層小吏。"(《集成》十,P294)①,"斗食吏,低級官吏別稱,低於有秩百石吏。"(《集成》五,P10)②

結　　語

居延漢簡數量豐巨,内容繁雜,其書手多爲當時下層官佐徒隸,全簡文字以隸書體勢爲主又兼以篆、楷、草等各種書體;其分野由混沌至明朗,漸變過程依稀可見,明晰而深刻地反映出當時社會用字的主流狀況,不失爲中國漢字發展史的重要線索;簡文内容涉及邊塞戍守、軍事開支、署衙機構、人事任免、器用貯備等諸多方面,是研究當時邊塞狀況與行政制度的第一手資料,亦不失爲歷史文化研究的重要補充,亦足見釋文之翔實度尤爲重要,萬不可失之毫釐,故略舉此項工作中數例以圖拋磚,懇望指正!

---

① 中國簡牘集成編輯委員會《中國簡牘集成》第十冊,敦煌文藝出版社,2005 年,頁 294。
② 中國簡牘集成編輯委員會《中國簡牘集成》第五冊,敦煌文藝出版社,2005 年,頁 10。

《銀雀山漢墓竹簡〔貳〕》異位字研究

張新雲①

摘　要：異位字是異體字的一種重要類型，對其進行研究往往能反映出漢字結構的發展以及漢字的使用情況，具有重要意義。《銀雀山漢墓竹簡〔貳〕》是漢初的資料，其中的異位字種類很多，主要有：左右結構變爲上下結構、左右結構變爲半包圍結構、左右結構變爲新的左右結構、上下結構變爲半包圍結構、上下結構變爲新的上下結構、半包圍結構變爲上下結構、全包圍結構變爲新的全包圍結構、上下結構變爲半包圍結構。造成其異位字的原因主要有書寫載體之客觀原因和執筆者之主觀原因。

關鍵詞：《銀雀山漢墓竹簡〔貳〕》；異位字；漢字結構

漢字作爲中國民族文化傳承的載體，它的發展研究是至關重要的。而漢字有獨體字、合體字之分，獨體字就是不能再分割出其他部件的字，合體字是指兩個或兩個以上的部件構成的漢字。

---

① 張新雲，西南大學文獻所 研究生 重慶 400715。

合體字部件之間的組合就形成了結構，漢字的結構通常分爲上下結構、上中下結構、左右結構、左中右結構、半包圍結構、全包圍結構六種。而異位字就是針對合體字來說的，異位字是指讀音、意義、用法、構件相同而結構不同的字，而這種結構的變化也是形成異體字的一種類型。

1972年4月，在山東臨沂銀雀山發掘了西漢墓葬，墓葬中出土了大批漢簡和漢簡殘片，這批漢簡是考古研究以及古漢語研究的重要材料。1985年由文物出版社出版了"銀雀山漢墓竹簡"的部分釋文，即《銀雀山漢墓竹簡〔壹〕》，2010年又出版了《銀雀山漢墓竹簡〔貳〕》（以下《銀〔貳〕》）。《銀雀山漢墓竹簡〔貳〕》包括《論政論兵之類》《陰陽時令、占候之類》《其他》三部分。它的整理出版除了對研究古書源流，校勘相關古書有重要意義之外，也爲人們研究古代漢語語法、文字學的發展提供了可貴的材料。

根據《銀〔貳〕》中漢字的情況，我們將其中的異位字分爲以下幾種情況進行類釋。

一、左右結構變爲上下結構

左右結構變爲上下結構，是指漢字正字爲左右結構，但是在《銀〔貳〕》中，書寫者將漢字變爲上下結構，從而形成異位字。

1. 幼　㓜$_{1901}$

①德令者，求諸孤幼不能自衣食者，稟（廩）氣（餼）之，以助生。（1901）

"幼"在《說文》的寫法爲"㓜"，左右結構，《說文·幺部》:"幼,少也。从麼从力。"《包山楚簡》中寫法爲🔲,《睡虎地秦簡》寫法爲🔲,都不是左右結構,在文字沒有統一之前,漢字的構件不是很固定。《銀〔貳〕》中🔲變左右結構爲上下結構,从麼从力,意義未變。🔲與《睡虎地秦簡》的寫法相像,可能是書寫者承襲六國文字的寫法形成的異體。

2. 胞 🔲₁₉₂₃

①爲 [正] (政) [壹] 暴則胞(雹),再則如垸(丸),三則盈握。(1923)

"胞"在《說文·包部》的寫法爲"🔲",左右結構,《說文·包部》:"胞,从肉从包。"🔲變左右結構爲上下結構,釋文釋爲"胞"。🔲應該是受"雹"上下結構的影響,書寫者概念中寫從雨的雹,下筆異寫爲從肉的"胞",將"胞"變爲上下結構的異體。

3. 剛 🔲₁₅₆₁ 🔲₁₇₄₉

①交和而舍,適(敵)人氣(既)衆以強,巠(勁)逮(捷)以剛,兌(銳)陳(陣)以胥,□(擊)之奈何?(1561)

②寒,剛氣也。以戰客勝。(1749)

"剛"在《說文·刀部》的寫法爲"🔲",左右結構,《說文·刀部》:"剛,彊斷也。从刀岡聲。"《銀〔貳〕》中有🔲(1165)正確的寫法,但是也有🔲變左右結構爲上下結構的寫法,還有左右結構變爲上下結構的過渡寫法🔲,這應該是不同書寫者個人的書寫習慣而致。"岡"聲分爲網、山上下結構,而右邊部件刀的書寫逐漸縮小下移,"山"與"刀"組合構成漢字的下半部分結構,這樣⿰的造字理據就失去了,形成從網的字。《信陽楚簡》中也有上下結構的寫法⿱。

4. 野 ⿰田⿱二土₁₇₄₃ ⿰田⿱二土₁₉₃₇ ⿱田土₂₀₇₃ ⿱田土₂₀₉₃

①可始脩(修)田野溝。(1743)

②人君好馳騁田獵(獵),則野草□,田壽(疇)蔵(穢),國多衝風。(1937)

③乃有芒(荒)野,四競(境)不通。(2073)

④地觀其野,以授其國,可□以□錯兵。(2093)

"野"在《說文·里部》的寫法爲"野",左右結構,《說文·里部》:"野,郊外也。从里予聲。墅古文野。"而《銀〔貳〕》中⿱田土變左右結構爲上下結構,書寫者受古文墅的影響,將"野"變爲上下結構,以"土"爲下半部分結構,將田、矛兩部分作爲上半部分結構,失去了原來的造字理據,《武威漢簡》中的寫法也爲⿱。

5. 吳 吴₁₅₃₂

①疏陳(陣)者,所以吳也(1532)

"吠"在《說文·口部》的寫法爲"吠",左右結構。在《銀〔貳〕》中的寫法爲吴,釋文釋爲吴。書寫者將其變爲上下結構,方便了書寫者在竹簡寬度一定的情況下書寫,使得整體排列比較美觀。

6. 巍 ▨₁₄₂₅ ▨₁₉₃₉

①巍（魏）襄王問杜子☐（1425）

②人民頜，平地☐，山巍崩，雖危☐☐（1939）

"巍"在《說文·嵬部》的寫法爲"▨"，左右結構，《說文·嵬部》："巍，高也。从嵬，委聲。"在《銀〔貳〕》中的寫法爲▨，變"巍"的左右結構爲上下結構，打破了原來的造字理據，從魏從山，魏聲。《睡虎地秦簡》中寫作▨，《居延漢簡》的寫法爲▨，漢印中寫法▨，由此可見，這種寫法應該是在漢代社會比較通行的異體。《龍龕手鏡》："▨，魏的俗體。"

7. 蟆 ▨₁₆₅₉

①嬴虫（蟲）最陰者瑕（蝦）蟆也。（1659）

螟 ▨₁₉₂₀

①冬三月：一不時，☐則☐國☐多☐風。☐再☐不時，多螟虫（蟲）。（1920）

蟬 ▨₁₇₄₀

①☐蟬鳴，日末至，蟬鳴，旱；日已至，不鳴，水。（1740）

虻 ▨₁₇₃₉

①閩（蚊）宔（虻）不食駒犢（1739）

"蟆"在《說文·虫部》的寫法爲"▨"，左右結構，《說文·虫部》："蟆，从虫，莫聲。"《急就篇》第三章中就出現了"▨"，《廣韻》："蟆，蝦蟆。亦作蟇。"《銀〔貳〕》中▨作爲

"蟆"的異體已經存在，這應該是書寫者因爲受竹簡細長因素的影響，而將這樣形體繁瑣的漢字變爲上下結構，以保證部件書寫的完整性。另外，從虫的字還有"螟""蟬"，在《銀〔貳〕》中也是因爲類化，變左右結構爲上下結構，🀄（螟）、🀄（蟬）、🀄（蚩）。

二、左右結構變爲半包圍結構

左右結構變爲半包圍結構，是指漢字正字爲左右結構，但是在《銀〔貳〕》中，書寫者將漢字變爲半包圍結構，從而形成異位字。

1. 地 🀄$_{1080}$ 🀄$_{1732}$

①有國之務過。一曰：不知城之不可以守地。（1080）

②可為百丈千丈，適人之地□□（1732）

池 🀄$_{1708}$ 🀄$_{1810}$

①滷（污）池清水害大海。（1708）

②利瀆溝漆（沏）沒〈陂〉池。李木葉成。（1810）

蛇 🀄$_{1659}$ 🀄$_{1807}$

①鱗虫（蟲）最陰者蠁（龍）蛇也。（1659）

②□華。蛇出□（1807）

"地"在《說文·土部》的寫法爲"🀄"，左右結構，《銀〔貳〕》中，🀄爲半包圍結構，在此批材料中，部件"也"都用"它"來代替，從而造成了從"也"的字都從"它"，結構也隨之發生了變化，"池"󰀁變左右結構爲半包圍結構，"蛇"󰀂變左右結構爲半包圍結構。以上漢字結構變化的原因主要是，"它"字形在書寫時容易造成漢字空間右滿左空，爲了使得漢字整體的美觀協調，書寫者變將從"它"的合體字中的另一部件安排在"它"字形的空隙處，使得文字的結構發生了變化。

2. 動 󰀃₁₆₂₉ 󰀄₁₆₈₁

①□□方靜時而有動也。(1629)

②權動諸侯，義動君子，利動小人。(1681)

"動"在《說文·力部》的寫法爲"󰀅"，左右結構，《說文·力部》："動，从力重聲。"《銀〔貳〕》中也有左右結構󰀆(1710)的寫法。但材料中󰀇卻變左右結構爲半包圍結構，原因大概在"動"左右構件筆畫相差太多，左重右輕，書寫者爲了漢字整體的協調，將聲符"重"最後一筆筆勢拉長，將"力"包圍，使得文字更美觀，形成異體。

3. 助 󰀈₁₀₃₄ 󰀉₁₀₃₄ 󰀊₁₉₀₃ 󰀋₁₉₀₈

①助。不能極得，萬民弗親，天地弗與，鬼神弗助。(1034)

②義令者，孝弟（悌）爲鄉里者，賞之，以助長遂。(1903)

③罰令者，扶盜賊，開詗詐偽人而殺之，以助減（藏）地氣，使民毋疾□役（疫）。(1908)

"助"在《說文·力部》的寫法爲"󰀌"，左右結構，《說文·力部》："助，左也。从力且聲。"因爲"且"在此材料中寫作旦，書寫者將左右結構的 ▨ 中旦的最後一筆筆勢拉長，將"力"包圍，形成半包圍結構的異體。

4. 初 ▨₁₉₂₀ ▨₂₀₇₈

①三不時，旱。四不時，則水。五不時，初旱（1920）

②□無故而服其初國之寂，（2078）

褚 ▨₁₅₁₁

①唯（雖）聞善言，不褚於心，內二患也。（1511）

"初"在《說文·刀部》的寫法爲"初"，左右結構，《說文·刀部》："初，始也，从刀从衣。"《銀〔貳〕》中 ▨ 將部件"刀"寫得小一點，"衣"的筆畫拉長，變爲半包圍的異體。從"衣"的字"褚" ▨ ，也是因爲"衣"的書寫筆勢的變化，導致文字結構的變化，形成了異體。

5. 醜 ▨₁₅₃₇

①凡疏陳（陣）之法，在爲數醜（1537）

"醜"在《說文·鬼部》的寫法爲醜，左右結構，左聲右形。《說文·鬼部》："醜，可惡也。从鬼，酉聲。"在《銀〔貳〕》中的寫法爲 ▨ 。而 ▨ 是變左右結構爲半包圍結構，此字的特別之處，是在書寫者將左聲右形的順序顛倒，而又將"鬼"的最後一筆筆勢拉長，形成半包圍結構的異位，從該字，我們也可以看出漢字的結構在漢初時期還是處於一種比較自由變化的階段。

6. 怯 ▨₁₂₁₂

快 ▨₂₀₉₀

恃 ▨₁₀₀₃ ▨₁₀₀₄

慎 ▨₁₅₆₇ ▨₂₀₈₈

懼 ▨₁₅₅₇ ▨₁₅₅₇ ▨₁₆₈₃

……

在《銀〔貳〕》中，大部分從心的左右結構的字的"心"旁的筆勢都會拉長，使得整個字形成半包圍結構。這些字包含在1212、1003、1554、1557、2119等簡上，因爲材料不是一人執筆，而這種情況卻廣泛分佈在材料中，可以說這種現象不是由於執筆者的個人習慣造成的，而應該是那個時代的一個普遍的現象。

三、左右結構變爲新的左右結構

左右結構變爲新的結構，是指漢字正字爲左右結構，但是在《銀〔貳〕》中，書寫者將原來漢字的左右結構打破，形成新的左右結構，從而形成異位字。

1. 矜 ▨₁₀₆₃

①故其吏大夫多不矜（矜）節，民多姦。（1063）

"矜"在《說文·矛部》的寫法爲"矜"，左右結構，《說文·矛部》："矜，憐也。从矛从令。"左矛右令。《銀〔貳〕》中的寫法爲▨。▨雖然仍是左右結構，但是部件位置調換，左令右矛。因爲書寫者有時爲了書寫求變，故意將書寫結構變化，而 ![字] 應該是書寫者明白造字理據，但是爲了求奇，將其變化爲一個異體。

2. 數 ![字]₁₀₄₈ ![字]₁₀₆₄ ![字]₁₂₁₄ ![字]₁₅₃₁正

①而欲徒以名數、闌（連）伍、刑罰牧之。（1048）

②欲下之盡知（智）渴（竭）能也，而無數以知合與不合，中與不中。（1064）

③其年老長而數笵（犯）大戰者．（1214）

④有數陳（陣），有錐行之陳（陣），有鴈（雁）行之陳（陣）。（1531 正）

"數"在《說文·攴部》的寫法爲"![字]"，左右結構，《說文·攴部》："數，計也。从攴婁聲。""婁，空也。从母、中、女，空之意也。"在《銀〔貳〕》中的寫法爲 ![字]。![字] 的結構打破了原來的部件組合，將"婁"所從"女"與"攴"組成異體字的右半結構，《馬王堆漢墓帛書》也寫作 ![字]，而《銀〔貳〕》、《馬王堆漢墓帛書》出土的地方相隔比較遠，這樣應該可以推測，![字] 這種寫法在漢代初期應該是比較通行，而不是某一地的俗寫。

四、上下結構變爲半包圍結構

上下結構變爲半包圍結構，是指漢字正字爲上下結構，但是在《銀〔貳〕》中，書寫者將原來漢字的寫爲半包圍結構，從而形成異位字。

1. 暨 ▨₁₂₂₂ ▨₁₆₈₀

①五度暨（既）明，兵乃衡（橫）行。（1222）

②以因智（知）彼，以彼智（知）己，是胃（謂）不殆。暨察☐（1680）

"暨"在《說文·旦部》的寫法爲"▨"，上下結構，《說文·旦部》："暨，日頗見也。从旦旣聲。"在《銀〔貳〕》中的寫法：▨。▨變上下結構爲半包圍結構，因爲旦、旣上下結構組合比較佔竹簡的空間，所以書寫者將旦移動到整字的右下角，文字的結構發生了變化，形成異體，但是未改變造字理據。

2. 薄 ▨₁₁₆₅ ▨₂₀₃₇

①鵰忌之兵，則薄其前，譟其旁，☐深☐溝高壘而難其糧。（1165）

②☐其☐薄☐（2037）

"薄"在《說文·艸部》的寫法爲"▨"，上下結構，《說文·艸部》："薄，林薄也。一曰蠶薄。从艸溥聲。"在《銀〔貳〕》中的寫法爲▨。▨變上下結構爲半包圍結構，使人無法看出從艸溥聲，打破了漢字原來的造字理據形成異體。

3. 蟄 ▨₁₆₆₀ ▨₁₆₉₈ ▨₁₈₀₂

①諸禽獸蟄傷【人】者陰，刑也。（1660）

②是故方長不折，啓蟄不殺，不搴榮華。（1698）

③□至，出蟄虫=（虫（蟲），虫（蟲））① 不能行，民多蟄病。(1802)

"蟄"在《說文·虫部》的寫法爲"蟄"，上下結構，《說文·虫部》："蟄，藏也。从虫執聲。"在《銀〔貳〕》中的寫法爲蟄，變上下結構爲半包圍結構。因爲"執"左邊部件比較瘦長，所以書寫者爲了結構排列的美觀和減省書寫空間，將"幸"拉長，虫移動到整字的右下角，形成"執"半包圍"虫"的結構異體。

4. 勶 勶₁₁₅₉

①者四路必勶（徹），五動必工。(1159)

"勶"在《說文·力部》的寫法爲"勶"，上下結構，《說文·力部》："勶，發也，从力从徹，徹亦聲。"在《銀〔貳〕》中的寫法爲勶。勶變上下結構爲半包圍結構。從力從徹，徹與刀上下分離，這樣就形成了頭重腳輕的感覺，書寫者爲了漢字的整體協調美觀，將筆畫簡單的刀與攴排列在一起，構成半包圍結構，整個字更加協調，但是也相應地看不出原字的造字理據了。《睡虎地秦簡》中寫作勶，漢印中也有這樣的寫法勶。

5. 禦 禦₁₆₇₆

①與行=（行行）②，故天下弗能禦 (1676)

---

① "虫=（虫（蟲），虫（蟲））"，原釋文作"虫（蟲），虫（蟲）"，據圖版改。
② "行=（行行）"，原釋文作"行行"，據圖版改。

"禦"在《說文·示部》的寫法爲"禦",上下結構。《說文·示部》"禦,祀也。从示御聲。"在《銀〔貳〕》中的寫法爲澍。澍雖然不是很清晰,但還是可以看出此字是明顯的左中右結構,書寫者將構件"示"移入中間,使得該字的結構發生了變化。

6. 愚 〔圖〕1507 〔圖〕1512

①然則貴、美、親,不必知(智);賤、惡、疏,不必愚。(1512)

"愚"在《說文·心部》的寫法爲"愚",上下結構,《說文·心部》:"愚,戇也。从心从禺。"在《銀〔貳〕》中寫爲〔圖〕,半包圍結構,但是《銀〔貳〕》中也有如正字上下結構的寫法〔圖〕(1507)。《說文》中收錄惆"惆",而通過材料語義來看,《銀〔貳〕》中〔圖〕是指"愚",與"智"相對。《睡虎地秦簡》中的有〔圖〕的寫法,變上下結構爲左右結構,而〔圖〕變上下結構爲半包圍結構,應該是受材料中從心字的影響,因爲材料中從心的字多類化爲左右結構,書寫者將"心"的筆勢拉長,形成半包圍結構。

五、上下結構變爲新的上下結構

上下結構變爲新的上下結構,是指漢字正字爲上下結構,但是在《銀〔貳〕》中,書寫者將原來漢字的上下結構打破,形成新的上下結構,從而形成異位字。

1. 智　[字形]₁₁₈₀　[字形]₁₁₈₂　[字形]₁₆₈₀

①刑（形）莫不可以勝，而莫智（知）其所以勝之刑（形）。（1180）

②故善戰者，見適（敵）之所長，則智（知）其所短。（1182）

③☐☐不就神明者，因智者也。令行者，因道者也。（1680）

"智"在《說文·白部》的寫法爲"[字形]"，在《銀〔貳〕》中的寫法爲[字形]。但是從"智"的古文字來看，《金文編》寫作[字形]，《古幣文編》寫作[字形]，"智"在造字初是上下結構。《說文》："智，識詞也。从白从亏从知。"段玉裁注：從知會意，知亦聲。[字形]上下結構，《睡虎地秦簡》的寫法爲[字形]，因爲"知"與"亏"合爲上結構，而"知"是矢、口兩個構件合成，所以爲了書寫方便結構美觀，將亏、知合寫，形成一個新構件的形式，書寫者可能承襲了秦文字的寫法。

六、半包圍結構變爲上下結構

半包圍結構變爲上下結構，是指漢字正字爲半包圍結構，但是在《銀〔貳〕》中，書寫者將原來漢字的結構打破，形成上下結構，從而形成異位字。

1. 應　[字形]₁₀₈₂　[字形]₁₂₇₃　[字形]₂₀₁₈

①三曰：不知民之不可以應堅偙（敵）。（1082）

②二患曰：有國，兵不可以應堅個（敵）。（1279）

③應。東方以金陳（陣），司馬 先 應。（2018）

"應"在《說文·心部》的寫法爲"㦣"，半包圍結構，《說文·心部》："應，當也。从心雁聲。"在《銀〔貳〕》中的寫法爲㦣。㦣變半包圍結構爲上下結構，書寫者縮短了雁的筆勢，將形符與聲符上下疊加而造成異體。

因爲筆勢而造成半包圍結構變爲上下結構的還有磿（曆，如簡1223）、麿（麿，如簡1689）。

2. 散　散₁₆₂₆、散₁₆₉₅、散₁₇₁₄、散₁₇₆₂

①若以春夏徙，厥陰之陽散，有死之徒也（1626）

②□陰陽散（1695）

③散而爲八精（1714）

④☑□散。此陰陽述之時也（1762）

"散"在《說文·肉部》的寫法爲"㪔"，半包圍結構，《說文·肉部》："散，雜肉也。从肉桼聲。"在《銀〔貳〕》中的寫法爲散。而散變半包圍結構爲上下結構，將"桼"聲分離爲"林"與"攴"的上下組合，形成了異位元字散。而林義光認爲，"散"從月從攴，林象分散形。

七、全包圍結構變爲新的全包圍結構

全包圍結構變爲新的全包圍結構，是指漢字正字爲全包圍結構，但是在《銀〔貳〕》中，書寫者將原來漢字的全包圍結構打破，形成新的全包圍結構，從而形成異位字。

1. 囂 ![字形]₁₄₁₈ ![字形]₁₄₂₁

①楚莊王問孫叔囂（敖）曰："欲善爲（1418）
②孫叔囂（敖）曰："其立本朝（1421）

"囂"在《銀〔貳〕》中的寫法：![字形]。"囂"在《說文》的寫法爲"![字形]"，全包圍結構。《說文》："囂，聲也。氣出頭上，從𠱠從頁。""囂"是按上中下順序將頁安排在𠱠之中，𪚔是按左中右順序將頁安排在𠱠之中，造字理據未變，衹是書寫者改變了文字的結構順序，《武威漢簡》中也有![字形]的寫法。《字彙·口部》："𪚔同囂。"𪚔是囂的一種異體。

八、上下結構變爲半包圍結構

上下結構變爲半包圍結構，是指漢字正字爲上下結構，但是在《銀〔貳〕》中，書寫者將原來漢字的上下結構打破，形成半包圍結構，從而形成異位字。

1. 監 ![字形]₂₀₇₀

①帝令司德監觀于下，視其吉凶禍福及以 兵 時 。（2070）

"監"在《說文·臥部》的寫法爲"![字形]"，上下結構，《說文·臥部》："監，臨下也。從臥，䘓省聲。"在《銀〔貳〕》中的寫法爲![字形]。![字形]變上下結構爲半包圍結構，將省聲䘓移動至漢字的右下角,形成了結構變化,但是造字理據依然存在。

小　　結

異位字作爲異體字的一部分,它本身往往就是正字的一種不規範寫法,而異位字的構件都還在,祇是將構件進行了新的組合。漢字是表意體系的漢字,漢字的意義大多是通過構件來體現,所以漢字構件的無增無減,也就說明了執筆者基本清楚文字的含義。這種造成異位字的原因,我們認爲主要有以下幾點:

一、客觀原因。書寫載體的關係,例如竹簡就明顯比碑、紙張要細長,所以對於一些結構複雜的字,執筆者將其結構重新組合以完整地呈現其構件的做法是可以理解的。時代因素的影響,漢代的文字以隸書爲主,漢初是秦朝至漢朝的一個過渡階段,這時期的隸書發展不成熟。據對圖版材料的分析可知,《銀簡〔貳〕》的文字正是篆書與隸書的交接時期,隸書沒有成熟帶有很濃的篆體意味,且小篆、隸書以及小篆與隸書的過渡文字同時存在,此時的文字形體比較複雜,漢字的結構不穩定,而在不同書體雜糅的情況下,異位字的出現是極有可能的。

二、主觀原因。一種是無意識的,執筆者在書寫漢字時,由於臨近字之間的相似性、個人的書寫習慣等原因,會不經意改變漢字的結構,比如書寫筆勢拉長或者縮短,都有可能造成漢字的結構發生變化。另一種是有意識的,執筆者爲了求奇、復古等原因,故意改變一個字的部件的組合,使得整個字看起來更加匀稱美觀,而造成一個字的異位字的出現。

參考文獻：

[1] (漢) 許慎《説文解字》，中華書局，2001 年。

[2] 徐中舒主編《漢語大字典》，四川辭書出版社，1995 年。

[3] 銀雀山漢簡整理小組《銀雀山漢墓竹簡〔壹〕》，文物出版社，1985 年。

[4] 銀雀山漢簡整理小組《銀雀山漢墓竹簡〔貳〕》，文物出版社，2010 年。

[5] 張顯成《簡帛文獻學通論》，中華書局，2004 年。

[6] 張湧泉《漢語俗字研究》，岳麓書社，1995 年。

清華簡《尹至》字體散論

馬智全①

摘 要：清華簡《尹至》寫成於戰國中後期，體現出楚地書風。本文對《尹至》字體做了全面的統計分析，借此可以看出戰國時期的字體特點。總體來看，清華簡《尹至》156個字體，其中近一半字體與後世字體不同。有簡文字體簡寫，未加後世所加偏旁者；有簡文字體所用偏旁與後世不同者；有簡文加有偏旁但後世省略者；簡文同音通假普便存在；個別字體運用裝飾符號；並有一處合文。這些現象，體現出戰國中後期普便的字體特點。

關鍵詞：清華簡；尹至；戰國字體

清華簡的抄寫時代，據相關檢測爲公元前 305 ± 30 年，亦即戰國中期稍晚。地域可能在當時楚國。②這批竹簡的發現，對我國戰國文字的研究又提供了寶貴材料。分析這批竹簡的字體特

---

① 馬智全，甘肅簡牘保護研究中心 館員 蘭州 730000。
② 李學勤、劉國忠《清華簡與中國古代文明研究》，《國學學刊》，2009 年第 4 期。

點，對於深入認識戰國中後期漢字的形體變化具有重要意義。眾所周知，戰國時期是漢字字體演變的重要時期，一方面古文字體正在不斷規範，爲小篆的形成做着鋪墊，另一方面古文字體又體現出鮮明的地域特色，統一與分化並存，正是戰國古文形體複雜的表現，因此細緻探討戰國古文字體特點對於認識漢字古今轉變具有重要意義。

《尹至》是清華簡中的一篇，① 在內容上應該屬於古代《書》的範疇，主要敘述伊尹從夏到亳後與湯謀劃攻打夏桀的事件，存有5簡，計重文、合文在內，共156字，形體基本清楚。由於內容上的特殊性，簡文個別字的釋讀有一些不同看法，但就總體來看，釋讀較爲明晰。分析《尹至》的字體特點，並與後世字體相比較，對於認識戰國時期漢字的形體特點具有借鑒意義。

首先需要說明的是，儘管漢字從甲骨文、金文到戰國古文再到秦篆以及隸楷的演變，文字的形體發生了顯著的改變，但從字體構形來看卻又一脈相承。就《尹至》的156個字體來看，其中與現今用字相同，未見增減偏旁及借代現象的有尹、自、夏、至、湯、曰、吉、志、我、越、眾、好、二、玉、弗、民、亡、西、東、見、章、于、天、禍、咸、不、告、若、乃、柔、大、縈、邑、水、帝、一、勿、遺，計其重復，共75字，約佔全文的48%，即一半略弱。其中有兩點需要說明，其一是個別字是否爲通假，還有不同看法，如越、柔、縈、一諸字，我們暫依著

---

① 清華大學出土文獻研究與保護中心編，《清華大學藏戰國竹簡》（一），中西書局，2010年，頁128。

者原釋爲標準。其二是有的字所謂字形本義或者字音本義與其引申假借義的轉型早已完成，在甲骨文和金文中用法已趨穩定，這類情況，我們可以暫不討論，如自、湯、我、今、余、好、弗、亡、見、于、咸、水、勿、遺等字。現在我們要討論的是以下幾各情況：一、簡文字體簡寫，後世增加偏旁；二、簡文字體偏旁與後世偏旁不同；三、簡文加有偏旁但後世將其省略；四、同音假借現象；五、加有裝飾符號者；六、合文。

一、簡文字體簡寫，後世增加偏旁

這類字體又可細分爲以下三種情況，其一是簡文使用字形本義，後世爲了使字義更鮮明，或者原字形有了其他功用，因此加了新的偏旁，如各、皆、、悳、字。其二是簡文用字體假借義，但這種用法時代較早，後來又爲加強表義而加了新的偏旁，如隹字。其三是簡文字體簡寫，後期加了形旁以作規範，如：

1. 各（格），《說文·口部》："各，異辭也。从口、夂。夂者，有行而止之，不相聽也。"各字從夂，從口。夂，《說文·夂部》："夂，行遲曳夂夂，象人兩脛有所躧也。"其義與止同，從止從口，便是來聽說話的意思，此當爲各的字形義。清徐灝《說文解字注箋·口部》："各，古格字，故從夂。夂有至義，亦有止義，格訓爲至，亦訓爲止矣。"敔簋銘文："王各于成周大廟。"可證各爲至義，爲格的古字。格，《說文·木部》："格，木長皃。"用爲至義當是戰國時的用法，尤以《尚書》多見，《尚書·湯誓》："王曰：'格！'"《尚書·盤庚》："王若曰：'格！'"《尚書·堯典》："格于上下"，孔疏："格，至也。"因此簡文使我們認識到戰國中期"各"依舊表有至的意思，而《尚書》中"格"的寫法可能是秦統一文字的結果。

2. 皆（偕），皆，《說文·白部》："皆，俱詞也。从比从白。"因此在表示一起這一意義時，皆是其字形本字，後世爲了加強表示人在一起，特意加了亻部而成了偕。《說文·人部》："偕，強也。从人皆聲。《詩》曰：'偕偕士子。'一曰俱也。"簡文仍用皆表偕義。

3. 昌（戰），昌，應爲嘼，《說文·嘼部》："㹚也。象耳、頭、足厹地之形。古文嘼，下从厹。"清徐灝《說文解字注箋·嘼部》："若嘼與獸，則實本一字，相承增偏旁。《匡謬正俗》曰：'徐仙民意嘼始售反'，是也。"而嘼當爲戰的古字，戰，金文作𢧢形，《三體石經·文公》作𢧢，左部近嘼，後加戈部以表意，商承祚《十二字吉金圖錄》："古者以田狩習戰陣……戰從嘼者，示戰爭如獵狩也。"故嘼當爲戰的初字。

4. 悳（德），悳，《說文·心部》："悳，外得於人，內得於己也。从直从心。惪，古文。"因此悳即爲品德之意。德，《說文·彳部》："德，升也。从彳悳聲。"德加彳本表行意，但後來也表品悳之悳，所以代悳而兼表悳意，但有的典籍中仍用悳。

5. 𢿛（播），原注："𢿛，《說文》古文'番'，讀爲'播'。"播，《說文·手部》："種也。一曰布也。从手番聲。𢿛，古文播。"郭沫若《兩周金文辭大系》："𢿛即播之異文，《說文》'播'古文作'𢿛'，此省從釆，釆、番古本一字。"則播的寫法早期從攴從釆，或加又，後又加田。而從釆從又，是早期的一種簡寫方式。

6. 隹（惟），隹，《說文·隹部》："隹，鳥之短尾總名也。

象形。"隹據字形,本爲鳥義,但是金文中已將此字作爲發語詞。宋戴侗《六書故·物三》:"隹,鐘鼎文皆借此字爲惟字。"《墨子·明鬼下》:"刲隹人面,胡敢異心。"孫詒讓《間詁》引王引之曰:"古惟字但作隹。"惟,《說文》:"惟,凡思也。"《經傳釋詞》卷三:"惟,發語詞也,《書·皋陶謨》:'惟帝其難之。'《洪範》曰:'惟十有三祀。'哀公三年《左傳》引《夏書》曰:'惟彼陶唐。'"惟字的產生約在戰國之時,從出土文獻來看,上古已用隹表發語詞,隹改惟可能在秦統一文字之際。

7. 楝(速),速,快意。《說文·辵部》:"速,疾也,从辵束聲。"楚文字中常見速字從二束者,如望山 M1 的 116 簡作⿱𠀎⿱束束,包山 219 作⿱𠀎⿱束束。此簡楝字應是省寫,當以從辵爲正體。

這 7 例是戰國文字從簡的情況。總體來看,從簡的字體多表字形本義,但後世在文字發展過程中又加了新的偏旁。上述第一種情況是爲了讓本義更加明顯,因此加了新的形旁以表義,是形聲字產生的重要途徑。第二種情況則是爲了讓字義表述更明確,不與假借字的字形義相混。第三種則是對不規範寫法的改正。以上 7 個字,計其重復,共 9 字,佔全文字數的 5.8%。

二、簡文字體偏旁與後世不同

戰國時代的字體與秦漢隸定之後字體的另一個區別是所加偏旁的不同,特別是所加形旁不同,有的是義近形旁的換用,有的是形近形旁的換用,此外也有聲旁換用的例子,《尹至》的字體充分體現了這一特點。

1. 㣇(逯),逯,《說文·辵部》:"逯,行謹逯逯也。从辵録聲。"簡文上部爲夕形,當爲夂部的形變。《說文·夂部》:"夂,從後至也。象人兩脛後有致之者。"夂部意與止有關,如夂部的"𣥂"字,其義爲"跨步也。從反夂。"𢆉上部或可看爲夂,《說文·夊部》:"行遲曳夊夊,象人兩脛有所躧也。"亦與止意相通。而辵又與止相通,《說文·辵部》:"辵,乍行乍止也。从彳从止。"止旁與辵旁可形近互换,如近,《說文》:"附也。从辵斤聲。𣥺,古文近。"因此爲逯的古體寫法,二者的區别在於所用形旁不同。

2. 愚(虞),虞,《說文·虍部》:"虞,騶虞也。白虎黑文,尾長於身。仁獸,食自死之肉。从虍吴聲。《詩》曰:'于嗟乎,騶虞。'"虞表憂意,《左傳·昭公四年》:"君若苟無四方之虞。"王引之《述聞》:"虞,憂也。"簡文從心,與虞形旁不同。

3. 胾(災),災,《說文·火部》:"烖,天火曰烖。从火𢦔聲。災,或从宀火,灾,籀文从巛。"胾,《說文·肉部》:"胾,大臠也。从肉𢦔聲。"此二字俱从𢦔得聲,烖字从火,胾字從肉,形旁不同,災爲另體。

4. 蠱(虐),虐,《說文·虍部》:"虐,殘也。从虍,虎足反爪人也。"王筠《句讀》:"蓋從虎口。"蠱字從虎從日從二虫。《說文·虫部》:"一名蝮,博三寸,首大如擘指。象其臥形。物之微細,或行,或毛,或蠃,或介,或鱗,以虫爲象。"《玉篇·虫部》:"此古文虺字。"虺爲毒蛇之名。蠱、虐俱從虎,但形旁不同,是异體購形。

5. 𤻮(瘇),《說文》:"瘇,脛氣足腫。从疒童聲。《詩》曰:'既微且瘇。'"童不僅表聲,亦表意,《說文·辛部》:

"童，男有皋曰奴，奴曰童，女曰妾。从辛，重省聲。童，籀文童。中與竊中同從廿。廿，目爲古文疾字。"童字籀文構形本有表示疾病的含義，簡文從身，表明身體的疾病，與瘴形旁不同。

6. 㮣（盟），盟，《說文·囧部》："盟，《周禮》曰：'國有疑則盟。'諸侯再相與會，十二歲一盟。北面詔天之司慎司命。盟，殺牲歃血，朱盤玉敦，以立牛耳，從囧從血。盟，篆文，從朙。盟，古文，從明。"簡文㮣從示朙聲，與盟聲旁同，從示，表對天神起誓，是異體寫法。

7. 逞（往），往，《說文·彳部》："往，之也。从彳㞷聲。逞，古文。从辵。"簡文正從辵，是古文的寫法。與今體的區別是一從彳，一從辵，爲義近形旁互換。

8. 延（征），征，《說文·辵部》："延，正、行也。从辵正聲。征，延或從彳。"簡文從辵，後世從彳，意近形旁換用。

9. 戠（捷），捷，《說文·手部》："捷，獵也。軍獲得也。从手疌聲。《春秋傳》曰："齊人來獻戎捷。"《三體石經·僖公》"捷"作𢼠，從戈從多形。簡文字從𢼠從口，二者聲旁相同，形旁不同。取意似是獲人多故獻捷，而戠則是取報告之意。至於捷，又是後來滋生出的形聲字。

10. 㐱（戡），《說文·戈部》："戡，刺也。从戈甚聲。"又《說文·戈部》："戓，殺也。从戈今聲。《商書》曰：'西伯既戓黎。'"段注："則堪爲正字。或叚戓、或叚戡、又或叚龕。皆以同音爲之也。"戡與戓形旁相同，同爲侵部。㐱與戓形近，俱從今得聲，而形旁不同，是一種特殊寫法。

上10例是換用偏旁的例子。總體來看，意近形旁相換是戰國時期古文字的一大特點。體現出戰國時期古文字運用還有一定的隨意性。偏旁換用的情況，上 10 例，佔《尹至》全文的 6.4%。

三、簡文加有偏旁，後世省略

戰國字體與後世字體相較，還有一種情況是字形繁富，多加形旁或聲旁的現象較爲普便，而後世隨着字體的簡化，有些偏旁逐漸佚去。《尹至》的字體充分體現了這一點。

1. 逨（來），來，《說文·來部》："周所受瑞麥來麰，一來二縫，象芒束之形。天所來也，故爲行來之來。《詩》曰：'詒我來麰。'"說明來本爲麥意，因表來到之意而加辵部。《說文》作來，並解釋爲行來之來，這說明"逨"已簡化爲來。簡文逨保存了戰國時的寫法。

2. 返（及），及，《說文·又部》："及，逮也。从又从人。𢎘，古文及。"可見及有從辵的寫法。鼃叔盨作 ，亦從辵。可能後來及側重於表示連詞，因此返形旁辵佚失。

3. 㠯（亡），亡，《說文·亡部》："亡，逃也。从人从乚。"《說文通訓定聲》："會意，乚者，隱也。"亡表逃亡意。簡文㠯字從屮，可能是止之變形，用以表逃亡意。後來此偏旁佚失。

4. 癛（暴），暴，《說文·日部》："暴，晞也。从日从出，从廾从米。麃，古文暴。从日。麃聲。"段注："經典皆作暴。"簡文从广，用以表病。後此旁佚失。

5. 筴（典），典，《說文·丌部》："典，五帝之書也。从冊在丌上，尊閣之也。莊都說，典，大冊也。𠔓，古文典。"簡文筴正是《說文》古文寫法，《三體石經·尚書》亦作𠔓，說明這是戰國是通用的寫法，後來則佚去而復作典。

6. 衛（率），率，《說文·率部》："率，捕鳥畢也。象絲罔，上下其竿柄也。"率也有行走意，《左傳·哀公十六年》："率義之謂勇"，杜預注："率，行也。"但金文率有從止者，如裁簋作㊟，中山王鼎作㊟。簡文衛上部寫法同毛公鼎，似捕鳥畢，下部從止，用以表求行走意。率後多用爲語助，故成了率形，不再用止。這是形旁得而復失的例子。

7. 㐁（臺），臺，《說文·口部》："臺，說也。从口目聲。"《尚書·盤庚》："其如臺？"劉逢祿《尚書今古文集解》："臺，何。"《尚書·湯誓》："其如臺。"孫星衍集解："司馬遷作如何。"臺字的寫法，《說文》作㊟，申鼎作㊟，《待時軒印存》作㊟。後二者與簡文寫法相近，祇是簡文㐁多了心旁，原因當在"臺"字亦表心理，《史記·太史公自序》："虞舜不臺。"司馬貞《索隱》："臺，悅也。"朱駿聲《說文通訓·口部》："此義實借爲怡。"因此簡文加心旁當爲此意。後來"臺"表心理的意義用"怡"來表示，故"如臺"之"臺"不再從心，心旁佚去。

8. 㤂（誓），誓，《說文·言部》："誓，約束也。从言折聲。"簡文㤂從十從言從斤從心，從十從斤爲折字，從言表誓言，心爲多加的偏旁，表示誓言用心。後來心旁佚去，簡文㤂是戰國時期的一種特殊寫法。

9. 孳（茲），茲，《說文·艸部》："茲，艸木多益。从艸，茲省聲。"徐楷《系傳》作絲省聲。簡文孳從絲從才，均以表聲。絲、才均爲之部。此爲戰國時寫法，後則省去才形。

10. 內（入），入，《說文·入部》："入，內也。象從上俱下也。"作凡。内，《說文·入部》："内，入也。从口，自外而入也。"作内。内爲古人字形，後則省冂作人。

需要說明的是，戰國字體所加偏旁往往是爲了表明某一種特殊含義，如逨、返從辵表走，愆、㤒從心表心理，㞢、衛從止表走，癯從疒表示病，箣從竹表典籍，𢼄從才表聲，内從冂從人表範圍。但因爲所加偏旁在原字中本有偏旁用以表示，因此在後來字形簡化過程中這些部件又佚失了。這種增而復減的現象體現出一種矛盾，一方面漢字要運用形體表明字義，另一方面漢字的字體要盡可能的簡化。這是漢字發展的必然趨勢。而戰國時期字體繁飾偏旁的現象比較普遍，上 10 例，計其重複，共 12 字，佔《尹至》全文的 7.7%。

四、通假現象

戰國時期通假現象大量存在，清華簡《尹至》亦如是。通假的情況比較複雜，有的是古人習慣性的用法，有的則比較少見。通假有一個基本的條件就是讀音相同或相似，有的在形體上比較接近，與部件改換有相同的道理。

1. 蔖（徂），蔖字乃苴，《說文·艸部》："苴，履中艸。"徂，《說文·辵部》："退，往也。从辵且聲。退，齊語。徂，或從彳，䞴，籀文從虍。"蔖從艸從虍從又，從虍與《說文》籀文的寫法同，以表聲。後來虍簡化爲且，省又，蔖爲苴。苴，精母魚部，徂，從母魚部，精、從俱爲齒頭音。

2. 白（亳），《說文》："白，西方色也。"假借爲亳。《國語·楚語上》："武丁自河徂亳。"與簡文句意似。白、亳均爲並母鐸部。

3. 才（在），《說文·才部》："才，艸木之初也。从丨上貫一，將生枝葉。一，地也。"此處假借爲在。才、在均爲從母之部。

4. 女（汝），女，《說文·女部》："女，婦人也。象形。王育說。"汝，《說文·水部》："水。出弘農盧氏還歸山，東入淮。"女假爲汝表第二人稱，用法很早。《詩經·鄭風·蘀兮》："叔兮伯兮，倡予和女。"女假爲汝。女、汝俱爲日母魚部。

5. 丌（其），丌，《集韻·之韻》："其，古作丌、亓。"《墨子·備梯》："身死國亡，爲天下笑，子亓慎之。"其，《說文·箕部》："簸也。從竹；甘，象形；下其丌也。"《廣雅·釋詁四》："其，詞也。"丌爲其的古文，用以指代。其是箕形，後借用以指代，而丌字廢。丌、其俱爲群母之部。

6. 又（有），《說文·又部》："又，手也。象形。三指者，手之列多略不過三也。"有，《說文·有部》："不宜有也。《春秋傳》曰：'日月有食之。'從月又聲。"又、有俱爲匣母之部，又通有，文獻習見。

7. 句（后），句，《說文·句部》："句，曲也。從口丩聲。"后，《說文·后部》："后，繼體君也。象人之形。施令以告四方，故厂之。從一、口。發號者，君后也。"句，見母候部，后，匣母候部，見、匣俱爲喉音。

8. 尣（閔），尣，微的聲部，此處通閔，微，明母微部，閔，明母文部，陰陽對轉。

9. 氒（厥），氒，《說文·氏部》："氒，木本。從氏。大於末。讀若厥。"《廣韻·月韻》："古文厥。"容庚《金文編》：

"'氒'爲'橜'之古文，亦爲'厥'之古文。敦煌本隷古定《尚書》'厥'皆作'氒'。"氒、厥俱爲見母月部。

10. 倉（爽），倉，《說文·倉部》："倉，穀藏也。倉黄取而藏之，故謂之倉。"爽，《說文·㸚部》："爽，明也。从㸚从大。"倉，清母陽部，爽，山母陽部，清爲齒頭音，山爲正齒音。

11. 龍（寵），龍，《說文·龍部》："龍，鱗蟲之長。能幽，能明，能細，能巨，能短，能長；春分而登天，秋分而潛淵。从肉，飛之形，童省聲。"寵，《說文·宀部》："寵，尊居也。从宀龍聲。"寵從龍得聲，故通。龍，來母東部，寵，透母東部，來、透俱爲舌頭音。

12. 沇（噂），沇，《說文·水部》："沇，水。出河東東垣王屋山，東爲泲。从水允聲。"噂，《說文·口部》："噂，聚語也。《詩》曰：'噂遝背憎。'"原注：沇，讀爲"噂"，"噂"與從允得聲的"俊"字等皆精母文部。

13. 悳（極），悳，《說文·心部》："悳，外得於人，內得於己也。从直从心。惪，古文。"極，《說文·木部》："極，棟也。从木亟聲。"原注："悳，端母職部，讀爲群母職部之'極'，《吕氏春秋·適音》注：'病也。'"端爲舌頭音，群爲喉音。

14. 恙（祥），《說文·心部》："恙，憂也。从心羊聲。"祥，《說文·示部》："祥，福也。从示羊聲。一雲善。"恙、祥俱從羊得聲，恙，餘母陽部，祥，邪母陽部。餘爲舌頭音，邪爲齒頭音。

15. 𦙶（胡），胡，《說文·肉部》："胡，牛顄垂也。从肉古聲。"憲字從亞從心。胡，匣母魚部，害，匣母月部，雙聲通假。

16. 女（如）：女，《說文·女部》："女，婦人也。"如，《說文·女部》："如，從隨也。从女从口。"《鄂君啟車節》："女馬女牛女德（特），屯（純）十以當一車。"女讀為如。女，泥母魚部，如，日母魚部。泥，舌頭音，日，舌上音。

17. 䏩（隱），隱，《說文·𨸏部》："隱，蔽也。从𨸏㥯聲。"䏩从見堊聲。堊，真部。隱，文部，真文旁轉。

18. 寺（時）：寺，《說文·寸部》："寺，廷也。有法度者也。从寸之聲。"寺，《說文·日部》："時，四時也。从日寺聲。"寺從止得聲，時從寺得聲，寺，邪母之部，時，禪母之部。邪，齒頭音，禪，舌上音。

19. 鵣（鳧—服），鳧，《說文·几部》："鳧，舒鳧，鶩也。从鳥几聲。"鳧，並母魚部。服，《說文·舟部》："服，用也。一曰車右騑，所以舟旋。从舟𠬝聲。"服，並母職部。原注：鵣即"鳥"字，從鳥聲，"鳥"即"鳧"字，實從勹得聲，可通並母職部之"服"。

20. 執（摯），執，《說文·幸部》："執，捕罪人也。从丮从幸，幸亦聲。"摯，《說文·手部》："摯，握持也。从手从執。"摯從執得聲，執、摯俱為章母緝部。

21. 厇（宅—度），《正字通·廠部》："厇，與宅通。《舉要》、《孝經》宅作厇。"宅，《說文·宀部》："宅，所託也。从宀乇聲。㡯，古文宅，厇，亦古文宅。"度，《說文·又部》："度，法制也，从又，庶省聲。"宅通度，文獻屢見，《尚書·立政》："則克宅之。"劉逢祿《今古文集解》："宅，度也。"《詩

·大雅·皇矣》："此維與宅。"馬瑞辰《傳箋通釋》："宅,即度。"宅、度俱定母鐸部。

22. 鬶（僭）,僭,《說文·人部》："僭,假也。从人朁聲。"鬶从心朁聲,朁,《說文·曰部》："朁,曾也。从曰兂聲。《詩》曰:'朁不畏明。'"今本《詩經·大雅·民勞》作"憯不畏明",从心。憯,《說文·心部》："憯,痛也。"可知憯是朁加心旁,以表痛意。而僭从人,以表假意。憯,清母侵部,僭,精母侵部。清、精俱爲齒頭音。

通假在《尹至》中大量存在,上面分析的各例,多數的用法時間較早,在甲骨文、金文中已見其例。如女（汝）、亓（其）、又（有）、氒（厥）、女（如）,有的用法在文獻中可以考證出來,如厇（宅—度）,有的比較少見,如蘆（徂）、白（亳）、才（在）、句（后）、兄（閔）、倉（爽）、龍（寵）、沇（噂）、惪（極）、恙（祥）、寺（時）、𩁹（鳧—服）、執（摯）、鬶（僭）,還有一些字詞目前還存在一些不同看法,如憲（胡）等。上 22 例,計其重復,共 43 字,近佔全文的 27.6%。

五、裝飾性符號

戰國時期文字所加裝飾性符號比較常見,大多數沒有明確的意義,《尹至》中的裝飾性符號有以下二字。

1. 今,《說文·亼部》："今,是時也。"今,甲骨文作 A,金文作 ㅌ（召伯簋）,《說文》小篆作 㒰,簡文 㓇,飾 丿 形。

2. 余,《說文·八部》："余,語之舒也。从八,舍省聲。"

此爲我意。余，甲骨文作◇，金文有◇、◇寫法，象樹木支撑的房屋，與舍同義。簡文作◇，下多一裝飾性符號。

上2例，計重復共5字，佔全文的3.2％。

六、合　文

戰國時期合文現象比較獨特，多爲固定習語，《尹至》出現了一處合文。

1. ◇（旬日），旬日合體。旬，《說文·勹部》："旬，徧也。十日爲旬。"旬，王來奠新邑鼎作◇，簡文寫法相同，下有重文符號，釋旬日，是完全正確的。

總體來看，《尹至》的字體充分體現了戰國時期漢字的字體特點，其中近一半字體與後世字體有所不同。其中有的簡文字體簡寫，後世加了新的偏旁，是漢字的繁化改變了字形。有的簡文所加偏旁與後世不同，是漢字異化形成的現象。有的簡文字體加有偏旁，但後世予以省略，是漢字簡化的現象。簡文中同音通假大量存在，是戰國時期普便的用字特點。此外個別字體有裝飾符號，並有一處合文。這些現象，體現了戰國時期漢字普便的構形特點。

水泉子漢簡《蒼頡篇》
的文字及書法特點

張存良①

摘　要：本文以具體實例剖析了水泉子漢簡《蒼頡篇》的文字結構特點和書法藝術特色。文字構形中保留了一些古體結構，比如篆書的偏旁和筆意，但是以隸變之後的隸書爲主，對於研究隸變具有重要意義。書寫規整大氣，開合有致，結體寬闊疏朗，用筆沉穩老辣，具有很高的書法價值。

關鍵詞：水泉子漢簡；《蒼頡篇》；文字結構；書法特點

水泉子漢簡《蒼頡篇》不厪以七言成句而獨特，即就文字結構和書寫特色來看，也頗具自身特點，很有推究而揭櫫的價值。下面以實例來說明它的文字結構特點：

例1：☐書埶不廡，以教後嗣世☐☐（圖一右）

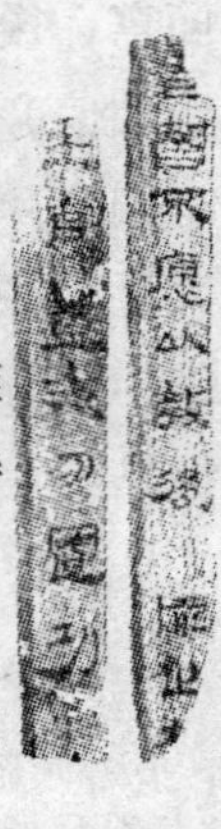

圖一

---

① 張存良，蘭州大學敦煌學研究所　博士研究生　蘭州 730020。

𢖻即智，甲骨文作![字]或![字]，金文作![字]，小篆作![字]，本簡作![字]。《說文·白部》："𢖻，識詞也，从白从亏从知。"按徐鍇《說文繫傳》："虧亦氣也"，"虧"在隸定時或作"幹"，當是形訛。本簡書"虧"爲"寸"，也是隸定形訛之類。

廈即願，本簡作![字]，與願有別。《說文·心部》："願，謹也"，又頁部："願，大頭也"。願、願本爲兩字，各有義訓，後世以願通願，願的本意遂廢而不聞。案，古代厂、广兩形時或不分，從厂之字亦時有從广者，如厓作厓，作庱，廈亦有作廈者。本批木簡中從厂之字大都鈔爲從广，可能是鈔者的一種書寫習慣，也可能代表着鈔者的文字學修養，如：

　　☐某在北方，鹹地庍（斥）竸陂（陂）四旁
　　☐禹湯稱不絕，顙 仰橾 廐（厥）怒佛日
　　☐田疇出☐韮原（原）郎☐

教，甲骨文作![字]，金文作![字]，小篆作![字]，本簡作![字]。《說文·攴部》："教，上所施、下所效也。从攴从孝。"本簡"教"字右邊從攴，保留了古意，但左邊的![字]卻寫成了"文"，是形訛。

例2：出官，晝夜勿置功（圖一左）

夜，甲骨文作![字]，金文作![字]，小篆作![字]，本簡![字]。案，夜是形聲字，從甲骨文到小篆均作從夕從亦之形，祇是隸定的時候形體發生了訛變，本簡"夜"即訛變字。

例3：☐☐史臨大官，計會辯治推耐削，超等軼群（圖二右）

耐，小篆作𦓹，或作𦓫，本義爲頰旁之毛，後引申爲剔除鬢須的一種罪名。因與能同音，故又假借爲能耐之能字，本簡正用假借之義。《急就篇》卷二："完堅耐事踰比倫"，顏師古注："耐，堪任也"，王應麟補注："耐，忍也。《禮運》注：'耐，古能字'。"① 段注《說文》引應劭注《漢書·高帝紀》曰："……，杜林以爲法度之字皆從寸，後改如是"，② 則𦓹之作耐者，或經杜林改定。

肯，即前，甲骨文作㞷、𧗞、𧗟，金文作𣥏，小篆作𣥐，本簡作▨。《說文·止部》："𣥐，不行而進謂之𣥐。从止在舟上。"段注："後人以齊斷之前爲𣥐後字。"案前爲形聲字，本義爲剪斷修齊，故從刀，後借爲𣥐字而本義遂晦而不聞。本簡"前"字從𣥐從刀，正可顯出此字的形體演變軌跡。

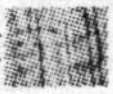

例4：☐雖勞苦後必，卒必有（圖二左）

即安字，甲骨文作𠖠或𠖡，金文作𠖢，小篆作𠖣，本簡作▨，宀下女旁加一斜捺，構形比較特殊。案，安爲會意字，從女在宀下，早期的個別字形在女旁加一點或一斜筆者，應是筆勢使然，並沒有構形上的意義。③ 甲骨文中即有女旁加點者，字形作▨，石鼓文中"安"字於女旁右邊加一斜筆，字形作𠖤，隸

圖二

---

① 曾仲珊點校《急就篇》，岳麓書社，1989年，頁152。
② 段玉裁《說文解字注》，上海古籍出版社，1981年，頁454下。
③ 此處所謂筆勢，有別於自後漢以來論書法者所謂的運筆回環牽引之筆勢，而是指文字在符號化過程中增減的個別無關於文字構形之義的筆畫。參見陸宗達《訓詁簡論》，北京出版社，2002年，頁121。

定後正作本簡的""形。下文例7"漢兼天下盡安寧"中的"安"字，與本簡"安"字如出一轍。足見筆勢也可以成爲文字書寫上的一種定勢，固定化並傳承下來，比如人字加三撇，神字末筆加一點等等。

例5：☐ 起 臣毋丁，（圖三左）

僕即僕字，甲骨文作󲑛，金文作󲑛，小篆作󲑛或󲑛，本簡作󲑛，左邊爲彳，右邊爲菐。《說文·菐部》："僕，給事者。从人从菐，菐亦聲。󲑛，古文从臣。"本簡從彳從，於構形上沒有依據，應屬傳鈔致訛。

耂即老字，甲骨文作󲑛，金文作󲑛，小篆作󲑛，本簡作󲑛。《說文·老部》："老，考也，七十曰老。从人毛匕（化）。"段玉裁認爲"本從毛匕，長毛之末筆，非中有人字也"，① 理據不足。本簡變匕爲止，應是書寫上的訛變。

發即發字，甲骨文作󲑛或󲑛，字形與持弓射箭有關，會意。金文作󲑛，小篆作󲑛，從弓癹聲，變成了形聲字。癹的上部是󲑛的隸變訛形，下部是󲑛（殺）的省形，即殳，所以《說文·癶部》對"癹"的解釋是："以足蹋夷草"。本簡字形爲󲑛，上部作艸形，下部弓旁爲攴，均與"發"字的構形不牟。按本句簡文阜陽簡作"己起臣僕，發傳約載"，

圖三

---

① 段玉裁《說文解字注》，上海古籍出版社，1981年，頁398上。

其摹本"發"字正與小篆字形相合。

例6：☒望☐☐☐，行步駕服☐使令，遘（圖三右）

望字甲骨文作𝕮，像人企足極目張望之形，金文作𝕯，小篆作𝕰，《說文·壬部》："朢，月滿也，與日相望，似朝君。從月從臣從壬"，其《亡部》另有𝕱字："出亡在外，望其還也。從亡，朢省聲"，是知觀望之望與願望之望本爲兩字，後世統歸於"望"。案，朢、望俱爲形聲字，許慎釋"朢"爲"從月從臣從"云云，是不對的，"臣"其實正是甲骨文"人"頭上的那個豎"目"。本簡"望"字之前所闕之文阜陽簡作"趣遽觀"，用的正是"觀望"之義，古文裏大概是不能寫爲"望"的。"望"字本簡作𝕲，在別處還有重復出現，但均與阜陽簡該字的構形寫法一樣。

例7：☒☐☐☐不平，漢兼天下盡寧，海內（圖四左）

漢，小篆作𝕳或𝕴，聲符是"難"的省形。本簡作𝕵，左邊的形符𝕶已完全變爲氵但右邊卻是"堇"的古文寫法。可見漢字演變過程中的複雜性：不同偏旁部首的演進程度是不一樣的，而簡化與繁化總是緊密地交織在一起，反映了簡俗趣變與崇尚古法之間的此消彼長，甚至一字之中古新參半，判若寒暑。

寧，甲骨文作𝕷，金文作𝕸，小篆作𝕹，本簡作𝕺。案寧的本字是𥁕，與安同義，後來通用寧，俗作寍。本簡字形顯系俗寫，將宀下之心簡成了兩橫，這種寫法後世仍屢見不尠。

圖四

庰，即屏字，小篆作🀆，本簡作🀆。《說文‧廣部》："屏，
蔽也"，《廣韻‧勁韻》："屏，隱僻也。廁也。""海內庰廁"即
"包舉宇內，囊括四海"之意。本簡中"庰"字的廣旁寫成了疒
旁。

瘌，即廁字，小篆作🀆，本簡作🀆。《說文》認爲是溷濁、
溷雜之義，恐怕是後起之義，此處與"屏"爲同義複用，溥也，
淹也，無所不包也。本簡字形廣旁也寫爲疒旁。

按，從文字構形上來看，疒（疒）與廣（广）絕不相類，
也沒有混用的理由。本簡中疒、廣混用的現象，並不厪止於屏、
廁兩字，其例更如：

广□□弟兄宗益強，罷悲哀臥疒（變疒爲廣）

疒胱回，疪疪禿屢頭傷齊，齡齝（"疪疪"應是"疵
疕"的訛寫，阜陽簡本句作"疵疕禿屢"）

這足以說明里俗之間用字的隨意性之大，爲便書
寫，存其大概，增加了許多簡俗字。

例8：疒菹離異毋入（刑），戎翟給賓賦斂
（圖四右）

刑的本字應是從井得聲之字，金文作🀆，小
篆作🀆或🀆，實則🀆、🀆有別，🀆（刑）爲從刀
开聲，五刑之一種，而🀆（荆）則是五刑之總
名。本簡作🀆，保留了"刑"的古體。

例9：☑□訑多，鮇赫赧（圖五左）

赧，小篆作🀆，本簡作🀆。《說文‧赤

圖五

部》:"面慚赤也。从赤及聲",其說不確。"赧"當是會意字,《集韻·潸韻》:"(字)亦從皮作",是正體,而赧則是訛體。本簡"赧"字正作從赤從皮之形,當爲赧的古體。

例10:☐山柀隋 阮嵬阤 階(階)水不行,阿尉駊(圖五右)

本簡中左旁爲阜之字較爲集中,在簡文中均寫爲㠯,是篆文的隸定寫法。全簡中凡左阜均寫爲㠯,無一例外。非常具有對比性的是,凡是以右邑爲偏旁的,均寫爲阝,也是無一例外,這反映出左阜右邑在向它們的統一之形"阝"的演進程度是不一樣的。

總之,《蒼頡》之編,遠承《史籀》,故其文字必多古文古體,即《漢志》所謂"《蒼頡》多古字,俗師失其讀"。① 近世以來出土的《蒼頡》殘簡,文字構形上時有古形古體,而書寫風格上又頗多篆書圓轉曲折牽引之法,方筆扁平的漢隸形體比較少見。本次水泉子所出《蒼頡》新簡,與同出的《日書》簡在文字形體上就大爲不同。

《日書》簡基本上是方筆扁平體的漢八分字體,即漢隸,而《蒼頡》簡的文字大都呈長方形或正方形,較少扁平形,在形體上與篆書相近;用筆上圓筆多而方筆少,藏頭回護多於折筆出鋒,與篆書的用筆也較爲接近;再從文字構形上分析,有些字形保留古形古意,甚至有些字的偏旁就是篆書的構形。這種字形應是漢代人對先秦古文字的簡俗寫法,即通常所謂的"隸古定",從漢字發展史的角度審視,它是由篆到隸的一種過渡字體。

---

① 陳國慶《漢書藝文志注釋彙編》,中華書局,1983年,頁95。

但是，秦漢之際正是我國漢字龍驤豹變的劇烈演進時期，一字多形或字多訛俗的現像是普遍存在的，以至於影響到日常交流或官方文書，所以就有了正字的需要。班固說："漢興，蕭何草律，亦著其法，曰：'太史試學童，能諷書九千字以上，乃得爲史。又以六體試之；課最者以爲尚書、御史、史書令史。吏民上書，字或不正，輒舉劾。'"① 但是，什麼樣的字在當時是正字，現在還不好說。簡而言之，原因有三：第一，從戰國以來，言語異聲、文字異形的現象愈演愈烈，秦王朝雖強力推行"書同文"之策，但由於享國日淺，其影響力定當有限；第二，秦始皇焚書坑儒之後，文化傳承出現斷層；第三，秦漢之際文字丕變，隸俗之字爲用日廣，即使有好古之徒欲返之於蒼頡、史籀，其事也勢所不能。所以我們可以肯定地說，至少在西漢平帝元始（1－6）年間大規模正字之前，② 文字的使用是闕乏一定之規的，證據有二：第一，西漢通行今文經學，而所謂"今文"者，正是當時的簡俗字隸書，其寫法多不統一，因爲一字之差而鬧得門派紛爭者，爲例甚夥；第二，出土秦漢文獻是最有力的證明，一字多形或字多訛形者，比比皆是，不煩枚舉。至於萬石君之子石建因爲上書時將"馬"字少寫一筆而感到要大禍臨頭的人和事，③ 畢竟少之又少。論者每引此例侈談漢代的文字政策之嚴，殊不知太史公舉此例正在描繪石建爲人"恭而近偽"之情狀。

---

① 陳國慶《漢書藝文志注釋彙編》，中華書局，1983年，頁91。
② 《漢書·藝文志》小學家敘錄謂："至元始中，征天下通小學者以百數，各令記字於庭中"，這是明文記載的有漢一代的第一次大規模正字活動。
③ 《史記》卷一百三《萬石張叔列傳第四十三》："（石）建爲郎中令，書奏事，事下，建讀之曰：'誤書，馬字與尾當五，今乃四，不足一，上譴死矣。'甚惶恐。"中華書局，1959年，頁2766。

水泉子漢簡《蒼頡篇》的隸書字體，一方面有古文古形的保留，但更爲重要的是對篆文的改寫，從中可以非常清楚地看出"隸定"的演變軌跡。"隸變"的確是漢字發展史上的分水嶺，從此以後，象形的篆文被符號化的隸書取而代之了。

另外，從書法藝術的角度來看，水泉子漢簡《蒼頡篇》通篇文字規整，整體氣象高古，大氣厚重，開合有致。結體寬闊疏朗，用筆沉穩老辣，具有很高的書法價值。限於篇幅，此處不再展開討論。

通假的語音關係初探

——以《敦煌漢簡》為主要研究材料

楊豔輝①

摘 要：通假字是研究古代漢語語音的重要材料，《敦煌漢簡》材料中存在較多通假字，是我們研究上古語音的可靠材料。本文依據傳統音韻學原理，對《敦煌漢簡》材料中的73對通假字從通假字與本字的語音關係入手探討，發現在古音通假中，韻同相通的數量遠遠高於聲同相通的數量。

關鍵詞：聲紐；韻部；聲同；韻同；通假

郭錫良先生曾指出漢語的書面語和口語自殷商到西漢都是一致的，出土材料基本能反映出當時的語言面貌。② 《敦煌漢簡》③是20世紀初至80年代在疏勒河流域漢代邊塞烽燧遺址中陸續出土的漢代簡牘材料，是記錄西北屯軍的有關屯戍檔案。敦煌漢簡

---

① 楊豔輝，西南大學文獻所 博士生 重慶 400715。
② 郭錫良《漢語歷代書面語和口語的關係》，《漢語史論集》（增補本），商務印書館，2005年，頁607。
③ 甘肅省文物考古研究所編，《敦煌漢簡》，中華書局，1991年。

材料中的用字情況及字詞對應較爲複雜，出現了大量的異體字和通假字。通假字是研究古代漢語語音的重要材料，筆者認爲敦煌漢簡材料都是當時人記錄當時事的文字，不存在經傳抄出現的失真現象，可信度較高，是我們研究上古語音的可靠材料。①

然而對於通假字範疇的確定標準常因所持材料類別不同而不一。一般認爲，通假字是"本有其字而不用"，排除假借字。然而筆者認爲，所謂的通假是建立在音同或音近而無意義聯繫的基礎上的，它們實際上就是同音替代。因此筆者對敦煌漢簡材料中通假字的整理包括假借字，但將俗寫異體字、訛誤字剔除在外，共收集通假字73對。

根據音韻關係，人們將通假字劃分爲四類：聲韻皆同、聲近韻同、聲同韻近、聲韻皆近。有的又分別叫：雙聲疊韻通假、疊韻通假、雙聲通假、聲韻相近通假。本文採取第一種分類，對敦煌漢簡材料中的通假字的借字與本字的語音關係一一進行描述。②（以下整理的材料中，前字爲通假字，括弧號內爲本字，接着是其音韻地位，按聲韻排列。）

---

① 按尊師張顯成教授對出土簡帛材料的研究規劃，我們將對出土簡帛按其時代、文獻類別等從語音上分批進行探討。目前已有一些學兄、學姐做過這方面的研究，並取得了一些成果，具代表性的有沈祖春學兄的《〈馬王堆漢墓帛書[壹]〉通假字研究》、韓麗亞學姐的《楚簡文書音韻研究——以通假字爲研究對象》、何麗敏學姐的《帛書〈五十二病方〉通假字語音關係研究》等，其他材料的語音研究成果亦將陸續刊出。

② 各字的上古音韻地位主要據唐作藩《上古音手冊》，另參考丁聲樹編錄、李榮參訂《古今字音對照手冊》和許偉建《上古漢語通假字字典》。參考資料具詳如下：唐作藩《上古音手冊》，江蘇人民出版社，1982年。丁聲樹編錄、李榮參訂《古今字音對照手冊》，中華書局，1981年。許偉建《上古漢語通假字字典》，海天出版社，1989年。

一、聲韻皆同

所謂聲韻皆同,是指通假字與本字的聲紐相同,韻部也相同,也就是我們所說的雙聲疊韻。敦煌漢簡材料中共有51對。

幫組(15對)

1. 偪(逼)——幫職。如:

□史士,胡兵則乘利我突追逐,以鼇達尺浮部六秦十里,唯(137)

2. 辟(壁)——幫錫。如:

察地刑,依阻險,堅辟壘,遠候望,毋 (1780A)

3. 辟(避)——幫錫。如:

囗囗【三人】囗囗囗囗囗囗囗囗 囗辟(避)小人,前日往時, (1990A)

4. 辟(臂)——幫錫。如:

田可。六石具弩一,完。服一,完。迺神爵三年繕辟,四年繕弦。緣毋餘,初置。(1830)

5. 菔(服)——並職。如:

行菔一兩,見。 裘絳一兩,見。 (2327)

6. 倍(棓)——並之。如:

倍(棓)。 (1806)

7. 逢(縫)——並東。如:

●甲、鞻胥、蘭、服,綻者,輒逢,爲帶,負索,毋令有畢。 (1725)

8. 奉(俸)——並東。如:

侯史馬慶、長霜普等，詣官請奉事已。正月甲午出東門。(523)

9. 蓬（烽）—— 並東（2次）。如：

亟下蓬、滅火，中部和，以北□蓬燔薪如品，通（10）☑

10. 蓬（逢）—— 並東。如：

殺人長安，臧關東，變名易為羊仇，數敖五陵，希蓬工，(784)

11. 幣（敝）—— 並月。如：

陽朔二年閏月，都【尉】幣車【兵】　車釦器，車用釭、鐧費，直　簿。(1840)

12. 莫（暮）—— 明鐸。如：

亦能將卒作，朝莫食飲，與左伯相近，以故令左伯領之。(238B)

13. 莫（幕）—— 明鐸。如：

出穀九十七石二斗，給莫府馬食　(941)

14. 靡（糜）—— 明歌。如：

●凡出粟。靡□□　(365)

15. 母（拇）—— 明之。如：

大如母指，
□物皆又□　(505)

端組（4對）

16. 陳（陣）—— 定真。如：

☑□□□陳卻適者，賜黃金十斤。(1665A)

17. 呈（桯）—— 定耕。如：

蓬呈三。（1806）

18. 奴（弩）—— 泥魚。如：

假敦德庫兵奴矢五萬枚、雜驅三千匹，令敦德癈食吏士，當休馬審處，(80)

19. 奴（努）—— 泥魚。如：

□為當復往相送，□前卒力不如心□，見□相羞，且奴力慎眾也，度自愛，各各奴力，順□ (2410B)

精組（6 對）

20. 晉（簪）—— 精侵。如：

晉五。復襦，二領。　（1145）

21. 泉（前）—— 從元。如：

□□在中，未與相見，其導人在泉（前）都，期晦來，(45)

22. 藉（籍）—— 從鐸。如：

居攝三年吏私牛出入關，致藉。　（534）

23. 財（才）—— 從之。如：

掌者，食輒以時，財驗羚旄鼓采而已，留意。(170)

24. 孫（遜）—— 心文。如：

臣謹案：五品不孫典樂掌教大夫之□□　（220）

25. 錫（賜）—— 心錫。如：

泉，此欲大出兵之意也。中軍募擇士黍百二十人，錫泉人□□ (47)

莊組（2 對）

26. 莊（裝）——— 莊陽。如：

官　告：誅虜守候史衰，次當候虜井上，記到，莊詣（263A）

27. 廋（搜）——— 生幽。如：

隧長常賢√充世√縮√福等，雜廋索部界中，問戌卒王韋等十八人，皆相證。(1722)

章組（4 對）

28. 矢（屎）——— 書脂。如：

一人，馬矢塗關內，地廣一丈　（1594）

一石馬矢二石，革甲是督□　（2096A）

29. 孰（熟）——— 禪覺。如：

☒□心臟，直百。卩　　孰肉□，直□☒　（636B）
　□干肉，直九十。卩　　孰□□□

30. 善（繕）——— 禪元。如：

☒具諸善好之庋，就，如報，　（2310）

31. 葴（鍼）——— 章侵。如：

出葴廿枚。五年正月癸未，佐梁買胡人櫷板四枚。付御吏夏賞，官馬下用。　）(557)

見組（4 對）

32. 徽（繳）——— 見宵。如：

立徽枲杞弦一。　（1673）

33. 驚（警）——— 見耕。如：

望，府檄：驚備多虜入塞，未□塞追還前，毋令吏卒離署。(483A)

34. 炬（拒）——群魚。如：
炬恭奴，遮焉者，殄滅逆虜。　　(98)

35. 禽（擒）——群侵。如：
禽虜隧卒宜秋里魯罷軍　　(1117)

"影、喻、曉、匣"母（11 對）

36. （甕）——影東。如：
以刀訢，若以刀刃案桼，三朝爲之良　　(371)

37. 要（腰）——影宵。如：
亡入匈奴、外蠻夷，守棄亭鄣逢者，不堅守降之，及從塞徼外來絳而賊殺之，皆要斬。　　(983)

38. 與（輿）——喻魚。如：
參、輿鬼、七星、翼、亢、房、尾、牽牛、虛、　□ (2359A)

39. 陽（揚）——喻陽。如：
到陽威□　　(2194)

40. 掖（披）——喻鐸。如：
六月十日，關書玉門哀叩頭言，掖君里田主人穀，書至郡。(230B)

41. 希（稀）——曉微。如：
居成樂五歲餘，未得遷。道里遠辟，回往來希，官薄身賤，書不通。叩頭叩頭。因 (1871)

42. 鄉（響）——曉陽。如：

其一騎，弓弓鄉亭。張弩鄉虜，虜即去，　　（1582）

43. 熹（喜）——　曉之。如：

□□□□有熹事□□□□
□□□□　　□□　□　　（2212）

44. 匈（胸）——　曉東。如：

五鳳三年十二月庚戌，病匈滿，頭□□□（1026）

□治久欬、逆、匈痹、痿痹、止泄、心腹久積、傷寒方：人參、芫宛　　（2012）

卅日，腹中毋積，匈中不復，手足不滿，通利。臣安國（2013）

45. 俠（狹）——　匣葉。如：

□一寸，薄厚廣俠，好醜長短，明□□□　　（1850）

46. 縣（懸）——　匣元。如：

淩胡以次寫傳至廣昌，縣便處，令都尉到，□可得（1684B）

●縣承塞亭，各謹候北塞，即舉表，皆和，盡南端亭。長以札署表到日時，（2146）

"來、日"母（5對）

47. 虜（盧）——　來魚。如：

虜枳檍五，繩十丈，癸未回行。　　（1）

48. 糧（量）——　來陽。如：

臣厶竊不自糧愚奴，誠忿忿。（104）

49. 黎（藜）——　來脂。如：

□蓋黎　　（560）

50. 蘭（爛）——　來元。如：
☐☐旦，不謹，股脛坐盟蘭。　（664）
51. 如（茹）——　日魚。如：
■右如荓四百八十束。五鳳五年三月十七日所出。(1034)

二、聲近韻同

所謂聲近韻同，是指通假字與本字的韻部相同，但二字聲紐的發音方法不同，既包括聲紐部位相同但發音方法不同而相通，也包括聲紐部位不同且發音方法不同而相通。

（一）韻部相同、聲紐部位相同但發音方法不同而相通（18對）

基於"聲類通轉"理論，此類型是指通假字與本字韻部相同，而二字聲紐互爲旁紐雙聲。即二字聲紐的發音部位相同，發音方法不同。

幫組（2對）
52. 風（諷）——　風，幫侵；諷，並侵。如：
之故建明堂，立辟雍，設學校，詳序之，宮興禮樂，以風天下。(481A)
53. 辟（僻）——　辟，並錫；僻，滂錫。如：
道里遠辟，回往來希，官薄身賤，書不通。叩頭叩頭。因(1871)

端組（2對）
54. 頓（鈍）——　頓，端文；鈍，定文。如：

使者愚頓，過備非任，獲彌命，奏使尊寵，以誤（59）

55. 大（太）—— 大，定月；太，透月。如：

始建國天鳳三年十二月壬辰，敦德玉門行大尉事、試守千人輔、試守丞況，謂大前都（193A）

大（太）守任君，正月中病，不幸死。大守□□□（1871）

二字相通用例頗多，此不贅列。

精組（4對）

56. 從（縱）—— 從，從東；縱，精東。如：

盜符者，數請其罪，任者皆爲不從作。其無任者，勿予符。惡子爲不從作。（214）

57. 就（僦）—— 就，從覺；僦，精覺。如：

入　元始二年正月丁巳，令史豐，受就人敦煌安國里范仲。（532）

58. 臧（藏）—— 臧，精陽；藏，從陽。如：

持七月候記將卒，毋忽。臧記，令可課。（483A）

殺人長安，臧關東，變名易為羊仇，數敖五陵，希蓬工，（784）

59. 前（煎）—— 前，從元；煎，精元。如：

謂大前都：尹西曹聊掾行塞蓬，（193A）

章組（3對）

60. 屬（囑）—— 屬，禪屋；囑，章屋。如：

屬大守，察地刑，依阻險，堅辟壘，遠候望，毋
(1780A)
61. 承（乘）—— 承，禪蒸；乘，船蒸。如：
●縣承塞亭，各謹候北塞，即舉表，皆和，盡南端。☐
(2146)
62. 謶（遮）—— 謶，書魚；遮，章魚。如：
■右謶虜隧。　(2163)

"泥、來"母（1對）
63. 奴（魯）—— 奴，泥魚；魯，來魚。如：
臣厶竊不自糧愚奴，誠忿忿。逆虜狡黠怛狀，輒不立殄滅，
(104)

（二）韻部相同、聲紐部位相近且發音方法不同而相通（6對）
基於"聲類通轉"理論，此類型是指通假字與本字韻部相同，而二字聲紐互爲鄰紐雙聲。即二字聲紐的發音部位相近，發音方法不同。
64. 澹（贍）—— 澹，定談；贍，禪談。如：
橐佗持食救吏士命，以一郡力，足以澹養數十人。
(124)
65. （燧）—— ，定物；燧，邪物。如：
●捕律：亡入匈奴、外蠻夷，守棄亭鄣逢者，不堅守降之，及從塞徼外來絳而賊殺之，皆要斬。(983)
66. 隨（墮）—— 隨，邪歌；墮，定歌。如：
☐當時，賊燔補隨城，臧滿二百廿，以不知何人發覺，種八

□☑ (1676)

67. 乍（作）—— 乍，崇鐸；作，精鐸。如：

者，兼甲臨兵，兩軍相當，兩期相望。鼓以前，未毋乍，方此等賢　（1410A）

68. 偈（褐）—— 偈，群月；褐，匣月。如：

廿露元年閏月乙未朔
□間偈副，當敦毋□☑　（2046）

69. 是（鞮）—— 是，禪支；鞮，端支。如：

一石。馬矢，二石。　革甲、是督□。　（2096）

三、聲同韻近

所謂聲同韻近，是指通假字與本字的聲紐相同，但二字韻部不同，但符合韻類陰陽對轉理論。敦煌漢簡材料中祇有1對。

70. 御（遇）——御，疑魚；遇，疑侯。如：

不曾御，不北邊居，歸未有奉奏。叩頭叩頭。大守任君，正月中病，不幸死。大守□□□　（1871）

四、聲韻皆近

敦煌漢簡材料中共有3對。

71. 捨（踣）—— 捨，滂侯；踣，並之。如：

顯明，　六石具弩三，繩捨。　辛六石具弩二，五石一，繩捨。　（1039）

72. 行（巡）—— 行，匣陽；巡，邪文。如：

始建國天鳳三年十二月壬辰,敦德玉門行大尉事　（193A）
73. 須（鬚）——　須,心侯；鬚,幫真。如：
循客,令居趙放字子阿,年所,為人中壯、黃色、毋須,
（538）

　　一般而言,古人使用通假字都是建立在音同或音近的基礎之上的,並且作爲通假能做到聲韻皆同（即音同）是最好的。從以上所列 73 對通假字的分類來看,也正好與此規律相符。漢語的音節是由聲、韻、調三部分組成,在論及通假字與本字的語音關係時按理應對聲調加以研究,但因各方學者對聲調的形成時代皆有爭論,仍無定論,且聲調在通假中無制約作用,故本文討論通假字與本字的語音關係時未涉及各字的聲調。筆者將敦煌漢簡材料中的通假字與本字的語音關係及所佔比例列表如下,以供參考。

《敦煌漢簡》中通假字與本字語音關係數量統計表 1

類　　型	通　假　字	所佔比例
聲韻皆同	51 對	約 69.9%
聲近韻同	18 對	約 24.7%
聲同韻近	1 對	約 1.3%
聲韻皆近	3 對	約 4.1%
總　　計	73 對	100%

《敦煌漢簡》中通假字與本字語音關係數量統計表 2

類　　型	通　假　字	所佔比例
聲同相通	聲韻皆同＋聲同韻近 52 對	約 41.94%
韻同相通	聲韻皆同＋聲近韻同 69 對	約 55.65%
聲韻皆近	3 對	約 2.41%
總　　計	124 對	100%

單就聲或韻方面來談通假字的關係的話，王力先生認爲古音相通，聲母相通是更爲重要的，因爲韻更易受到改變。許多老前輩也與此觀點一致。然而，我們從以上統計表可以看出，雖相差比例不太大，敦煌漢簡材料中韻同相通的數量確實多於聲同相通，但古人更注重韻同相通。

其實，已有的一些上古出土簡帛材料的研究亦能爲此統計結果提供支持：

趙立偉學兄在《〈睡虎地秦墓竹簡〉通假字、俗字研究》一文統計出睡虎地秦簡材料中所出現的通假字共 393 組，其中同聲母者 204 個，佔通假總數的 52%，同韻部者 345 個，佔通假總數的 89%。①

韓麗亞學姐在《楚簡文書音韻研究——以通假字爲研究對象》一文中所用通假字對共 339 對，其中相同韻部的通假 310 對，佔實際通假數的 91.45%，而聲母相同的通假佔總通假數的 41%，因此可以看出，在戰國楚簡文書的通假材料中，韻母相同

---

① 趙立偉《〈睡虎地秦墓竹簡〉通假字、俗字研究》，西南大學漢語言文獻研究所碩士論文，2002 年。

在實際通假中起主要作用。①

何麗敏學姐在《帛書〈五十二病方〉通假字語音關係研究》一文的聲同、韻同統計表中清楚顯示聲相同者 171 字，佔 69.5%，而韻相同者則多達 237 字，佔 96.3%。② 同文還明確指出聲相同的通假字遠遠少於韻相同的通假字，疊韻是通假字主要的語音基礎。

沈祖春學兄在對《帛書［壹］》中假借字的字數和字次分別進行同韻、同聲的統計和分析時，發現同韻者高出同聲者的字數比例爲 34.5%。③

從以上各材料對通假字的研究資料可直觀地看到：不可否認聲在通假中的重要作用，但在古音通假中，韻同相通的數量是遠遠高於聲同相通的數量的。爲了進一步證實這些結論是語音通假的一個普遍規律，我們將對各批出土簡帛材料的通假字做更深入的語音關係的探討，如果所有材料結論基本一致，那麼黃侃先生"求之於聲而無不可通"④ 的說法就不成立了。

---

① 韓麗亞《楚簡文書音韻研究——以通假字爲研究對象》，西南大學漢語言文獻研究所碩士論文，2007 年。
② 何麗敏、劉芳池《帛書〈五十二病方〉通假字語音關係研究》，《安徽文學》2009 年第 6 期。
③ 沈祖春《〈馬王堆漢墓帛書［壹］〉通假字研究》，西南大學漢語言文獻研究所碩士論文，2006 年。
④ "假借之法，有以聲通假者，有以韻通假者。蓋求之於韻不得，則求之於聲。求之於聲而無不可通。此錢氏所以有言聲一派也。"參見黃侃《文字聲韻訓詁筆記》，上海古籍出版社，1983 年，頁 152。

居延漢簡的辭書學價值

馬克冬①

摘　要：居延漢簡具有極強的文獻真實性、口語性，爲漢語史研究，尤其是上古漢語的研究提供了嶄新的、極富真實性的材料。目前，其研究成果已陸續出現，大型語文辭書應充分加以吸收。本文以居延漢簡爲例，從五個方面論證其對大型語文辭書編纂的價值：增補詞目、增補義項、訂正釋義、書證補闕、書證提前。

關鍵詞：居延漢簡；辭書學；訂正釋義；書證補闕；書證提前

簡帛文獻大都是"同時資料"或"準同時資料"，具有極強的文獻真實性、口語性，爲漢語史研究，尤其是上古漢語的研究提供了嶄新的、極富真實性的材料，有着傳世文獻無可比擬的重大的語言研究價值。目前，其研究成果已陸續出現，大型語文辭

---

① 馬克冬，貴州畢節學院　副教授　貴州畢節　551700；西南大學文獻所　博士生　重慶　400715。

書應充分加以吸收。本文以居延漢簡（含居延新簡）爲例，選取代表目前語文辭書最高水準的《漢語大字典》、《漢語大詞典》作爲參照系，① 從五個方面論證其對大型語文辭書編纂的價值。

一、增補詞目

辭書所收的條目可通稱爲詞目，包括詞、成語等。大型語文辭書以全面收錄字詞爲宗旨，應力求做到不漏收詞目。從居延漢簡來看，實際情況不甚理想，有很多詞未收。茲舉數例如下：

使男、未使男、未使女

《居延漢簡釋文合校》② 203.32：“子<u>使男</u>相，年十，用穀二石一斗六升大。”

《居延新簡》③ EPT65：498：“<u>使男</u>舉，年十二。”

《合校》317.2：“子<u>未使男</u>益有，年四，用穀一石六斗六升大。”

《合校》161.1：“子<u>未使女</u>寄，年三，用穀一石一斗六升大。”

《合校》194.20：“子<u>未使女</u>眞省，年五，見署，用穀四石八斗一升少。”

案：《說文‧人部》：“使，伶也。”桂馥義證：“伶也者，通

---

① 據研究，居延漢簡的寫成年代，在西漢中後期至東漢中後期之間，即公元前1世紀初至公元2世紀中葉（參見陳夢家《漢簡綴述‧漢簡考述》，中華書局，1980年）。《漢語大字典》、《漢語大詞典》，下文分別簡稱爲《大字典》、《大詞典》。
② 下文簡稱爲《合校》。
③ 下文簡稱爲《新簡》。

作令。"即"命令",並進一步引申爲"致使"、"支使"、"役使"等義。而居延漢簡中有其特定的意義:漢代以年齡將人區分爲大、小,或使、未使,作爲領取口糧、繳納賦稅等的依據。十四歲以下爲"小"(六歲及以下爲"未使",不納賦;七歲至十四歲爲"使",納口賦);十五歲及以上爲"大",納算賦。①如上例中"使男"一爲十歲,一爲十二歲。"未使男/女"分別爲四、三、五歲。此三詞《大詞典》均未收。

四時簿、出付入受

《合校》394.4:"<u>四時簿出付入受</u>不相應,或出輸非法,各如牒書到。"

《合校》128.1:"永元七年正月盡三月,見官兵釜磑<u>四時簿</u>,承六年十二月,餘官弩二張,箭八十八枚,釜一口,磑二合。"

《新簡》EPF22:398:"甲渠候官,建武七年正月盡三月,穀出入<u>四時簿</u>。"

案:《廣韻·姥韻》:"簿,簿籍。"即"登記冊"。《說文·竹部》段注:"許書無簿字,篰蓋即今之簿字也。""簿"由"簿籍"義進一步引申爲"文書"。如《漢書·李廣傳》顏師古注:"簿,謂文狀也。""四時簿"指對錢、財、物等按季度進行上報的文書。

"出付入受"則指其上記錄的(貨幣、五穀等)出入或(器

---

① 陳槃引夏作銘所言,認爲:七歲至十五歲爲"使",十五歲至五十六歲爲"大"(參見《漢晉遺簡偶述》,載《中央研究院歷史語言研究所集刊》,16本,1948年)。

物等）付受情況。陳直認爲："出付入受"爲當時會計簿的名稱，即理解爲名詞性成分，而居延漢簡中應理解爲動詞性成分。① 如"四時簿出付入受不相應"意爲"按季度上報的文書上所記錄的出入、付受情況不相符"，"穀出入四時簿"意爲"按季度上報的有關糧食出入的文書"。《大詞典·凵部》有詞目"出付"，義爲"請假"；而"四時簿"、"出付入受"二詞均未收。

便兵、便戰鬭具

《合校》206.26："候長、候史驚戒便兵，如詔書法律。"

《合校》12.1B："禁止行者，便戰鬭具，驅逐田牧畜產，毋令居部界中。"

《合校》272.3："禁止往來行者，便兵戰斗鬭具。"

《合校》278.7B："嚴教吏卒，定蓬火，輩送，便兵戰斗鬭具。"

案：《說文·人部》："便，安也。人有不便，更之。""安"即"安適"。而居延漢簡"便"意爲"準備"。"便兵"即"準備兵器"。如上例中"驚戒便兵"是提醒候長、候史提高警惕，按照詔書法律的要求，準備好戰鬭武器。"便戰鬭具"即"準備戰鬭用具"。"便兵戰斗鬭具"則是"便兵"和"便戰鬭具"的合稱，意爲準備好兵器及其他與作戰相關的戰鬭器具。"便兵"、"便戰鬭具"二詞《大詞典》均未收。

---

① 參見《居延漢簡解要》，載《居延漢簡研究》，天津古籍出版社，1986年。

板檄、單檄、合檄

《新簡》EPT51：285："北板檄，張掖都尉章。"

《合校》505.19："二月十四日，南單檄詣城官。都吏郝卿印。"

《合校》33.23："凡合檄一，蘇當印，詣府。"

案："檄"通常是文書檄文的稱謂，但亦用來指稱書寫檄文的材料。"板檄"：又稱"單檄"，是將字寫在木板上，其上不加封檢護蓋。居延漢簡中另有與其相對的"合檄"：上下兩板合封，外人看不到書寫的內容。"板檄"、"單檄"、"合檄"三詞《大詞典》均未收。

鬼新徒、髡鉗城旦、完城旦

《合校》37.1："居延鬼新徒大男王武，閏月壬戌出。"

《合校》227.8："髡鉗城旦孫□，坐賊傷人，初元五年七月庚寅論，初元五年八月戊申以詔書施刑。……完城旦錢萬年，坐蘭渡塞，初元四年十一月丙申論，初元五年八月戊申以詔書施刑。"

案：此三詞皆刑徒名。"鬼"通"蒐"，取材，供祭祀用。"鬼新徒"：漢代刑徒名，三歲刑。"髡鉗城旦"：漢代刑徒名，五歲刑。"完城旦"：漢代刑徒名，四歲刑。《大詞典·髟部》有詞目"髡鉗"，義為"古代刑罰。謂剃去頭髮，用鐵圈束頸"。而"鬼新徒"、"完城旦"、"髡鉗城旦"三詞均未收。

二、增補義項

漢語中的詞大多數是多義的，大型語文辭書應儘量將其義項收得齊全一些，用途就會更廣泛，質量自然更高。然而，與居延漢簡對照，即可發現大型語文辭書的不少詞目，存在漏收相關義項的情況。如：

大男、大女、使女、小女

《合校》37.33："居延復作大男王建。"

《合校》203.4："妻大女佳，年十八，用穀二石一斗六升大。"

《合校》161.1："子使女始，年七，用穀一石六斗六升大。"

《合校》507.6："斥胡子小女婢。"

案：漢代以年齡將人區分爲大、小，或使、未使，作爲領取口糧、繳納賦稅等的依據（詳見前文）。如上例中"大女佳"爲十八歲，"使女始"爲七歲。《大詞典·大部》"大男"祇有"成年男子"、"長子"、"超過正常結婚年齡的未婚男子"等義，"大女"祇有"成年女子"、"長女"、"超過正常結婚年齡的未婚女子"等義；《大詞典·人部》"使女"祇有"婢女"義；《大詞典·小部》"小女"祇有"女兒中之年齡最小者"、"年幼的女兒"、"對他人稱己女的謙詞"、"女兒對父母尊長自稱"等義。

軟弱

《合校》231.29："貧急軟弱不任職，請斥免，可補者名如牒書。"

《合校》110.29:"軟弱不任候望,吏不勝任。"

《新簡》EPT68:6:"匡軟弱不任吏職,以令斥免。"

《新簡》EPT68:12:"軟弱不任吏職,以令斥免。"

案:《玉篇·車部》:"輭,柔也;軟,俗文。"即"柔軟",可引申爲"不用強硬的手段,祇是和平地進行"。《玉篇·弓部》:"弱,尪劣也。"即"差;微薄",與"強"相對。"軟弱"爲同義連用,在漢代公文中是對不稱職官吏的一種評定性用語,也是罷免官吏的依據之一。如上例中"軟弱"與"不任職"、"不任候望"、"不任吏職"等構成因果關係,且導致的結果是"令斥免"等。《大詞典·車部》此詞目祇有"缺乏力氣"、"不堅強"義。

不報、雲氣、雙蛇

《新簡》EPT40:204:"欲知幣劍以不報者及新器者。"

《新簡》EPT40:205:"文而在堅中者,及雲氣相遂,皆幣合人劍也。"

《新簡》EPT40:206:"利善劍文:縣簿文者、保雙蛇文皆可。"

案:此三詞皆與劍有關。《說文·㚔部》:"報,當罪人也。"即"按律定罪;判決"。可引申爲"報答;報酬"義。如《集韻·號韻》:"報,答也。"《字彙·土部》:"報,答也,酬也。""不報"字面上是"不報答",而在居延漢簡中,特指"不能給主人帶來福報之劍",即"不吉祥之劍"。《大詞典·一部》此詞目祇有"不報復"、"不批復"等義。

"雲氣"：指劍紋的脈絡給人的感覺。好的劍紋猶如雲氣相隨。《大詞典·雨部》此詞目祇有"雲霧、霧氣"，"人體內的穢濁之氣"等義。

"雙蛇"：指劍的紋理像雙蛇對稱糾繞之形。《大詞典·隹部》此詞目祇有"結印鈕的兩根綬帶"義。

旁人

《合校》26.1："甲渠令史董子方，買鄣卒□威裘一領，直七百五十，約至春錢畢已，旁人杜君雋。"

《合校》262.16："三月錢必已，旁人王伯眾、尹誼。"

《合校》262.29："鄣卒張中功，賈買阜布章單衣一領，直三百五十三，堠史張君長所，錢約至十二月盡畢已，旁人臨桐史解子房。"

案：《釋名·釋道》："在邊曰旁。"《玉篇·上部》："旁，猶側也，邊也。""旁人"字面上是"站在旁邊的人"，而在居延漢簡中有其特定的意義，相當於後代契約中的見證人、中間人。如上例中"旁人"分別見證"約至春錢畢已"、"三月錢必已"、"錢約至十二月盡畢已"，尤其是其中的"約"字更顯出"旁人"的中間人性質。"錢畢已"即"所欠的錢還清"。《大詞典·立部》此詞目祇有"他人、別人"，"旁邊的人"等義。

兼行

《合校》4.1："二月戊寅，張掖大守福、庫丞憙兼行丞事。"

《合校》509.11A："兼行都尉事，真官到，若有代，罷如律。"

《合校》237.25:"關嗇夫王光,　今調兼行候事。"

案:《說文·秝部》:"兼,並也。"段注:"並,相從也。"即"同時涉及兩件或兩件以上的事物或行爲"。《說文·行部》:"行,人之步趨也。"《釋名·釋姿容》:"兩足進曰行。行,抗也,抗足而前也。"即"行走"義,可引申爲"做;從事"。如:垦《墨子·經上》:"行,爲也。""兼行"字面上爲"同時做兩件或兩件以上的事",而在居延漢簡中可指由於原官吏缺任,由相近或下級官吏暫時處理其事務,有時祇兼管其一部分事務。如上例中"王光"本爲"關嗇夫",因"候"職空缺而"兼行"候職。《大詞典·八部》此詞目祇有"以加倍速度趕路"、"同行"、"德行完備"等義。

三、訂正釋義

簡帛文獻中的詞語,往往與漢語口語最接近,並且未經改易,能保存某一時代語文的基本面貌,其真實可靠性是傳世文獻無法相比的,故可訂正大型語文辭書中的某些釋義錯誤。如:

賜勞

《合校》45.23:"過六,矢賜勞十五日"。
《合校》49.14:"右秋以令秋射二千石賜勞名籍及令。"
《合校》145.37:"建昭元年十月旦日迹盡二年九月晦日,積三百八十三日,以令賜勞六月十一日半日。"
《合校》159.14:"候長賢日迹積三百廿一日,以令賜賢勞百六十日半日。謹移賜勞名籍一編,敢言之。"

案:"賜勞":賞賜勞績,爲動賓結構。《大詞典·貝部》"賜勞"義項爲"賞賜慰勞",視其爲並列結構,但書證卻與之矛盾。其書證爲《梁書·武帝紀中》:"八年春正月辛巳,輿駕親祠南郊,赦天下,内外文武各賜勞一年。"其中的"一年"不可能作"賜勞"的時間補語,祇能理解爲"勞"(名詞)的後置定語,即"賜勞"在這裡祇能分析爲動賓結構。

另外,上面最後一例中"賜賢勞"與"賜勞"在同一簡上,且"賜賢勞"是雙賓結構,其中"勞"爲直接賓語,更可見"賜勞"非並列結構。

小男

《新簡》EPT65:288:"子小男章,年二歲。"
《合校》103.24:"子小男汪,年四。"
《新簡》EPT40:136:"子小男聞,年十三。"

案:漢代以年齡將人區分爲大、小或大、使、未使,作爲領取口糧、繳納賦稅等的依據(詳見前文)。上例中"小男"分別爲二、四、十三歲。《大詞典·小部》"小男"第三義項爲"唐户籍制稱四歲至十五或十七歲的男子爲小男",未考慮到居延漢簡中反映的相關情况,如其中僅二歲的"小男章"。

四節

《合校》4.4A:"第廿四隧卒高自當,以四月七日病頭恿,四節不舉。"
《新簡》EPF22:280:"病泄注不愈,乙酉加傷寒,頭通潘憨,四節不舉,有書。"
《合校》5.18:"即日疾心腹,四節不舉。"

案："四節（不舉）"：人四肢的關節（不能活動自如）。《大詞典·口部》詞目"四節"的第三義項爲"指獸類四肢的關節"，而居延漢簡中分明是指人四肢的關節，① 如第一例的"四節不舉"指"第廿四隧卒高自當"的病癥之一，與"頭恿"相伴。可見，《大詞典》釋義不確，應將其改爲"人或獸類四肢的關節"。

四、書證補闕

有些詞語，祇見載於古代的辭書，而無文獻用例；後代的辭書也祇列出義項，沒有提供書證，令人懷疑其可靠性。王力先生說過："這樣沒有例證，就不知道它們始見於何書（字典舉例，向來以始見之書爲限……），也就不知道它們是什麽時代的產品。這是極艱難的工作，但是，字典如果做不到這一點，決不能達到最高的理想。"② 其實，這些詞語及其義項並非古人虛構，在簡帛文獻中往往可以找到其用例。《大字典》、《大詞典》在編纂過程中也利用了一些簡帛文獻材料，如《大字典·金部》字頭"錂"的釋義、書證如下：

> 耒尖端所裝刃口。《說文·金部》："錂，河內謂耒頭金也。"《方言》卷五"耒……東齊謂之梩"晉郭璞注："江

---

① 張顯成師曾以張家山漢簡《脈書》爲例進行過分析，可爲旁證。（參見《論簡帛對語文辭書編纂的價值》，載《簡帛文獻論集》，巴蜀書社，2008年，頁342-371。）

② 參見《理想的字典》，載《龍蟲並雕齋文集》第一册，中華書局，1980年，頁371。

東又呼鏊刃爲鏊。"《廣韻·屑韻》:"鏊,江南呼鏊刃。"《居延漢簡甲編·一八九九》:"今餘鏊二百五。"

不過,仍有很多現有的簡帛文獻研究成果被忽略了,其表現之一就是有些字頭或詞目的義項缺少書證,而居延漢簡卻正好可予以補闕。如:

淵

《合校》353·1:"夷胡隧七石具弩,傷二傰、一淵、二㮉、一弬。"

《新簡》EPT53:78:"第卅一隧長王猛,三石承弩一,傷一淵。"

案:"淵":弩機部件名稱,指弩弓的彎曲部分。《釋名·釋兵》:"弓,其末曰簫。言簫梢也;又謂之弭,以骨爲之,滑弭弭也。中央曰弣。弣,撫也,人所撫持也。簫弣之間曰淵。淵,宛也,言宛曲也。"《集韻·先韻》:"弲弓隈也。通作淵。"《大字典·水部》有此義項(義項六),但無書證;《大詞典·水部》無此義。

幋

《合校》213·35:"枲長弦一,弩幋一。"

《新簡》EPF22:309:"三月餘弩幋廿五,毋出入。"

案:"幋":袋子。"弩幋":盛弩的袋子。《說文·巾部》:"幋,載米䋣也。"段注:"《寍部》曰:'䋣,幋也,所以盛米也。'二字相轉注。"《正字通·巾部》:"幋,猶今盛米布袋。"引申爲指一切袋子。《大字典·巾部》有此義項,但無書證;

《大詞典》無此字。

藺

《合校》511.39:"元鳳元年,計毋餘藺席。"

案:"藺席":用藺草的莖編織的席子。《說文·艸部》:"藺,莞屬。"《玉篇·艸部》:"藺,似莞而細,可爲席。"《急就篇》卷三:"蒲蒻藺席帳帷幢。"藺即今之燈芯草,是種在水田中的多年生草本植物,莖可編席和蓑衣,莖中的白瓤可作燈芯。《大字典·艸部》、《大詞典·艸部》皆有此義項(皆爲義項一),但均無書證,且《大詞典》無詞目"藺席"。

桯楪(牒牒)

《合校》82·1:"門關桯楪,不事用。"

案:"接"又作"桯",《說文·木部》"桯"字段注:"桯之言接也,今接行而桯廢。"故"接楪"即"桯楪"。裘錫圭認爲:"'桯楪'和'牒牒'顯然是同一詞的不同寫法。"《玉篇·片部》:"牒,牒牒,小契。"《集韻·帖韻》:"牒,牒牒,小楔。"居延漢簡中意爲"置於門戶、關牡之間的木楔。"《大字典·片部》"牒"字下有詞目"牒牒",且有此義項,但無書證;《大詞典》無此詞目。

㡭

《新簡》EPF22:30:"以爲㡭,因賣,不肯歸以所得就直牛,償不相當廿石。"

《新簡》EPF22:25:"直三千。大笥一合,直千。一石去盧一,直六百。㡭索二枚,直千。"

案:"犚":牛名。"犚索":駕牛所用的套索。《集韻·微韻》:"犚,牛名。"值得注意的是,上面第一例的前一簡(《新簡》EPF 22:29)末尾爲"又借牛一頭",將二簡聯繫起來看,即爲"又借牛一頭,以爲犚","犚"爲"牛名"之義更明。而《大字典·牛部》有此義項(義項二),卻無書證;《大詞典》則未收此字。

五、書證提前

爲了展示詞語的源流演變,大型語文辭書應盡可能選用始見書證,至少是時代大致相近的。因此,要充分吸收現有的簡帛文獻研究成果,力求避免出現書證遲後的問題。如:

干飯

《新簡》EPT57:69A:"夫人付奉世干飯八石。夫人付奉世干飯五石。夫人付奉世干飯八石。夫人付奉世干飯八斗。夫人付奉世眉一石直百五十。凡干飯廿一石八斗,眉一石,爲錢三千六百卅八。"

案:"干飯"亦作"乾飯"。《釋名·釋飲食》:"干飯,飯而暴乾之也。"《大詞典·干部》的最早書證爲《後漢書·范冉傳》,晚於簡文。

一兩

《合校》19.36:"枲履一兩,絝一兩。"

案:兩:量詞,雙。"一兩":猶一雙。《詩·齊風·南山》:"葛屨五兩。"孔穎達疏:"屨必兩雙相配,故以一兩爲一物。"

上古漢語"兩"不限於鞋類，如此例中即可修飾"絝"。《大詞典·一部》的書證爲明劉績詩《憶原上人》，晚於簡文。

門下

《新簡》EPT2：5B："葵子一升，昨遣使持門菁子一升，詣門下受教。"

案："門下"：尊稱，猶閣下。《大詞典·門部》的最早書證爲宋朱熹《與江東陳帥書》，晚於簡文。

車子

《合校》206.27："一人高同，車子，未到。一人王朝，廿八日從候長，未還。一人見。"

案："子"：泛指人。《詩·邶風·匏有苦葉》："招招舟子。"毛傳："舟子，舟人，主濟渡者。"車子：車夫，駕車的人。如上例中記錄戍卒的出勤情況，"車子"指"高同"的身份是車夫，不能理解爲"車輛"。《大詞典·車部》此義的書證爲《北史·高呂傳》，晚於簡文。

桺

《合校》31·6，31·9："伐柃柱、馬桺。"

案："桺"：拴馬樁。《說文·木部》："桺，馬柱。"段玉裁注："謂繫馬之柱也。"《廣韻·唐韻》："桺，繫馬柱也。"《大字典·木部》、《大詞典·木部》的書證皆爲《三國志·蜀志·先主傳》，晚於簡文。

除書

《新簡》EPT51：10："右除書。"

案：《漢書·景帝紀》顏師古注引如淳曰："凡言除者，除故官就新官也。"《洪武正韻·魚韻》："除，拜官曰除。""除書"：任命官吏的文書。《大詞典·阜部》的最早書證爲唐韋應物詩《始治尚書郎別善福精舍》，晚於簡文。

罷休

《新簡》EPF 22：294："貧寒隊長夏□等罷休，當還入十五日食石五斗，各如牒。"

案：《玉篇·網部》："罷，休也。""罷"不但有"免除、解除"義，還有"請求免除、辭去"義。"休"也有"辭官"義，如《史記·晉世家》："魏文子請老休。""罷休"：同義連用，是一種與"斥免"有別的解除官職的用語，如這些隊長去官歸家的原因是"貧寒"。《大詞典·網部》的最早書證爲唐柳宗元《經略副使馬君墓志》，晚於簡文。

調習

《合校》142.26："驛馬一匹，騂駮，牡，齒四歲，高五尺八寸，上，調習。"

案："調"、"習"皆有"訓練"義。如《史記·秦本紀》："佐舜調馴鳥獸。""調馴"同義連用。《吳子·治兵》："習其馳逐，閑其進止，人馬相親，然後可使。"居延漢簡中"調習"亦同義連用，此處指訓馬。而《大詞典·言部》的最早書證爲宋洪邁《夷堅甲志·段宰妾》，晚於簡文。

推索

《新簡》EPT4：13："物色年，追捕之，令候長、丞、尉數推索。"

案:"推索":推求尋索、搜捕。《大詞典·手部》的最早書證爲晉干寶《搜神記》卷十七,晚於簡文。

章程

《合校》甲附33:"詣作所,如章程,日時在檢中。"

案:"章",規章;"程",規程。"章程":同義連用,指制度、法規或程式、規定等。《大詞典·立部》的最早書證爲唐趙璘《因話錄·徵》,晚於簡文。

廉察

《合校》10.40:"且遣都吏循行,廉察不如護大守府書,致案,毋忽,如律令。"

案:"廉":考察,查訪。《篇海類編·宮室類·廣部》:"廉,察也。"《漢書·高帝紀下》顏師古注:"廉,察也。廉字本作覝,其音同耳。""廉察"爲同義連用。《大詞典·廣部》的最早書證爲《後漢書·第五倫傳》,晚於簡文。

歌人

《合校》511.23A:"出歌人伯史名。"

案:"歌人":歌唱者、倡樂之人。《大詞典·欠部》的最早書證爲《梁書·羊侃傳》,晚於簡文。

不以爲意

《新簡》EPT 6:63:"兵物當言府,發不以爲意,甚毋狀。"

案:"不以爲意":不把事情放在心上,此簡指辦公馬虎不認真。《大詞典·一部》的最早書證爲北魏楊衒之《洛陽伽藍記·秦太上君寺》,晚於簡文。

總之,居延漢簡祇是簡帛文獻中的一小部分,就已經顯示出如此巨大的辭書學價值。所以,隨着簡帛研究的日益深入,我們要更加重視其對辭書編纂的價值。

參考文獻:

[1] 中國社會科學院考古研究所《居延漢簡甲乙編》,中華書局,1980年。

[2] 謝桂華等《居延漢簡釋文合校》,文物出版社,1987年。

[3] 甘肅省文物考古研究所等《居延新簡——甲渠候官》,中華書局,1994年。

[4] 薛英群等《居延新簡釋粹》,蘭州大學出版社,1988年。

[5] 沈剛《居延漢簡語詞彙釋》,科學出版社,2008年。

《嘉禾吏民田家莂》
田地詞語的層級性

陳榮傑[①]

摘 要：《嘉禾吏民田家莂》田地詞語表現出很強的層級性，其中，佃田是上位詞，其他各種田地詞語均是佃田的下位詞。從不同的角度又可劃分出不同的層級：從田地性質劃分，佃田的下位詞是二年常限田、餘力田、餘力火種田和火種田，各種田地名稱又根據土質、地力而行政規定爲旱田、熟田，而熟田按繳米定額之不同又分爲稅田和租田。

關鍵詞：嘉禾吏民田家莂；田地詞語；層級

　　詞語的層級性是思維的邏輯層次在詞彙上的反映，具體說來主要表現爲同位關係、上下位關係，其中同位關係又稱平行關係。關於詞語的層級性，語義學上將之稱爲枝幹義場，如賈彥德的《漢語語義學》，他認爲：枝幹義場是指某一義場中義位存在上下位關係，義位"A"處於上位義，相當於樹幹，具有平行關

---

① 陳榮傑，西南大學文獻所 講師 重慶北碚 400715。

係的義位"BCD…"處於下位義，相當於樹枝。①

《長沙走馬樓三國吳簡·嘉禾吏民田家莂》（以下簡稱爲《田家莂》）出現的表示田地名稱的詞語共有"田"、"佃田"、"二年常限"田、"餘力田"、"火種田"、"餘力火種田"、"租田"、"稅田"、"旱田"、"熟田"十個名稱。仔細分析《田家莂》諸條簡文，我們發現《田家莂》田地詞語表現出很强的層級性，現試分析如下：

一、田、佃田

《田家莂》中"田"和"佃田"同義（爲方便論述，下文統一稱爲"佃田"），都是指可供租佃的國有土地。它們處於上位義。如：

> 下伍丘男子五常，田一町，凡三畝，皆二年常限。（4·6）②
> 上和丘郡吏何表，佃田五處，合卅三畝，二年常限。（4·31）
> 下伍丘男子勇羊，佃田十町，
> 凡廿畝百九十步，皆二年常限。（5·13）

---

① 賈彥德《漢語語義學》，北京大學出版社，1999年，頁170。
② 爲節約篇幅，本文引用原簡文僅摘引所需的相關詞句，並在括弧内標注簡號，所引簡文簡號前用"·"隔開的漢字"壹"、"貳"、"叁"表示竹簡册數，簡號前用"·"隔開的阿拉伯數字"4"、"5"表示嘉禾四年吏民田家莂、嘉禾五年吏民田家莂。本文例句均來自走馬樓簡牘整理組編著《長沙走馬樓三國吳簡·嘉禾吏民田家莂》（文物出版社，1999年）、《長沙走馬樓三國吳簡·竹簡》[壹]、[貳]、[叁]（北京，文物出版社，2003年、2007年、2008年）。

二、二年常限田、餘力田、餘力火種田

"二年常限"在《田家莂》中出現的頻率非常高，幾乎每一枚簡都有"二年常限"若干畝或"皆二年常限"的字樣。關於"二年常限"田的涵義，其具體所指，至今學界仍無統一的看法，目前主要有如下幾種觀點：

《田家莂》整理者如邱東聯、王素先生認爲"二年常限"田指田畝限額。①《嘉禾五年吏民田家莂解題》："嘉禾四年與嘉禾五年田家莂所見同一人名下的佃田數往往不同，如勇羊，四年佃田十二町凡六十一畝，而五年佃田十町凡廿畝又九十步；謝經，四年佃田卅七町凡五十二畝，而五年佃田廿一町凡卅二畝；文威，四年佃田七町凡卅畝，而五年佃田四町凡十畝又卅步，知所謂'常限田'非指擁有固定的田畝數，或僅爲限額而已。"②

高敏先生認爲："所謂'二年常限'田是指地租率限額在二年內不變動之田而言，並不是指田家租佃土地時間的長短而言，也不是指田家租佃土地總數量而言。"③

蔣福亞先生認爲："所謂'二年常限'田，既有租佃者佃種土地年限的涵義，也有其所繳定額租年限的涵義。概而言之，《田家莂》中吏民佃種的'二年常限'田，是指吏民租佃及繳納

---

① 邱東聯《長沙走馬樓佃田租稅簡的初步研究》，《江漢考古》，1998年第4期；王素、宋少華、羅新《新出長沙走馬樓簡牘整理簡介》，《書品》，1999年第3期。
② 走馬樓簡牘整理組編著《長沙走馬樓三國吳簡·嘉禾吏民田家莂》（上），文物出版社，1999年，頁165。
③ 高敏《〈吏民田家莂〉中所見"餘力田"、"常限田"等名稱的含義淺析》，《長沙走馬樓簡牘研究》，廣西師範大學出版社，2008年。

相應畝租額年限祇有'二年'的零星國有土地。其畝租額高於餘力田。期限一到，吏民須重新佃種，封建政府也有權另行確定租額。"①

孟彥弘先生認爲"二年常限"是指在休耕期間，官府要減免其租稅的田。②

胡平生先生認爲"'二年常限田'應當是'嘉禾二年規定的、每戶每人限制租佃的最高數量的農田'或者是'按照嘉禾二年規定的農田每畝納稅標準徵收的田畝'"。③

張榮強先生認爲"'二年常限'，實際上就是官府根據當時普遍實行的各種形式的輪休耕作制而制定的一種關於官租的規定——按二年一墾的標準收租"。④

于振波先生認爲"'二年常限田'當指土地限額，而不是租稅限額"。他認爲："孫吳政權爲了督促農民生產，有可能打破官田和私田的界限，統一調度，規定農民應耕土地的限額，目的不是防止多佔田，而是強制性的生產定額。如果農戶原有土地已符合規定限額，官府就不再分配給他們常限田；如果農戶原有土地沒有達到限額，則用常限補足。"⑤

以上諸位先生對"二年常限"田的解釋均含有自己的真知

---

① 蔣福亞《也談〈嘉禾吏民田家莂〉中的"二年常限"田的涵義》，《魏晉南北朝經濟史探》，甘肅人民出版社，2003年。
② 孟彥弘《〈吏民田家莂〉所錄田地與漢晉間民屯形式》，簡帛網站，2009年11月9日，http://www.bsm.org.cn/show_article.php?id=1170。
③ 胡平生《嘉禾四年吏民田家莂研究》，《長沙三國吳簡研討會暨百年簡帛研究會議論文集》，中華書局，2005年。
④ 張榮強《吳簡〈嘉禾吏民田家莂〉"二年常限"解》，《歷史研究》，2003年第6期。
⑤ 于振波《走馬樓吳簡所見佃田制度考略》，《走馬樓吳簡初探》，文津出版社，2004年。

灼見，均具有一定的合理性，然證之《田家莂》，又似未完全達詁，"二年常限"田的具體涵義目前仍沒有確解。但通過分析《田家莂》，我們仍可看出一些"二年常限"田的特性，試舉數例以便分析：

  石下丘男子呂德，佃田五町，凡五十五畝，皆二年常限。其卅五畝旱田，畝收布六寸六分。定收十畝，畝收米一斛二斗，爲米十二斛。畝收布二尺。（4·189）
  平則丘男子潘䤪，佃田八町，凡七十七畝，其廿七畝二年常限。其廿四畝旱不收，畝收布六寸六分。定收三畝，爲米三斛六斗。畝收布二尺。其五十畝餘力田。爲米廿二斛八斗。畝收布二尺。（4·179）
  旱丘男子朱杲，佃田七町，凡廿五畝，其廿畝二年常限。其十六畝旱敗不收布。其五畝餘力田，爲米二斛。定收四畝，爲米四斛八斗。凡爲米六斛八斗，畝收布二尺。（5·261）

我們僅選取上揭三例作爲代表，《田家莂》中絕大多數簡均如此行文。通過上引數例可以得出兩點看法：一是"二年常限"田屬於佃田，佃田和"二年常限"田是上下位的關係，二是"餘力田"亦屬於佃田，"二年常限"田和"餘力田"應是同位關係。

《田家莂》中"餘力田"的涵義目前也無定論，學界主要有如下幾種觀點：

《嘉禾四年吏民田家莂解題》認爲："餘力田，大概是田家

'行有餘力'而自行開墾的荒地，文書中多寫作"'餘力火種田'。"①

高敏先生認爲："'餘力田'是田家租佃國有土地中的不屬於'二年常限'田的另一種納租田地，它同'常限'田一樣也有旱田與熟田之分，但主要是熟田，它的地租是低於'二年常限'田畝收米一斛二斗的畝收米四斗五升六合的優惠田，即使是'斛加五斗'者，也輕於每畝收米一斛二斗。"②

李卿先生認爲："'餘力火種田'亦稱'餘力田'，'餘力火種田'一詞中的'餘力'，或與'二年常限田'之'限田'相對。'火種'，刀耕火種之意，爲山地旱作的農業耕作方式，'定收'的'餘力火種田'租額爲：每畝 0.4 斛或 0.456 斛、布 2 尺、錢 70 錢或 80 錢，相當於每畝 0.55－0.6 斛。雖不及'定收'的'二年常限田'租稅的一半，但亦遠較歷代民田賦稅爲高。由此可推斷'餘力火種田'祇能是官田，而不是吏民自行開墾的私田；它是旱田，而不是水田。"③

蔣福亞先生認爲："餘力田，是指受二年常限田制約，畝租額低於二年常限田的國有土地，大概是租佃者'行有餘力'而開墾的零星荒地；畝租額隨常限田變動而變動；有租佃年限，很可能也祇有二年。"④

---

① 走馬樓簡牘整理組編著《長沙走馬樓三國吳簡·嘉禾吏民田家莂》（上），文物出版社，1999年，頁71。
② 高敏《〈吏民田家莂〉中所見"餘力田"、"常限田"等名稱的含義淺析》，《長沙走馬樓簡牘研究》，廣西師範大學出版社，2008年。
③ 李卿《〈長沙走馬樓三國吳簡·嘉禾吏民田家莂〉性質與内容分析》，中國經濟史研究，2001年第1期。
④ 蔣福亞《〈嘉禾吏民田家莂〉中的"餘力田"》，《魏晉南北朝經濟史探》，甘肅人民出版社，2003年。

王子今先生認爲餘力田即爲余夫之田。餘夫，是戶人以外的"其家眾男"，"其餘眾男"，又稱"余子"、"余子弟"、"餘狀"。①

孟彥弘先生認爲："餘力田視作對田家所領田地差別的一種補充或補償或許更爲妥當（這種作爲補充或補償的田地在土地所有權的變化中具有特別意義，其優惠性質更是不言而喻）。"②

于振波先生認爲："'餘力田'是指在完成常限田的生產之外，有餘力者可申請多種，且租稅率比常限田低。如果民戶原有土地已經超過規定限額，則多出的土地也可能被視爲'餘力田'。"③

我們認爲高敏先生的看法更近於事實，通過上引簡4·179和簡5·261，也可以看出"餘力田"應是不屬於"二年常限"田的另一種納租田地，它和"二年常限"田應是平行關係。

《田家莂》中的"餘力火種田"，學界多把它等同於"餘力田"，如整理者、李卿先生等都認爲"餘力火種田"和"餘力田"是一回事。④"餘力火種田"在《田家莂》中共出現7次，爲了便於說明問題，現摘引如下：

> 上和丘男子謝箱，佃田五處，合五十五畝。其十畝二年常限，其八畝旱，畝收布二尺六寸六分。定收二畝，畝收米

---

① 王子今《試釋走馬樓〈嘉禾吏民田家莂〉"餘力田"與"餘力火種田"》，《吳簡研究》第一輯，崇文書局，2004年。
② 孟彥弘《〈吏民田家莂〉所錄田地與漢晉間民屯形式》，簡帛網站，2009年11月9日，http://www.bsm.org.cn/show_article.php?id=1170。
③ 于振波《走馬樓吳簡所見佃田制度考略》，《走馬樓吳簡初探》，文津出版社，2004年。
④ 見前面有關"餘力田"的研究。

一斛二斗，合二斛四斗。畝收布二尺。其卅五畝餘力火種田，其六畝旱，畝收布六寸六分。定收卅九畝，畝收米四斗五升六合，斛加五升，合十八斛六斗七升三合。畝收布二尺。凡爲米廿一斛七升三合。其二斛四斗稅米，四年十一月廿八日付倉吏鄭黑畢。其十八斛六斗七升三合租米，四年十一月十日付倉吏鄭黑畢。(4·32)

合丘男子烝窅，佃田廿處，合一頃一十五畝，其十二畝二年常限。其九畝旱，畝收布六寸六分。定收三畝，畝收米一斛二斗，合三斛六斗。畝收布二尺。其一頃三畝餘力火種田。其廿五畝旱，畝收布六寸六分。定收七十八畝，畝收米四斗五升六合，斛加五升，合卅五斛三斗四升六合。凡爲米卅八斛九斗四升六合。其三斛六斗稅米，四年十二月五日付倉吏鄭黑畢。其卅五斛三斗四升六合租米，四年十月十日付倉吏鄭黑畢。(4·213)

浸頃丘男子潘惕，佃田廿一處，合一頃卅二畝，其五十三畝二年常限。其五十畝旱。畝收布六寸六分。定收三畝，畝收米一斛二斗，合三斛六斗。畝收布二尺。其七十九畝餘力火種田。旱不收。畝收布六寸六分。其米三斛六斗，四年十二月九日付倉吏鄭黑畢。(4·351)

湛上丘男子區懷(？)，佃田十五處，合八十六畝。其十一畝二年常限。其七畝旱，畝收布六寸六分。定收四畝，畝收米一斛二斗，合四斛八斗。畝收布二尺。其七十五畝餘力火種田。其廿畝旱，畝收布六寸六分。定收五十五畝，畝收米四斗五升六合，斛加五升，合廿六斛三斗一升三合。畝收布二尺。凡爲米卅一斛一斗一升三合。其四斛八斗稅米，

四年十二月八日付倉吏鄭黑畢。其廿六斛三斗一升三合租米，四年十月廿日付倉吏鄭黑畢。（4·391）

　　谷丘郡卒潘調，佃田廿處，合一頃一十九畝。其廿六畝二年常限。其廿四畝旱，畝收布六寸六分。定收二畝，畝收米一斛二斗，合二斛四斗。畝收布二尺。其九十三畝餘力火種田。其五十三畝旱，畝收布六寸六分。定收卌畝，畝收米四斗五升六合，斛加五升，合十九斛一斗五升。畝收布二尺。凡爲米廿一斛五斗五升。其二斛四斗稅米，四年十二月十一日付倉吏鄭黑畢。其十九斛一斗五升租米，四年十二月八日付倉吏鄭黑畢。（4·463）

　　□丘男子鄧承，佃田廿五處，合九十二畝，其卅四畝二年常限。其卅二畝旱田，畝收布六寸六分。定收二畝，畝收米一斛二斗，合二斛四斗。畝收布二尺。其五十八畝餘力火種田。其十二畝旱，畝收布六寸六分。定收卌五畝，畝收米四斗五升六合，斛加五升，合廿一斛七斗二升六合。畝收布二尺。凡爲米廿四斛一斗二升六合。其二斛四斗稅米，四年十一月十一日付倉吏鄭黑畢。其廿一斛七斗二升六合租米，四年十一月九日付倉吏鄭黑畢。（4·587）

　　☑□畝，二年常限。其廿三畝旱，畝收布六寸六分。定收二畝，畝收米一斛二斗，合二斛四斗。畝收布二尺。其卅五畝餘力火種田旱不收。畝收布六寸六分。其米二斛四斗，四年十二月八日付倉吏鄭黑畢。（4·620）

分析上面 7 例，可以得出如下結論：

（1）"餘力火種田"畝收米四斗五升六合，又要斛加五升，而餘力田收米無需斛加五升。

（2）"餘力火種田"收米均稱爲租米，並與二年常限田的稅米分開繳納，且其繳米時間均比二年常限田稅米繳米時間早，而餘力田、火種田租米和二年常限田稅米則是一起繳納，《田家莂》未見一例餘力田、火種田租米和二年常限田稅米分開繳納的。

（3）"餘力火種田"無熟田者，二年常限田繳米僅稱爲米，而不再專門稱爲稅米。

（4）7枚"餘力火種田"簡雖屬於不同的丘，但其稅米、租米以及準入米均繳給倉吏鄭黑，而其他簡則無如此嚴格。如湛上丘共有7枚簡（其中簡4·395爲旱田簡，繳米者實爲6枚），有4枚簡米是繳給倉吏李金的。

因此，我們認爲"餘力火種田"不等同於"餘力田"，它們應該具有不同的涵義。我們懷疑"餘力火種田"應是熟田畝收米四斗五升六合，斛加五升，由專人負責管理、收繳租稅的田。"餘力火種田"亦屬於佃田，它和二年常限田、餘力田應是同位關係、平行關係。

三、火種田

《田家莂》中的"火種田"共出現7次，其簡文爲：

> 石下丘男子區拾，火種田二町，凡六十畝，皆二年常限。畝收布六寸六分。凡爲布三丈九尺六寸，五年閏月十七日付庫吏番有。（4·201）

> 石下丘男子番狹，火種田三町，凡卅九畝，皆二年常限。旱畝收布六寸六分。凡爲布二丈三寸四分，五年閏月廿

八日付庫吏番有。(4·202)

　　石下丘男子龔斗,火種田三町,凡廿五畝,皆二年常限。旱田畝收布六寸六分。凡爲布一丈六尺五寸,五年閏月十七日付庫吏番有。(4·208)

　　昭丘男子張客,火種田三町,凡廿五畝,皆二年常限。其廿三畝旱田,畝收布六寸六分。定收二畝,畝收米四斗五升六合,爲米九斗一升二合。畝收布二尺。其米九斗一升二合,四年十月九日付倉吏李金。(4·300)

　　□丘男子陳溪(?),火種田三町,凡卅畝。旱田畝收布六寸六分。凡爲布一丈四尺四寸二分。五年二月十七日付庫吏番有。(4·560)

　　□丘男子□文,火種田五町,凡卅二畝,皆二年常限。其……畝旱田,畝收布六寸六分。定收三畝,畝收米四斗五升六合,爲米一斛三斗六升八合。畝收布二尺。其米一斛三斗六升八合,四年十月十九日付倉吏李金。(4·659)

　　□□丘男子唐□,佃田十二町,凡廿五畝。其廿一畝旱田,畝收布六寸六分。定收六畝。其一畝收米一斛二斗,布二尺。其五畝火種田。畝收米四斗五升六合,爲米二斛四斗八升。其米三斛四斗八升,四年十月七日付倉吏李金。(整理者注:總畝數應爲廿七畝)(4·554)

"火種田"到底屬於何種性質的田尚不清楚,但通過分析以上簡文,我們可以得出如下結論:

(1)火種田收米定額與餘力田同,均爲畝收米四斗五升六合。

(2)火種田繳米沒有斛加五升,其米亦和二年常限田稅米一起繳納給倉吏，而不是像餘力火種田那樣分開繳納，火種田應不同於餘力火種田。

（3）火種田同二年常限田、餘力田和餘力火種田同樣分爲旱田、熟田。其旱田、熟田繳布、繳錢定額亦與二年常限田、餘力田和餘力火種田相同。

（4）火種田多爲旱田，7枚火種田簡有4枚全部爲旱田（簡4·201、簡4·202、簡4·208、簡4·560），另外3枚有熟田的簡，熟田在其總畝數中所佔的比率也非常小。

（5）7枚"火種田"簡除簡4·554外，其他6枚簡書寫爲如下格式："＂×丘＋身份＋姓名，火種田×町，凡×畝，皆二年常限"（其中簡4·560無"皆二年常限"五字），而嘉禾吏民田家莂的行文格式多爲"×丘＋身份＋姓名，佃田／田×町，凡×畝，皆二年常限"。如此，則火種田和佃田是處於同一個層級的，它們是同位關係。簡4·554雖沒有寫明二年常限田，但據"其一畝收米一斛二斗"知，定收田裡有一畝爲二年常限熟田，另五畝爲火種田熟田。火種田和二年常限田是處於一個層級的，它又屬於佃田，和佃田是上下位關係。

通過上面分析，可知"火種田"情況比較複雜，它一方面和佃田處於一個層級，是同位關係（我們稱之爲火種田①），另一方面它又處於佃田的下位，和佃田是上下位關係（我們稱之爲火種田②）。故火種田在簡文中可能有泛指和特指兩個方面的涵義。①

---

① 語言中有泛指和特指的現象，如古漢語的"鳥"泛指時統稱飛禽，特指時專指長尾飛禽；"禾"泛指時爲穀類作物的總稱，特指時爲粟，穀類作物的一種。

四、租田和稅田

《田家莂》直接標明"租田"的簡僅有7枚簡，分別爲：

利丘州吏黃揚（?），佃田十八町，凡卌畝，皆二年常限。租田畝收米五斗八升六合，凡爲米廿三斛四斗四升。（4·226）

利丘州吏劉露，佃田廿町，凡卌畝，皆二年常限。租田畝收米五斗八升六合，凡爲米廿三斛四斗四升。（4·230）

弦丘州吏陳康，佃田八町，凡廿畝，皆二年常限。租田畝收米五斗八升六合，凡爲米十一斛七斗二升。畝收布二尺。（4·296）

湛龍丘州吏黃興，佃田八町，凡六十畝，其卌畝二年常限租田。爲米十八斛二斗四升。畝收布二尺。其廿畝餘力田。其十八畝旱田，畝收布六寸六分。定收二畝，爲米九斗一升二合。畝收布二尺。其米十九斛一斗五升二合，四年十二月十日付倉吏李金。（4·397）

湛丘州吏黃楊，租田卌畝。畝收米五斗八升六合，凡爲米廿三斛四斗四升，收布二尺。（5·702）

賀丘州吏劉露，租田卌畝。畝收米五斗八升六合，凡爲米廿三斛四斗四升，收布二尺。（5·733）

新成丘州吏陳顏，租田卌畝。畝收米五斗八升六合，凡爲米廿三斛四斗四升，收布二尺。（5·791）

上揭7枚簡嘉禾四年州吏"租田"均寫明是二年常限田，

嘉禾五年3枚簡徑稱"租田×畝"無"二年常限"字樣，但據其他州吏簡此"租田"也應屬於二年常限田。這些二年常限田不同於一般的繳米定額爲1.2斛的稅田，而是繳米定額爲0.586斛的租田。即二年常限田中有"租田"。《田家莂》中多次出現"租米"一詞，繳納租米的田自然應是租田。《田家莂》"租米"共出現於13枚簡，除5枚爲享受二年常限熟田繳米定額優惠的州吏簡外，其他8枚簡有5枚是指畝收米四斗五升六合、斛加五升的餘力火種田所繳之米，分別爲簡4·32、簡4·213、簡391、簡4·463、簡4·587（簡文內容詳見"餘力火種田"一節）。5枚簡清楚地告訴我們定額1.2斛所繳之米稱爲"稅米"，定額爲0.456斛又斛加五升所繳之米稱爲"租米"。另外3枚簡是指畝收米四斗五升六合的餘力田所繳之米，分別爲簡5·47、簡5·658、簡5·1131，限於篇幅，僅舉簡5·47："上和丘軍吏謝盛，佃田卅一町，凡七十五畝。其卅八畝旱敗不收布。定收卅七畝。其卅二畝二年常限，畝收米一斛二斗，凡爲米卅八斛四斗。其五畝餘力，收租米二斛。"《田家莂》中火種田畝收米亦爲四斗五升六合，其所繳之米當也稱租米。《竹簡》中有不少"火種租米"簡，如：

入廣成鄉嘉禾二年火種租米二斛四斗就畢㐱嘉禾二年十月廿五日彈溇丘潘孟關閣董基付（壹·3957）

右都鄉入火種租米二斛六斗（貳·126）

出小武陵鄉嘉禾二年火種租米八斛二斗㐱嘉禾三年正月十八日白石丘男子文解關邸閣李嵩付倉吏黃諱史潘慮受（貳·368）

故畝收米四斗五升六合的火種田當亦稱租田。此外,《田家莂》中"復民"繳米亦是畝收米五斗八升六合,同於州吏繳米定額,如:

> 己酉丘復民五(?)麦,佃田三町,凡廿九畝,皆二年常限。其廿四畝旱田,畝收布六寸六分。定收五畝,畝收米五斗八升六合。畝收布二尺。(4·42)

> 己酉丘復民鄭饒,佃田八町,凡卅五畝,皆二年常限。其卅畝旱田,畝收布六寸六分。定收五畝,畝收米五斗八升六合,爲米三斛七升六合。畝收布二尺。(4·50)

"復民"同州吏一樣,享受二年常限熟田繳米定額優惠,且其繳米定額均爲五斗八升六合,故復民所租佃的畝收米五斗八升六合之田也當爲租田。另《竹簡》中亦有"復民"繳納租米的簡,如:

> 入四年復民租米十四斛三斗五升(參·1983)
> 入四年復民租米廿一斛一斗(參·2041)

由上述可知,《田家莂》"租田"當指享受二年常限繳米定額優惠的田(一般畝收米爲五斗八升六合),畝收米四斗五升六合的火種田,畝收米四斗五升六合又斛加五升的餘力火種田,畝收米四斗或四斗五升六合的餘力田。如果說二年常限田、餘力田、餘力火種田是從佃田性質的角度劃分的話,"租田"當是從定收田繳米定額的角度得出的概念。"租田"屬於佃田,和佃田是上下位關係。

《田家莂》"稅田"共出現 2 例,《長沙走馬樓三國吳簡·竹簡〔壹〕》出現 1 例,《長沙走馬樓三國吳簡·竹簡〔參〕》出現 3 例，現摘引如下：

龍丘男子何高，佃田卅町，凡一頃卅二畝，其一頃卅二畝二年常限。其八十二畝旱敗不收布。其十畝餘力田，爲米四斛，定收稅田五十畝，爲米六十斛，凡爲米六十四斛。（5·963）

逢唐丘郡吏劉溫，佃田九十六畝，其六十四畝二年常限。其卅二畝稅田，畝收稅米五斛四斗，畝收布二尺。其廿二畝旱不收布。（5·591）

其三百七十二頃卅九畝九十四步收米四萬四千六百八十七斛二斗七升民稅田先所□（壹·1671）

□步民稅田收 米 （參·1933）

□□十畝郡縣吏張□郭宋二人稅田收米□（參·6992）

□□ 十 四畝九十四步民稅田收米三百卅一斛二斗七（參·7632）

傳世文獻中有"稅田"一詞，如《晉書·成帝紀》："六月癸巳，初稅田，畝三升。"此"稅田"當指繳納租稅的田，其義應與《田家莂》中的"稅田"不同。簡 5·963 "定收稅田五十畝，爲米六十斛"，則畝收米一斛二斗，簡 5·591 "其卅二畝稅田，畝收稅米五斛四斗"，則畝收米亦爲一斛二斗，簡壹·1671 "其三百七十二頃卅九畝九十四步收米四萬四千六百八十七斛二斗七升"，則畝收米也爲一斛二斗，另《田家莂》中二年常限田有大量"畝收稅米一斛二斗"的字句，此收稅米之田亦當爲"稅田"。故走馬樓吳簡中的"稅田"當指按畝收米一斛二斗繳米之田，"稅田"當屬於二年常限田。"稅田"和"租田"

都是從定收田繳米定額的角度得出的概念,"税田"和"租田"應處於一個層級,二者應是同位關係。

五、旱田、熟田

《田家莂》中"旱田"和"熟田"的出現頻率非常高,幾乎每種性質的田地都分爲旱田和熟田。關於"旱田"和"熟田"的涵義,學界目前仍無統一的看法,我們認爲"旱田"和"熟田"是統治者根據土質、地力而行政劃分出來的田地,"旱田"是指國家根據土質、地力而行政規定的低產田,"熟田"是指國家根據土質、地力而行政規定的高產田。國家把田地分爲"旱"、"熟"兩類,規定不同的田租標準,統一徵之於民,既簡化了收租程式,又調節了因田地土質優劣而產生的矛盾,促進了生產。① "旱田"和"熟田"均屬於佃田,它們應在同一個層級,應屬於同位關係、平行關係。

六、各種田地之間的關係

通過上述分析可以看出《田家莂》田地因命名角度不同而產生不同的田地名稱,各田地名稱之間具有很強的層級性,表現爲上下位關係和同位關係。見下圖:②

---

① 陳榮傑《吳簡〈嘉禾吏民田家莂〉"旱田""熟田"考辨》,待刊。
② 圖中所列的下位義之和並不完全等於上位義。

《嘉禾吏民田家莂》田地詞語的層級性　·191·

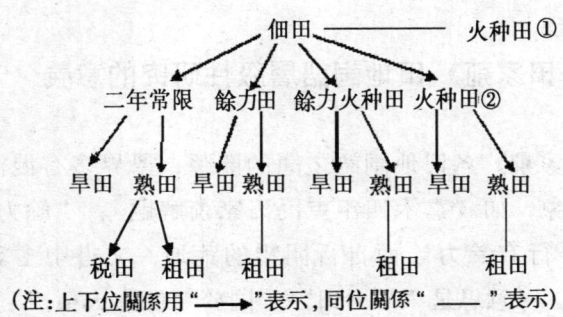

（注：上下位關係用"→"表示，同位關係"——"表示）

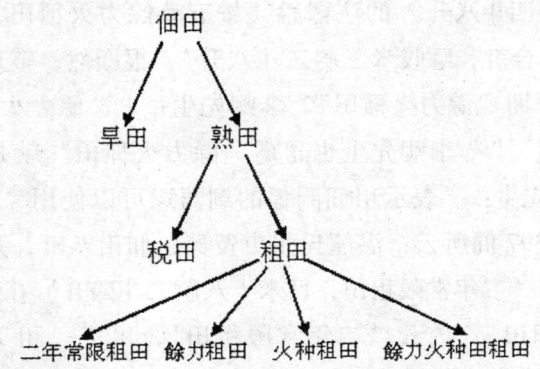

從上圖可以看出"佃田"是其他田地詞語的上位詞，其他各田地詞語均是"佃田"的下位詞。從不同的角度進行劃分，又可以得出不同的層級，從田地性質劃分，"佃田"的下位詞是二年常限、餘力田、餘力火種田和火種田，各種田地名稱又根據土質、地力而行政規定爲旱田、熟田，而熟田按繳米定額之不同又分爲稅田和租田。

七、《田家莂》田地詞語層級性研究的意義

關於《田家莂》各田地詞語之間的關係，學界多有混淆和糾纏不清的現象，如《嘉禾四年吏民田家莂解題》："餘力田，大概是田家'行有餘力'而自行開墾的荒地，文書中多寫作'餘力火種田'。"①意思是"餘力田"等同於"餘力火種田"。整理組似乎認爲"餘力田"、"餘力火種田"和"火種田"是一回事。如整理者對簡4·554"其五畝火種田。畝收米四斗五升六合，爲米二斛四斗八升"的注釋說"按五畝餘力火種田，畝收米四斗五升六合計，應收米二斛二斗八升"，很顯然，整理組認爲"火種田"即"餘力火種田"。李卿先生："'餘力火種田'亦稱'餘力田'。"② 李卿先生也認爲"餘力火種田"就是"餘力田"。高敏先生："表示租佃關係的詞語還可以使用'租田'一詞。如4·397簡所云：湛龍丘州吏黃興，佃田八町，凡六十畝。其卅二畝'二年常限租田，爲米十八斛二斗四升'（下刪）。此簡前云'佃田'，後云'二年常限租田'，可見'租田'與'佃田'同義。"③ 高敏先生認爲吳簡"租田"和"佃田"的意義相同。通過仔細分析《田家莂》各田地詞語的層級，我們發現"餘力田"、"餘力火種田"和"火種田"是平行關係的不同

---

① 走馬樓簡牘整理組編著《長沙走馬樓三國吳簡·嘉禾吏民田家莂》（上），文物出版社，1999年，頁71。
② 李卿《〈長沙走馬樓三國吳簡·嘉禾吏民田家莂〉性質與內容分析》，《中國經濟史研究》，2001年第1期。
③ 高敏《〈吏民田家莂〉中所見"餘力田"、"常限田"等名稱的含義淺析》，《長沙走馬樓簡牘研究》，廣西師範大學出版社，2008年。

性質的三種田地;"租田"應屬於"佃田",是"佃田"的下位詞。理清《田家莂》各田地詞語之間的關係,有助於糾正當前學界對各田地詞語的一些錯誤看法。

弄清楚《田家莂》各田地詞語之間的層級關係即邏輯關係,有助於對各田地詞語的正確解讀,如"火種田",學界多認爲它是刀耕火種之田,這多是從字面意義上進行的解釋,仔細分析《田家莂》的行文方式及各田地詞語之間的關係,我們認爲《田家莂》的"火種田"應有兩個涵義,一個是泛指,即上位義,一個是特指,即下位義。

附記:本文得到重慶市社會科學規劃項目(2011QNWX43)、教育部青年基金項目(11YJC740011)的資助,謹致謝忱!

從清華簡《楚居》篇多郢
看先秦時期的異地同名現象

盧中陽①

摘 要：清華簡《楚居》篇完整地記述了歷代楚君的居地，自楚武王以後王居多稱郢，這爲我們探索先秦時期的異地同名現象提供了最直接的證據，從而對探討古代地名的起源和部族的遷徙有重要意義。

關鍵字：清華簡；郢；異地同名

清華簡《楚居》篇主要記述了歷代楚君的居處遷徙，整理者認爲與《世本》之《居篇》相類，故而定名爲《楚居》。②《楚居》篇中最引人矚目的是楚武王以後，王居多稱郢。自武王到悼王，所居之郢有：疆浧之陂（郢或疆郢）、郢、樊郢、爲郢、免郢、箬（鄀）郢、（朕）郢、（媺）郢、鄩（鄂）郢、郢

---

① 盧中陽，陝西師範大學歷史文化學院 陝西西安 710062。
② 清華大學出土文獻研究與保護中心編《清華大學藏戰國竹簡（壹）》，中西書局，2010 年，頁 180。

(鄢郢)、藍郢、㠘郢、䣈郢、鄩郢，共十四個。而文獻中祇記載了武王或文王居郢。① 那麼這是文獻的缺失還是有意的省略？這些地名爲什麼都綴以"郢"爲地名？這些是本文需要探討的主要問題。

在《楚居》多郢發現以前，文獻和簡帛資料中就曾見過某郢，如：郊郢、② 鄢郢、③ 藍郢、④ 㠘郢、⑤ 䣈郢、⑥ 鄩郢、⑦ 肥遺郢等。⑧ 由於這些郢零碎而不系統，故而對於郢的性質不好界定。《楚居》篇則將楚君與所徙之郢系統地對應起來，爲我們探討郢的性質提供了新的視角。我們將楚君在位時所居之某郢與《春秋》、《左傳》對應起來，發現《楚居》中提及的某王居某郢，《左傳》中與其年代相對，常稱爲"郢"，詳如下表：

楚君	在位時間	《清華大學藏戰國楚竹書》	《春秋》、《左傳》稱"郢"	備　註
武王	740－690 BC	免、疆浧之陂（抵今日曰郢）	郊郢（《左傳》桓公十一年）	《世本》："武王徙郢"（左傳桓二年正義引）。
文王	689－677 BC	郢、樊郢、爲郢、免郢（又名福丘，即武王之免）		《史記·楚世家》："子文王熊貲立，始都郢。"

① 《世本》"武王徙郢"；《史記·楚世家》"子文王熊貲立，始都郢"。
② 《左傳》桓公十一年。
③ 見於《楚辭》、《商君書》、《史記》、《戰國策》等書。
④ 見於《包山簡》7號和《新蔡葛陵簡》甲三.297。
⑤ 見於《包山簡》165和172號。
⑥ 見於《包山簡》62、172、185號。
⑦ 見於《新蔡葛陵簡》甲一.3、甲三.178、甲三.183－2等。
⑧ 《新蔡葛陵簡》甲三.240。

楚君	在位時間	《清華大學藏戰國楚竹書》	《春秋》、《左傳》稱"鄢"	備　　註
堵敖	676-672 BC	箬（都）鄢		
成王	67-626 BC	涅（鄢）、（睽）鄢	鄢（《左傳》僖公十二年）	
穆王	625-614 BC	爲鄢	鄢（《左傳》文公十年）	
莊王	613-591 BC	樊鄢、同宮之北、承之埜（蒸之野）、爲鄢	鄢（《左傳》文公十四年）	
共王	590-560 BC	爲鄢	鄢（《左傳》成公二年）	
康王	559-545 BC	爲鄢	鄢（《左傳》襄公十四年）	
郟敖	544-541 BC	爲鄢		《清華簡》又叫"嗣子王"。
靈王	541-529 BC	秦（乾）溪之上		
楚王比	529 BC			
平王	528-516 BC	秦（乾）溪之上	鄢（《左傳》昭公二十三年、《左傳》昭公二十四年）	

楚君	在位時間	《清華大學藏戰國楚竹書》	《春秋》、《左傳》稱"郢"	備　註
昭王	516－489 BC	（嫩）郢、鸎（鄂）郢、爲郢、秦（乾）溪之上、（嫩）郢	郢（《左傳》昭公三十一年、《左傳》定公四年、《左傳》定公五年、《左傳》定公六年、《左傳》哀公四年）	《世本》："昭王徙都"（據史記及左傳桓二年《正義》所引世族譜補）；《史記·楚世家》："北徙都鄀"；《左傳》定公六年，"遷郢於鄀"。
惠王	488－432 BC	爲郢、郢（肥遺）、郢（鄢郢）、吁、蔡	郢（《左傳》哀公十四年）	《新蔡葛陵簡》甲三.240 稱"肥遺郢"；"郢"見於《集成》419；"鄢郢"見於《楚辭》、《商君書》、《史記》、《戰國策》等書。
楚簡王	431－408 BC	郢、疆郢（太子時）；藍郢、郢、（當王時）		"藍郢"見於《包山簡》7 號和《新蔡葛陵簡》甲三.297。
聲王	407－402 BC	郢、郢（太子時）		"郢"見於《包山簡》165 和 172 號；"郢"見於《包山簡》62、172、185 號。
悼王	401－381 BC	郢、肥遺、鄢郢		"鄢郢"見於《新蔡葛陵簡》甲一.3、甲三.178、甲三.183－2 等。

由上表可以看出，除楚武王時期，《左傳》出現"郊郢"外，楚國成王、穆王、莊王、共王、康王、惠王時期所居的一郢或多郢，《左傳》中都不加區分，直呼爲郢。另外，《楚居》篇中提到的藍郢、鄩郢、鄖郢、鄢郢等，亦見於《新蔡葛陵簡》、《包山簡》當中。"肥遺"，在《新蔡葛陵簡》也稱"肥遺郢"。"鄢郢"見於《楚辭》、《商君書》、《史記》、《戰國策》等書，這些記載說明《楚居》中所記郢地名應該是可信的。楚王所居之都稱郢的現象，還見於《史記·楚世家》當中，"楚東徙都壽春，命曰郢"。據《世本》"襄王居陳"，① 而《史記·秦始皇本紀》提及"秦王遊至郢陳"，"郢陳"即"陳郢"，這些都應該是歷代楚君的居地。同理可推，《左傳》定公六年，"遷郢於鄀"之"鄀"，有可能即是《楚居》之"箬（鄀）郢"。關於楚國都城何時稱郢，《世本》曰："武王徙郢"，② 而《史記·楚世家》曰："子文王熊貲立，始都郢。"今據《楚居》，當以武王時爲是。至於爲什麼稱郢，清華簡整理者認爲楚自武王以後，王居多稱郢，與武王居疆浧有關。"浧"在楚簡中大都讀爲"盈"，疆浧之"浧"最初可能是一種地貌特徵。疆浧成爲王居之後，寫作"疆郢"。郢不是一個固定的地名，而是武王之後王居的通稱，③ 此說可從。郢爲楚君居地的通稱，有時爲了區分這些郢，就常常在郢之前冠以地名，故而稱爲某郢。

　　多郢代表不同的地域或地點。這些郢的地點有文字可考者，

---

① 據《史記補》引。
② 《左傳》桓二年《正義》引。
③ 清華大學出土文獻研究與保護中心編《清華大學藏戰國竹簡（壹）》，中西書局，2010 年，頁 180。

如鄢郢，《史記·禮書》："秦師至鄢郢"，《正義》以鄢郢爲兩地，引《括地志》云："故城在襄州安養縣北三里，古鄾子之國，鄧之南鄙也。又率道縣南九里有故鄢城，漢惠帝改曰宜城也。郢城，荆州江陵縣東北六里，即吳公子光伐楚，楚平王恐，城郢者也。又楚武王始都郢，紀南故城是也，在江陵北十五里也。"然而據《戰國策·齊策三》："安邑者，魏之柱國也；晉陽者，趙之柱國也；鄢郢者，楚之柱國也。故三國欲與秦壤界，秦伐魏取安邑，伐趙取晉陽，伐楚取鄢郢矣。"高誘注："柱國，都也"，鮑彪注："言其於國如室有柱"。安邑、晉陽與鄢郢結構並列，安邑、晉陽都指一處城邑，鄢郢不應該分爲兩地，所以鄢郢也即指鄢，位置在今湖北宜城市附近。《水經·沔水注》曰："今宜城縣南故城……城故鄢郢之舊都，秦以爲縣，漢惠帝三年，改曰宜城。"《史記·蘇秦列傳》："大王不從，秦必起兩軍，一軍出武關，一軍下黔中，則鄢郢動矣"，《集解》引徐廣曰："今南郡宜城"；另一個是郊郢，《左傳》桓公十一年，楚大夫鬥廉曰："君次於郊郢，以禦四邑"，杜注："郊郢，楚地。"楊伯峻先生注："郊郢，當即今湖北省鍾祥縣郢州故城"。據學者分析，除絞外，鄖、隨、州、蓼皆在漢水以東，"次於郊郢"，可"禦四邑"，郊郢顯然是楚人阻止諸國西襲楚郢的一道防線。由此可以看出，郊郢位於楚郢之東，西魏及唐、宋郢州（鍾祥）在宜城楚皇城東南，其位置與《左傳》桓公十一年所記形式正好相符；[①] 而據文獻記載，武王、文王所都之郢在今湖北省江陵

---

① 劉彬徽、何浩《論包山楚簡中的幾處郢都地名》，《包山楚墓》，文物出版社，1991年。

縣紀南城，如《史記·貨殖列傳》："江陵故郢都，西通巫、巴，東有雲夢之饒"，《漢志》也說："江陵故郢都，楚文王自丹陽徙此。"《左傳》桓公二年，"始懼楚也"，杜注："楚國，今南郡江陵縣北紀南城也"，《史記·楚世家》曰："子文王熊貲立，始都郢"，《正義》引《括地志》云："紀南故城在荊州江陵縣北五十里。杜預云國都於郢，今南郡江陵縣北紀南城是。"由上可知，鄀郢在湖北鍾城市附近，郊郢在湖北鍾祥縣，而武王、文王所都之郢在湖北江陵縣，所以某郢應該屬於不同的地域或地點。

楚國君居地不同，且皆稱郢，屬於一種異地同名現象，在先秦時期較爲常見。如：《史記·殷本紀》，"湯始居亳"。商湯以後，也有很多王居亳。據《古本竹書紀年》記載，"外丙勝居亳"，①"仲壬即位，居亳"，②"沃丁絢即位，居亳"，③"小庚辯即位，居亳（即太庚也）"，④"小甲高即位，居亳"，⑤"雍己囗即位，居亳"，⑥此外《世本》還記載"盤庚復居亳"。⑦關於亳古有三亳說，《史記·殷本紀》："湯始居亳"，《正義》引《括地志》云："宋州穀熟縣西南三十五里南亳故城，即南亳，湯都也。宋州北五十里大蒙城爲景亳，湯所盟地，因景山爲名。河南偃師爲西亳，帝嚳及湯所都，盤庚亦從都之"，三亳即指南亳穀熟、景亳濟陰和西亳偃師，其中景亳亦見於《左傳》昭公四年，

---

① 《太平御覽》卷八三皇王部引。
② 《春秋經傳集解後序》(《太平御覽》卷八三皇王部引杜預《春秋後序》同。
③ 《太平御覽》卷八三皇王部引。
④ 《太平御覽》卷八三皇王部引。
⑤ 《太平御覽》卷八三皇王部引。
⑥ 《太平御覽》卷八三皇王部引。
⑦ 據《史紀補》引。

"商湯有景亳之命"。今人又提出鄭亳説。① 根據《尚書·盤庚上》書序曰:"盤庚五遷,將治亳殷","亳殷"即"殷亳",殷是盤庚遷殷後之都城,殷稱亳殷,説明殷也可稱亳。加之商湯、外丙、仲壬、沃丁、太庚、小甲、雍己、盤庚等先王都曾居亳,概亳分某亳或亳某,非一亳一地,也非一時一代形成,所以亳應該是商所徙王都的通稱。在西周時期,周人的都邑有周、宗周和成周之分。周,在今天的岐山縣和扶風縣的交界地帶,本爲周太王所建,《詩經·大雅·緜》:"古公亶父,來朝走馬。率西水滸,至于岐下。爰及姜女,聿來胥宇。周原膴膴,菫荼如飴。爰始爰謀,爰契我龜,曰止曰時,築室于兹"。"周原",毛注:"沮、漆之間也",鄭玄箋:"廣平曰原。周之原地,在岐山之南,膴膴然肥美。"《史記·周本紀》之《索隱》述贊曰:"后稷居邰,太王作周";宗周,見於《大盂鼎》(《集成》2837)、《大克鼎》(《集成》2836)、《史頌鼎》(《集成》2787)等銘文,位置在今天西安市長安區斗門鎮附近,是武王所遷之鎬,《詩經·大雅·文王有聲》云:"考卜維王,宅是鎬京,維龜正之,武王成之,武王烝哉",陳奂疏引《王鳳譜》云:"始云武王作邑於鎬京,謂之宗周,是爲西都"。《詩經·大雅·正月》云:"赫赫宗周,褒姒滅之",毛傳云:"宗周,鎬京也";成周,見於《靜方鼎》(《近出》357)、《何尊》(《集成》6014)、《兮甲盤》(《集成》10174)等銘文,位於今天洛陽附近,是成王時

---

① 主張"鄭亳説"的學者有鄒衡《鄭州商城即湯都亳説》,《文物》1978 年第 2 期;《西亳與桐宫考辨》,《紀念北京大學考古專業三十周年論文集》,文物出版社,1990 年。鄭傑祥《商湯都亳考》,《中國史研究》1980 年第 4 期。陳旭《關於偃師商城和鄭州商城的年代問題》,《鄭州大學學報》(哲學社會科學版) 1985 年第 4 期。

周公所建,《尚書·多士》云:"周公初於新邑洛",《尚書·召誥》又云:"周公朝至於洛,則達觀於新邑營",新邑就是後來的成周。《尚書·洛誥》序曰:"召公既相宅,周公往營成周",《尚書大傳》也言:周公攝政"五年營成周"。西周的這三處都邑都稱爲周,如 1976 年在陝西省扶風縣法門鎮莊白村發現了微史家族銅器窖藏,窖藏出土的《史牆盤》銘云:"武王(則)令周公舍(舍宇)於周"(《集成》10175),這裏"周"指的就是岐山縣和扶風縣之間的周原;《尚書·召誥》云:"王朝步自周,則至於豐"。馬融注曰:"周,鎬京也。"《史記·周本紀》:"武王至於周,自夜不寐"。《正義》亦云:"周,鎬京也";《史記·周本紀》言周人"營周居於雒邑而後去"。《國語·晉語四》記載晉文公二年平定王子帶之亂,襄"王入於成周,遂定之於郟",《國語·晉語五》記載此事時曰:"文公即位二年,欲用其民,子犯曰:'民未知義,盍納天子以示之義?'乃納襄王於周",由上可見雒邑也稱周。周、宗周、成周都可以稱周,說明周是西周都邑的通稱,衹是爲了相互區别,才有了周、宗周、成周之分。《左傳》僖公二十五年秋,"秦、晉伐鄀",楊伯峻先生注:"秦、楚界上小國,此時猶都商密,其地當在今河南省淅川縣之西南。其後徙都,則在今湖北省宜城縣東南九十里。"考之春秋金文,鄀有上鄀和下鄀之分。上鄀見於《上鄀公敄人簋蓋》,"上鄀公敄人作尊簋"(《集成》4183),《上鄀府簠》,"上鄀府擇其吉金"(《集成》4613),《上鄀公簠》,"上鄀公擇其吉金"(《近出》536)等。下鄀見於《鄀公鼎》,"下䣓雍公作尊鼎"(《集成》2753),"䣓"即"鄀"。關於上鄀和下鄀的位置學術界尚有爭論，①但上鄀和下鄀都曾爲鄀國的國都，學術界的意見是一致的。上鄀和下鄀都稱鄀，加以上、下顯然祇是爲了區分而已。《左傳》隱公四年，"陳、蔡方睦於衛"，杜注："蔡，今汝南上蔡縣"，孔穎達《正義》引《蔡國侯爵譜》云："武王封之於汝南上蔡，爲蔡侯，作亂，見誅。其子蔡仲，成王復封之於蔡。至平侯，徙新蔡，昭侯徙九江下蔡。""上蔡"、"新蔡"、"下蔡"，都稱蔡，蔡顯然是蔡國都城的通稱。此外，《左傳》襄公十一年，晉國大夫知罃率軍，"東侵舊許"，杜注："許之舊國，鄭新邑。"孔穎達注："昭十二年傳楚子云：'我伯父昆吾，舊許是宅。鄭人貪賴其田，而不我與。'是舊許爲鄭邑也。謂之舊許，明是許之舊國，許南遷而鄭得之。""舊許"應該對應"新許"或"許"，由此可見許國國君所居之地應該通稱"許"。

　　瞭解先秦時期的異地同名現象，主要有兩個方面的意義。一是有助於解讀古地名的起源，著名史地學家譚其驤先生在《漢書地理志選釋》一文中曾說過古代部族遷徙："以該部族的族名或原住地的地名作爲新居的地名，這是古代常見的事。"②我們在史傳地名考訂過程中，常常會遇到許多相同的地名，對於這些地名由於史籍缺載常常無從溯源，瞭解了先秦時期的異地同名現象，無疑爲探討古地名的產生提供了新的視角；二是有利於考察古代部族的遷徙情況，根據我國古代都邑常常變遷，但是先人所居的地名卻往往沿襲不變的規律，追根溯源，對於瞭解古代的部

---

① 郭沫若先生認爲商密爲下鄀，宜城東南爲上鄀，見郭沫若《兩周金文大系圖錄考釋》，《郭沫若全集·考古編》第八卷，科學出版社，2002年。也有人認爲正好相反，見陳昌遠《〈上鄀府簠〉與鄀國地望考》，《中原文物》1991年第4期。
② 譚其驤《漢書地理志選釋》，科學出版社，1959年，頁71。

族遷徙有很大的幫助。

　　總之，清華簡《楚居》中多郢之郢是楚國國君所居之地的通稱，即可單稱爲郢，也可冠以地名稱某郢，這爲我們探索先秦時期的異地同名現象提供了最直接的證據，這一現象對探討古代地名的起源和部族的遷徙都有重要意義。

　　附記：本文受北京大學"研究生訪學項目"資助，指導教師：朱鳳瀚。

《清華簡（壹）》人稱代詞研究

王玉蛟[①]

摘　要：古代漢語人稱代詞是一個形式紛繁、用法複雜的詞類系統，通過對新出土材料《清華簡（壹）》人稱代詞的窮盡性整理和研究，共計第一人稱代詞4個，第二人稱代詞4個，第三人稱代詞3個。其中第一、二人稱代詞大致存在着"格"的區別，但三類人稱代詞都無"數"的區別。值得注意的是，第一人稱代詞"朕"在上古也並非是普通民眾所使用的自稱代詞。

關鍵詞：《清華簡（壹）》；人稱代詞；整理；研究

一、引　言

《清華大學藏戰國竹簡（壹）》[②]（以下簡稱《清華簡

[①] 王玉蛟，西南大學漢語言文獻研究所　研究生　重慶　400715。
[②] 清華大學出土文獻研究與保護中心編，李學勤主編，中西書局出版，2010年。

（壹）》）包含《尹至》、《尹誥》、《程寤》、《保訓》、《耆夜》、《周武王有疾周公所自以代王之志》（以下稱"《金縢》"）、《皇門》、《祭公之顧命》（以下簡稱"《祭公》"）、《楚居》九篇。這九篇文獻介紹了先秦時期的戰爭、君臣奏對、國都遷徙等歷史事實，文獻以其失真性較少的特點，如實地保留了當時的語言面貌，對於研究先秦時期的漢語狀況有巨大的價值。

人稱代詞是指代替人稱或其他人格化了的事物的詞。古代漢語人稱代詞是一個形式紛繁、用法複雜的詞類系統，研究人稱代詞的演變歷程，有助於加深對整個漢語的認識程度。據此，筆者即以新的出土材料《清華簡（壹）》爲底本，對其中出現的人稱代詞進行窮盡性整理和研究，以期對詞彙史的研究有所裨益。

本文的研究僅限於人稱代詞，同一字的其他用法不計入內，簡文殘斷、模糊不清者和無法正確理解其義者也不計入。爲了細緻描寫和說明，根據人稱代詞在文獻中所代指的對象的不同，我們將其分爲第一人稱代詞、第二人稱代詞、第三人稱代詞三類。爲行文方便和便於排印，原簡中的生僻字改寫成通行體，生僻的通假字也徑出本字。下面先描寫《清華簡（壹）》中的人稱代詞，再探討其中的有關問題。

二、代詞描寫

（一）第一人稱代詞

第一人稱代詞，又稱自稱代詞，是指說話人稱呼自己的代詞。《清華簡（壹）》共出現第一人稱代詞4個，分別爲：我、余、朕、吾。

我

作第一人稱代詞，共出現 31 例。可以作主語、賓語、定語。具體分析爲：

1. 用作主語，共 17 例，如：

（1）<u>我</u>來，越今旬日。　　　　　　　　（《尹至》1①）

（2）<u>我</u>捷滅夏。　　　　　　　　　　　（《尹誥》2）

另見：②《尹至》3，《尹誥》2，《耆夜》7，《金縢》1、5（2）、③ 7，《皇門》2（2），《祭公》1、5、7、12、19（2）。

2. 用作賓語，共 5 例，如：

（1）汝告<u>我</u>夏隱率若時？　　　　　　　　（《尹至》4）

（2）爾之許<u>我</u>，我則晉璧與珪。　　　　　（《金縢》5）

另見：《金縢》5、11，《祭公》2。

3. 用作定語，共 9 例，如：

（1）俾<u>我</u>眾勿違朕言？　　　　　　　　　（《尹誥》3）

（2）<u>我</u>邦家禮亦宜之。　　　　　　　　　（《金縢》12）

另見：《尹誥》2，《皇門》8，《祭公》11、13、19（2）、21。

另外，"我"在《清華簡（壹）》中主要表示單數，表示複數僅 2 見：

（1）惟天莫<u>我</u>文王之志。　　　　　　　　（《祭公》11）

（2）維<u>我</u>周有常刑。　　　　　　　　　　（《祭公》21）

---

① 篇題後面的數字表明代詞出現的簡號，如："《尹至》1"表示"我"在《尹至》的第一支簡上出現。下同。

② 爲節省篇幅，以下衹標明該代詞的出處，不引文句內容。

③ 括號中數字表明出現次數，如："《金縢》5（2）"表示《金縢》第五支簡出現了 2 次。下同。

余

在《清華簡（壹）》中共出現 18 例，可以充當主語、賓語、定語、同位語。具體分析如下：

1. 作主語，共 7 例，如：

（1）余閱其有夏眾口吉好。　　　　　　　　（《尹至》1）

（2）余及汝皆亡。　　　　　　　　　　　　（《尹至》2）

另見：《皇門》10，《祭公》1、2（2）、20。

2. 作賓語，共 3 例，如：

（1）惟莫開余嘉德之說。　　　　　　　　　（《皇門》2）

（2）輶乘既飭，人服余不肯。　　　　　　　（《耆夜》5）

另見：《皇門》13。

3. 作定語，僅 1 例。

皆恤尔邦，假余憲。　　　　　　　　　　　（《皇門》13）

4. 作同位語，共 6 例，如：

（1）惟余沖人亦弗及知。　　　　　　　　　（《金縢》11）

（2）以助余一人憂。　　　　　　　　　　　（《皇門》12）

另見：《金縢》12，《祭公》1、8、9。

"余"在《清華簡（壹）》中和"一人"、"沖人"、"小子"搭配，構成同位短語，表示君王對自己的謙稱。東漢班固《白虎通義》："王者自謂一人者，謙也，欲言己材能當一人耳。"其中，"余一人"、"余小子"、"余沖人"均各出現 2 次。

另外，在《清華簡（壹）》中，"余"表複數僅出現 1 例：

余及汝皆亡。　　　　　　　　　　　　　　（《尹至》2）

朕

作第一人稱代詞，共出現 17 例，可以作主語、定語、同位語。且全部表示單數。具體分析如下：

1. 作主語，共 4 例，如：
（1）朕聞周長不貳。　　　　　　　　　（《程寤》6）
（2）朕聞茲不舊，命未有所延。　　　　（《保訓》10）
另見：《皇門》1、12。

2. 作定語，共 12 例，如：
（1）俾我眾勿違朕言？　　　　　　　　（《尹誥》3）
（2）朕疾病甚。　　　　　　　　　　　（《保訓》2）
另見：《保訓》3，《皇門》1、12，《祭公》3 (4)、4、9、20。

3. 作同位語，僅出現 1 例：
肆朕沖人非敢不用明刑。　　　　　　　　（《皇門》1）

吾

僅出現 2 例，充當主語、定語。具體分析如下：

1. 作主語：
吾何祚於民，俾我眾勿違朕言？　　　　（《尹誥》3）

2. 作定語：
二公告周公曰："……。"周公曰："未可以戚吾先王。"
　　　　　　　　　　　　　　　　　　　（《金縢》2）

作單數、複數各出現 1 例，其中例 1 "吾"代指商湯；例 2 "吾"代指周公和二公。

（二）第二人稱代詞

稱呼聽話者的代詞叫第二人稱代詞。《清華簡（壹）》共出現 4 個第二人稱代詞，分別爲：汝、爾、乃、而。

汝

作第二人稱代詞，共出現 18 例，可以作主語、賓語、定語。

具體分析爲：

1. 作主語，共出現 15 例，如：

(1) 汝其有吉志。　　　　　　　　　　　　（《尹至》1）

(2) 汝告我夏隱率若時？　　　　　　　　　（《尹至》4）

另見：《尹至》2，《程寤》4，《保訓》3、10，《祭公》8、15、16（4）、17、18、20。

2. 作賓語，僅出現 2 例，如：

(1) 恐不汝及訓。　　　　　　　　　　　　（《保訓》2）

(2) 既告汝元德之行。　　　　　　　　　　（《皇門》13）

3. 作定語，僅出現 1 例：

人用汝謀，愛日不足。　　　　　　　　　　（《程寤》9）

另外，"汝"作第二人稱代詞，用於單數居多，共計 15 例。如：

(1) "發，汝敬聽吉夢。"　　　　　　　　　（《程寤》4）

(2) 恐不汝及訓。　　　　　　　　　　　　（《保訓》2）

用於複數僅出現 3 例，如：

(1) 嗚呼，天子，三公，汝念哉。　　　　　（《祭公》17）

(2) 天子、三公余惟弗起朕疾，汝其敬哉。　（《祭公》20）

而

作第二人稱代詞，僅出現 1 例，作定語：

汝毋各家相而（乃）室，然莫恤其外。（《祭公》17）

整理者在"而"後括注出其通行字體爲"乃"，欠妥。筆者認爲，"而"在古漢語中具有第二人稱代詞的用法，如：

《詩經·大雅·桑柔》："嗟爾朋友，予豈不知而作。"《鄭箋》："而，猶'汝'也。"

乃

用作第二人稱代詞,僅出現 1 例,作定語:

遜措**乃**心,盡付畀余一人。　　　　　　　(《祭公》8)

爾

共出現 12 例,可以作主語、賓語、定語。具體分析如下:

1. 作主語,出現 3 例,如:

(1)**爾**毋乃有備子之責在上。　　　　　　(《金縢》3)

(2)**爾**之許我,我則晉璧與珪。　　　　　　(《金縢》5)

另見:《金縢》5。

2. 作賓語,僅出現 1 例:

不及**爾**身受大命。　　　　　　　　　　(《保訓》11)

3. 作定語,共出現 8 例,如:

(1)**爾**元孫發也,遘害虐疾。　　　　　　(《金縢》3)

2)夫明**爾**德,以助余一人憂。　　　　　　(《皇門》12)

另見:《金縢》3、4,《祭公》16、19,《皇門》13(2)。

另外,"爾"作第二人稱代詞,可以表示單數,也可以表示複數。其中,有 6 例表示單數,如:

(1)不及**爾**身受大命。　　　　　　　　　(《保訓》11)

(2)夫明**爾**德,以助余一人憂。　　　　　　(《皇門》12)

有 6 例表示複數,如:

(1)**爾**毋乃有備子之責在上。　　　　　　(《金縢》3)

(2)以奠**爾**子孫於下地。　　　　　　　　(《金縢》4)

上述兩例"爾"均指"先王"。據今本《金縢》:公曰:"余小子新命於三王,惟永終是圖"可知,此處"先王"指代"三王",故爲複數。

（三）第三人稱代詞

對上古第三人稱代詞的界定，學術界歷來有分歧。有的學者認爲上古漢語不存在第三人稱代詞，如呂叔湘先生認爲："嚴格說，文言沒有第三身代詞，'之''其''彼'都是從指示代詞轉變過來的，可這三個字沒有一個是發育完全的。"① 持類似觀點的還有郭錫良先生。但王力先生認爲上古有第三人稱代詞，如他在《漢語語法史》中寫道："（上古）第三人稱（代詞）的情形比較單純。'其'字用於領格，'之'字用於賓格。'厥'的用途和領格的'其'大致相同。"張玉金先生更是通過現代語法學和語用學理論分析了所有相關的語料，認爲"厥"在西周時期已是第三人稱代詞。② 因此，爲了本文行文方便，我們採用王力、張玉金先生的觀點。

稱呼說話者和聽話者以外的人的代詞，叫第三人稱代詞。《清華簡（壹）》中共出現第三人稱代詞3個，分別爲：之、其、厥。

之

作第三人稱代詞，共出現9例，全部用來作賓語。如：

（1）民復之用離心。　　　　　　　　　　（《尹誥》2）
（2）及之泮。　　　　　　　　　　　　　（《楚居》2）

另見：《尹誥》3，《保訓》7，《祭公》10、12、14，《楚居》3、4。

另外，"之"用於表示第三人稱代詞，既可以表示單數，又

---

① 呂叔湘《中國文法要略》，商務印書館，1982年。
② 張玉金《論西周漢語代詞"厥"的性質》，《古籍整理研究學刊》2005年第2期。

可以表示複數。其中，表示單數7例，如：
(1) 帝堯嘉之，用受厥緒。　　　　　　（《保訓》7）
(2) 乃妻之，生伹叔、麗季。　　　　　　（《楚居》3）
其中例（1）指代"舜"；例（2）指代"妣㜏"。
表示複數的2例：
(1) 后其賚之。　　　　　　　　　　　（《尹誥》3）
(2) 室既成，無以內之。　　　　　　　（《楚居》4）
其中，例（1）表示人民；例（2）表示楚人。

其

作第三人稱代詞，《清華簡（壹）》中共出現10例。既可以充當賓語，亦可以作定語，具體分析爲：

1. 作賓語，僅出現1例：
季連聞其有聘。　　　　　　　　　　（《楚居》2）
2. 作定語，共出現9例，如：
(1) 管叔及其群兄弟乃流言於邦。　　　（《金縢》7）
(2) 惟時皇上帝宅其心。　　　　　　　（《祭公》5）
另見：《尹至》2、3，《尹誥》1，《金縢》5，《祭公》5，《楚居》3、5。

另外，"其"作第三人稱代詞，表示單數的8例，如：
(1) 管叔及其群兄弟乃流言於邦。　　　（《金縢》7）
(2) 季連聞其有聘。　　　　　　　　　　（《楚居》2）
其中，例（1）指代"管叔"；例（2）指代"妣㜏"。
表示複數的2例：
(1) 享其明德。　　　　　　　　　　　（《祭公》5）
(2) 惟時皇上帝宅其心。　　　　　　　（《祭公》5）

其中，例（1）、例（2）均指代文王、武王。

厥

用於第三人稱代詞，共出現 16 例，全部作定語。如：

(1) 亦惟厥眾。　　　　　　　　　　　　　　（《尹誥》1）
(2) 帝堯嘉之，用受厥緒。　　　　　　　　　（《保訓》7）

另見：《尹至2》，《保訓》4、8，《皇門》3、5、6、7（2）、10（2），《祭公》11（2）、12，《楚居》3。

另外，"厥"用於第三人稱代詞，既表單數，又可以表示複數。表單數共出現 12 例，如：

(1) 亦尚宣臧厥心。　　　　　　　　　　　　（《祭公》11）
(2) 帝堯嘉之，用受厥緒。　　　　　　　　　（《保訓》7）

其中，例（1）指代文王；例（2）指代舜。

表複數共出現 4 例，如：

(1) 迄有寶，以助厥辟。　　　　　　　　　　（《皇門》3）
(2) 是人斯既助厥辟勤勞王邦王家。　　　　　（《皇門》5）

其中，例（1）表示"宗子邇臣"；例（2）表示"百姓萬民"。

三、小　結

通過以上論述，我們知道《清華簡（壹）》共出現人稱代詞 11 個，其中第一人稱代詞 4 個，第二人稱代詞 4 個，第三人稱代詞 3 個。爲了更清楚地瞭解其用法，我們列表如下：

表1　《清華簡（壹）》人稱代詞統計①

詞　語	語法功能	主語	賓語	定語	同位語	單數	複數
第一人稱代詞	我（31）	17	5	9	0	29	2
	余（18）	7	3	1	6	17	1
	朕（17）	4	0	12	1	17	0
	吾（2）	1	0	1	0	1	1
第二人稱代詞	汝（18）	15	2	1	0	15	3
	爾（12）	3	1	8	0	6	6
	乃（1）	0	0	1	0	1	0
	而（1）	0	0	1	0	1	0
第三人稱代詞	之（16）	0	16	0	0	11	5
	其（10）	0	1	9	0	10	0
	厥（16）	0	0	16	0	12	4

通過觀察上表，我們可以得出如下結論：

1. 《清華簡（壹）》常用第一人稱代詞分別爲："我"、"余"、"朕"，三者使用頻率佔全部第一人稱代詞的 97.1%。通過我們對甲骨文、金文的相關統計，甲、金文獻中的主要第一人稱代詞也是"我"、"余"、"朕"，二者是一致的。由此可以證明，《清華簡（壹）》反映的語言面貌應該與甲、金文年代相當。

---

① 表格内數字表示該詞在各項指標中出現的次數，如"我（31）"表示"我"共出現 31 次。

2. "我"在第一人稱代詞系統中佔據主導地位,在當時是一個常用代詞,這與現代漢語的使用情況是一致的。

其實,"我"是人稱代詞中出現最早的一個第一人稱代詞。在甲古文中已經相當發達,是唯一一個可以作主語、賓語、定語的第一人稱代詞。《爾雅·釋詁》:"卬、吾、臺、朕、身、甫、余、言,我也。"《爾雅》以"我"爲通語解釋其他的第一人稱代詞,可見"我"在上古的使用頻率之高。

3. "我"、"余"主要用作主語,前者作主語用例佔到54.8%,後者佔38.9%。而"朕"則主要用於定語,佔其出現次數的70.6%。由此,我們可以推測"我"、"余"和"朕"在上古時期大致存在着互補分佈現象,這種現象不是偶然的,而應當看作是第一人稱代詞在上古時期的格的區別,即:"我"、"余"主要作主格,而"朕"主要作領格。

"余",在《清華簡(壹)》中共出現18例,未出現一例第一人稱代詞"予"。通過我們同今文《尚書》對比,今文《尚書》出現134例"予",未見一例"余"。① 這種用字的差異體現了時代的差異:

"予"和"余"上古同音。段玉裁說:"予我之'予',《儀禮》古文、《左氏傳》皆作'余'。鄭曰:余、予,古今字。"② 通過我們考察,甲骨文、金文有"余"無"予",這說明,"余"相對於"予"是更古老的字體,也更加說明了《清華簡(壹)》相對於今文《尚書》更能反映《尚書》原貌。

---

① 周玉秀《〈逸周書〉的語言特點及其文獻學價值》,中華書局,2005年,頁102。
② 段玉裁《說文解字注》,上海古籍出版社,1981年,頁159–160。

4. "吾"僅出現2例,分別作主語和定語,正如黃盛璋先生認爲:"古漢語中,'吾'用於主格、領格,不用於一般的賓格。"① 從《清華簡(壹)》中"吾"的使用情況來看,黃說可信。

另外,"吾"在後世文獻中用例頗多,然而在《清華簡(壹)》中卻僅出現2例,而且有1例出自《尹誥》。我們知道,《尹誥》屬於《商書》的範疇,據此,我們可以推斷此時"吾"剛剛產生,還沒有得到普遍運用所致。張玉金先生認爲,"吾"作爲代詞最早出現在西周作品《周易·中孚》一篇中,② 該說欠妥,《清華簡(壹)》的問世至少把"吾"的出現年代提前到商代。基於此,純粹因爲《商書·微子》中出現一例"吾"字,就斷定《微子》爲後人僞託的說法③也就不攻自破。

5. 在第二人稱代詞系統中,"汝"、"爾"是常用詞,二者共出現30次,佔第二人稱代詞所有次數的93.75%。這與後世文獻的使用情況是一致的,這兩個詞憑借着自己頑強的生命力,一直佔據文言代詞系統的主導地位。

6. "汝"主要用於作主語,"爾"主要作定語,這種使用上的互補現象,體現了第二人稱代詞在上古有着"格"的區別,即:"汝"主要用於主格,而"爾"主要用於領格。

7. 第三人稱代詞"之"、"厥"、"其"用例成均衡狀態,而且三者在《清華簡(壹)》中不用作主語。正如王力先生說的那

---

① 黃盛璋《古漢語的人身代詞研究》,《中國語文》1963年。
② 張玉金《春秋時代第一人稱代詞研究》,《語言研究》2008年第4期。
③ 張文國《尚書語法研究》,巴蜀書社,2000年,頁28。

樣:"上古第三人稱不用於主格,同時也就是不用於主語。"① 從《清華簡(壹)》的用例來看,此說甚確。

8. 人稱代詞的單、複數問題。《清華簡(壹)》中人稱代詞共出現 142 次,而表示複數的用例爲 22 次,佔總數的 15.5%,其中第一人稱代詞"朕"、第二人稱代詞"乃"、"而"、第三人稱代詞"其"祇表示單數。這說明上古漢語人稱代詞以表示單數爲主要職能;同時也說明了上古漢語人稱代詞在表示"數"的範疇時沒有區別,即單複數同形,不像現代漢語在人稱代詞後附着詞尾語素"們"表示複數。

四、有關問題的討論

(一)"朕"在先秦時期的指代問題

楊伯峻、何樂士在《古漢語語法及其發展》中認爲:"'朕'本是一般人的自稱代詞。《離騷》'朕皇考曰伯庸'。"② 通過我們對《清華簡(壹)》和傳世文獻的調查和分析,我們認爲此種說法欠妥,具體分析如下:

1. 屈原和楚王同姓,在楚國顯然屬於王公貴族,所以,我們不能由屈原自稱"朕"而認爲它就是普通人的自稱代詞。

2. 在指代内容方面,《清華簡(壹)》共出現 17 例"朕",其中有 5 例指代"王",12 例指代包括祭公在内的"公",無一例表示臣子或小民。舉例如下:

---

① 王力《漢語語法史》,商務印書館,1989 年,頁 48。
② 楊伯峻、何樂士《古漢語語法及其發展》,語文出版社,2001 年,頁 104。

（1）朕聞周長不貳。　　　（《程寤》6）
（2）謀父朕疾惟不瘳。　　（《祭公》3）
其中，例（1）指代"王"；例（2）指代"祭公"。

3. 傳世文獻的考察

爲了避免因材料局限而導致的結論不科學，我們進一步擴大調查範圍，在傳世的先秦文獻中，我們選取了5部重要作品作爲調查對象，分別爲：《詩經》、《左傳》、《論語》、《國語》、《楚辭》、《逸周書》，對其中出現的"朕"的用例進行窮盡式搜集和分析。具體列表而下：

表2　先秦傳世文獻"朕"指代內容調查表

指代內容　　文　獻	王	貴族（包括公、屈原）
《詩　經》	4	—
《左　傳》	2	—
《論　語》	2	—
《國　語》	3	—
《楚　辭》	—	8
《逸周書》	36	5
總　　計	47	13

通過觀察上表，我們可以發現，在傳世文獻中，"朕"表示"王"佔78.3%，表示"公"佔21.7%，沒有發現表示普通民眾的用例。這與新的出土材料《清華簡（壹）》的用法大體一致。

4. "朕"作第一人稱代詞,在《清華簡(壹)》和傳世文獻中全部表示單數,這與"吾"、"我"等第一人稱代詞明顯不同,體現了它指代內容的唯一性,這種唯一性也體現了其使用者的尊貴性。

由此,通過上述出土文獻和傳世文獻的二重論證,我們可以得出,在先秦時期,"朕"並不是普通的第一人稱代詞,而是地位顯赫的王公貴族的自稱之詞。另外,在先秦時期,第一人稱代詞並不是"朕"一個,而秦始皇爲了凸顯自己的皇權選用"朕"作爲專用,想必也不是偶然的。

(二)第一人稱代詞歷時演變過程

爲了能夠清楚地說明人稱代詞在漢語歷時演變過程中的發展線索,我們以第一人稱代詞爲例,考察其在漢語發展各個階段的使用和分佈情況:

表3 第一人稱代詞的歷時分佈考察①

項目 文獻	我	吾	余(予)	朕
《清華簡(壹)》	31	2	18	17
《老子》	1	10	0	0
《論語》	47	113	23	2
《孟子》	162	128	45	5
《漢書》	94	97	—	—

① 表中數字部分參考朱紅《漢語第一人稱代詞的歷時統計分析》,《語言文字學術研究》2009年第5期。

文獻＼項目	我	吾	余（予）	朕
《三國志》	61	61	—	—
《隋書》	163	198	—	—
《明史》	219	243	—	—
《清史稿》	300	187	—	—
《中華民國史事日志》	202	3	—	—

通過觀察上表，我們可以得出如下結論：

1. "我"在漢語的發展過程中始終是表示第一人稱的常用代詞。

2. "吾"的發展經歷了一個由"產生—發展—消亡"的過程。

3. "朕"作第一人稱代詞的用法始終沒有得到擴張，這更加證實了我們上文所述的"朕"祇是王公貴族自稱代詞的結論。秦朝建立後，"朕"成爲皇帝的專用代詞，所以，我們未對秦及其以後的文獻中"朕"的用例進行統計。"余（予）"作爲第一人稱代詞的用法在戰國末期已經邊緣化，後世祇出現在仿古或引述類文獻中，無考察意義。

4. 第一人稱代詞的歷時演變體現了一個語體色彩變化的過程。在先秦時期，口語和書面語大體一致，所以，口語性較强的代詞"我"佔據主導地位；到了封建社會時期，統治者採取愚民政策，文人騷客以仿古爲榮，所以出現"言文不一致"的現象，由此，在書面語中"我"的用例開始下降，而文言性較强的"吾"卻大幅攀升；到了近代，知識分子提倡"白話運動"，代表文言的

"吾"幾近消亡,而"我"卻仍佔主導地位。據此,我們可以認爲,人稱代詞的新舊更替和語體色彩的變化密不可分,尤其是第一人稱代詞"吾"更是見證了中國文言文的發展歷程。

總上,人稱代詞在漢語詞彙系統中屬於常用詞彙,在語言的歷時演變過程中,它相對於其他的常用詞彙新老更替更加顯著。全面考察人稱代詞的歷時演變線索,對於我們構擬整個漢語的演變過程有着非常重大的作用。基於此,筆者對《清華簡(壹)》中出現的人稱代詞進行了窮盡式的整理和研究,以期對漢語史的研究盡自己的綿薄之力!

附記:本文曾刊載於簡帛網(http://www.bsm.org.cn),略有改動;指導教師:張顯成教授。

參考文獻:
[1] 康瑞琮《古代漢語語法》,遼寧人民出版社,1987年。
[2] 錢宗武《今文〈尚書〉語法研究》,商務印書館,2004年。
[3] 張文國《〈尚書〉語法研究》,巴蜀書社,2000年。
[4] 周玉秀《〈逸周書〉的語言特點及其文獻學價值》,中華書局,2005年。
[5] 楊伯峻、何樂士《古漢語語法及其發展》(修訂版),語文出版社,2001年。
[6] 姚振武《〈晏子春秋〉詞類研究》,河南大學出版社,2005年。
[7] 張顯成《簡帛文獻學通論》,中華書局,2004年。
[8] 黃盛璋《古漢語的人身代詞研究》,《中國語文》,1963年。
[9] 張玉金《春秋時代第一人稱代詞研究》,《語言研究》2008年第4期。
[10] 王力《漢語語法史》,商務印書館,1989年。

《清華簡（壹）》"厥"和"其"的用法及其時代性初探

李燁①

摘 要：上古漢語中"厥"和"其"用法的演變規律，可爲考察簡帛文獻語言的時代性提供一定參照。通過考察《清華簡（壹）》簡文中的"厥"和"其"的實際用例，推論出簡文中"厥"和"其"的用法屬於西周中後期至東周前期的語言現象。

關鍵詞：清華簡；厥；其；用法；時代

《清華大學藏戰國竹簡（壹）》② 共九篇簡文。其中《皇門》、《程寤》、《祭公之顧命》（即《祭公》）三篇均見於傳世本《逸周書》，但《程寤》篇在《逸周書》中祇存篇題無文；《金縢》見於《尚書·周書》；《保訓》、《耆夜》記錄周代事語，《尹至》、《尹誥》記錄商代事語，《楚居》記錄楚公、楚王之居處和遷徙。清華簡的年代被測定爲公元前305±30年，即戰國中

---

① 李燁，西南大學漢語言文獻研究所 碩士研究生 重慶 400715。
② 清華大學出土文獻研究與保護中心，中西書局，2010年。

晚期,則可知,九篇簡文的寫定年代至少在此之前。

李學勤先生指出:"(《逸周書》中)《世俘》、《商誓》、《皇門》、《嘗麥》、《祭公》、《芮良夫》等篇,均可信爲西周作品。"① 西周作品自然是體現西周的語言特色,而一定時期的語言現象對於我們考察古文獻的成文年代有一定幫助。上古漢語中"厥"和"其"的用法及其演變有着明顯的時代特徵,唐鈺明先生指出:"'其'、'厥'嬗變的歷史層次,可以成爲判定某些古文字資料(尤其是銅器銘文)年代的輔助性座標。"② 考察"清華簡"各篇簡文中"厥"、"其"的用法,對判定簡文文本的成書或寫定時代有一定參考價值。

一、"厥"、"其"用法的演變規律及其時代

據錢宗武先生(1994)研究,《尚書》中的"厥"和"其"作爲副詞、代詞、助詞和連詞時,二者幾乎都是可以互換的。但是"厥"和"其"最初是沒有關係的兩個詞,後來才有了用法的交叉。

"厥"又作"氒",在上古多用作代詞,且多作定語。西周早期銘文中已有用例。例如:

(1)休王易效父金三,用作氒寶尊彝。(《效父簋》,《文選》三·一三三)③

---

① 黃懷信《逸周書彙校集注·李學勤〈序〉》,上海古籍出版社,1995年。
② 唐鈺明《其、厥考辨》,《著名中年語言學家自選集-唐鈺明卷》,安徽教育出版社,2002年,頁184。
③ 本文金文語料錄自馬承源主編《商周青銅器銘文選(三)》,文物出版社,1988年。

(2) 大保易旂臣楖金,用作父丁尊彝。(《臣楖簋底》,《文選》三·三七)

唐鈺明先生(1990)撰文統計過,"周原甲骨"中"厥"字4例,全用作代詞;上海博物館編的《商周青銅器銘文選》中涉及商末及西周早期銘文部分,"厥"字30例,全部用作代詞。可知,"厥"字至少在商末周初時已有代詞用法。

作爲代詞,"厥"和"其"都有指示代詞和第三人稱代詞的用法。漢語中的第三人稱代詞產生於何時,學者們意見不一。張玉金先生(2006)認爲西周漢語中的"厥"、"其"、"之"已經是第三人稱代詞,並構擬了漢語指示代詞到第三人稱代詞的發展序列:①祇有遠指性→②稱代性和遠指性都明顯→③稱代性明顯而遠指性不明顯→④祇有稱代性。但他並沒有對各個階段的時間範圍作具體說明。據文獻資料顯示,西周早期的銘文中"厥"字已經用作指示代詞和第三人稱代詞,例如:

(3) 匍有四方,畯正旂民。(《大盂鼎》,《文選》三·六二)

(4) 隹二月乙亥,相侯休於旂臣殳。(《殳簋》,《文選》三·一三七)

例(3)中"旂(厥)"用作指示代詞,例(4)中"旂(厥)"用作第三人稱代詞。

"其"又作"亓",在甲骨文中都作表時間和語氣的副詞,此張玉金先生(2001)說。在西周時,"其"開始有代詞的用法。據管燮初先生在《西周金文語法研究》中的統計,西周金文中已有"其"作爲代詞的用法,他統計的208篇西周銘文中"其"作爲人稱代詞已經出現23次。這說明西周時"厥"和

"其"在代詞這個範疇內有了用法的交叉。唐鈺明先生（1990）認爲，"其"用作代詞，從金文來看，應在西周中晚期之交。他所舉的例子如下：

（5）魯白愈用公龏其肇乍其皇考皇母旅盨殷。（《魯白愈盨》）

（6）公啻其三，女則啻其貳；公啻其貳，女則啻其一。（《五年生簋》）①

例（5）、（6）中的"其"分別爲人稱代詞和指示代詞，《魯白愈盨》和《五年生簋》的作器年代分別是西周中期和西周晚期。與例（5）中"其+皇考"相似，西周金文中還有"氒+文考"、"氒+考"的用例。例如：

（7）沰司徒送罕畺，乍氒考尊彝。（《沰司徒送簋》，《文選》三·三一）

（8）魯侯獄乍彝，用享黨氒文考魯公。（《魯侯獄鬲》，《文選》三·五九）

"沰司徒送簋"是成王時器，"魯侯獄鬲"爲康王時器，均屬於西周早期。"氒考尊彝"和"氒文考魯公"的"氒"顯然是分別回指前面的"沰司徒"、"魯侯"的，均爲第三人稱代詞，作定語。從"氒+文考"、"氒+考"、"其+皇考"等結構的歷時演變中，我們可以看出，在西周中晚期"亓（其）"已具備代詞的用法，並和"氒（厥）"的代詞用法有了交叉。到了在西周晚期，代詞"氒（厥）"和"亓（其）"已經用在同一篇銘文

---

① 例（5）、（6）轉引自唐鈺明《其、厥考辨》，《著名中年語言學家自選集－唐鈺明卷》，安徽教育出版社，2002年。

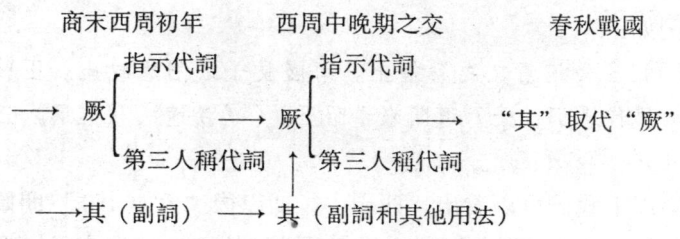

二、"清華簡"各篇簡文中"氒(厥)"、"亓(其)"的用法

(一) 簡本和傳世文獻的比較

1. 簡本《皇門》和傳世本《皇門》[①] 中的"氒(厥)"、"亓(其)"比較

通過比對，我們發現簡本《皇門》中含有"氒(厥)"、"亓(其)"的語句和傳世本《皇門》均能對應，並且用法一致。簡本《皇門》中"氒(厥)"字8見，"亓(其)"字1見，均用作第三人稱代詞。具體如下：

(1) "以勴(助)氒(厥)辟，菫(勤)卹王邦王豙(家)"（《皇門·簡三》[②]），傳世本作"以助厥辟勤王國王家"。"氒(厥)"字用法一致，均作第三人稱代詞。

[①] 本文《逸周書》語料錄自黃懷信《逸周書彙校集注》，上海古籍出版社，1995年。
[②] 《皇門·簡三》即表示例句出自的篇名和簡號，一句例文佔兩支簡的則標出二個簡號，如《尹至·簡一、二》，下同。

中，例如：

(9) 王肇遹眚文武勤彊土。南國艮子敢陷虐我土。王敦伐其至。撲伐厥都，子乃遣間來逆昭王。(《訣鐘》，《文選》三·四〇五)

從以上我們可以看出，西周中後期以後"丌（其）"開始被用爲代詞，"丌（其）"和"乎（厥）"的用法發生交叉。語言事實表明，代詞"丌（其）"在東周取得了壓倒性優勢，大量戰國和秦漢文字材料表明這一時期代詞"乎（厥）"已經絕跡。"到春秋時期，'厥'作第三人稱代詞便逐漸少了，例如：《左傳》中僅10例，而《論語》中已無'厥'字作代詞的。"① 而同樣是《左傳》，據何樂士先生統計："《左傳》的'其'共出現2469次，其中代詞'其'1846次，副詞'其'624次（另有3例引自其他古籍，未計算在內）。"② 我們檢索了包括《睡虎地秦墓竹簡》、《放馬灘秦簡》、《周家臺秦簡》、《龍崗秦簡》等戰國秦簡，均未發現"乎（厥）"字作爲代詞的用例。楚簡文獻中也極少有代詞"乎（厥）"，據李明曉（2010）的研究，楚簡中遠指代詞"乎"有5例，3例指人，2例指代事物。到了西漢，司馬遷在《史記》中引用《尚書》原文時把其中的"乎（厥）"大量改寫成了"丌（其）"。可見，"丌（其）"在語言發展過程中取得了強勢。

綜上，我們可將代詞"乎（厥）"、"丌（其）"的演變作一個梳理，圖示如下③：

---

① 易孟醇《先秦語法》，湖南教育出版社，1989年，頁153。
② 何樂士《〈左傳〉虛詞研究》，商務印書館，1989年，頁357。
③ 注：箭頭表示時代演進。

（2）簡文"是人斯既（助）勵毕（厥）辟堇（勤）勞王邦王豪（家）"（《皇門·簡五》），傳世本作"人斯既助厥勤王家"。"毕（厥）"字均作人稱代詞無異，不同之處在於簡文中作定語，而傳世本中作兼語。

（3）簡文"卑（俾）備（服）才（在）毕（厥）豪（家）"（《皇門·簡五、六》），傳世本作"俾嗣在其家"。"毕（厥）"、"亓（其）"均作第三人稱代詞。此二句中，一個用"毕（厥）"，一個用"亓（其）"，可能爲後世改易，也有可能是傳本不同之故。

（4）簡文"至於毕（厥）遂（後）嗣立王"（《皇門·簡七》），傳世本作"至於厥後嗣"，"毕（厥）"修飾"後嗣"，爲第三人稱代詞，作定語。

（5）簡文"以豪（家）相毕（厥）室"（《皇門·簡七》），傳世本作"以家相厥室"。"毕（厥）"爲第三人稱代詞，作定語。

（6）簡文"卑（譬）女（如）戎夫，喬（驕）用從禽，亓（其）由（猶）克又（有）膚（獲）？"（《皇門·簡九》），傳世本作"譬若畋，犬驕，用逐禽，其猶不克有獲"。二者稍有差異，但"亓（其）"均用作第三人稱代詞，簡文指代"戎夫"，傳世本指代"犬"。

（7）簡文"以不利毕（厥）辟毕（厥）邦"（《皇門·簡十》），傳世本作"以不利厥家國"，"毕（厥）"均作定語修飾"辟"、"邦"或"家國"，意義相同，爲第三人稱代詞。

（8）簡文"以自罟（落）毕（厥）（家）"（《皇門·簡十》），傳世本作"以自露厥家"，"毕（厥）"均作定語修飾

"家",爲第三人稱代詞。

2. 簡本《祭公》和傳世本《祭公》中的"氒(厥)"、"亓(其)"比較

簡本《祭公》中含有"氒(厥)"、"亓(其)"的文句和傳世本《祭公》均能對應,並且用法基本一致。簡本《祭公》中"氒(厥)"字3見,均用作第三人稱代詞,"亓(其)"字7見,其中1個用作指示代詞,2個用作第三人稱代詞,3個用作語氣副詞,1個用作語助詞。具體如下:

(1) 簡文"衰(哀)餘少(小)子,珠(昧)亓(其)才(在)立(位)"(《祭公·簡一》),與傳世本"次予小子虔虔在位"有異,簡文中"亓(其)"爲語中助詞,無義。

(2) 簡文"隹(惟)寺(時)皇上帝氐(宅)亓(其)心"(《祭公·簡四、五》),傳世本作"維皇皇上帝度其心",二句中的"亓(其)"均爲第三人稱代詞,作定語。

(3) 簡文"卿(享)亓(其)明惪(德)"(《祭公·簡五》),傳世本作"置之明德。"亓(其)"、"之"均爲第三人稱代詞,均作賓語。

(4) 簡文"隹(惟)武王大敳(敗)之,壁(成)氒(厥)(功)"(《祭公·簡一一》),傳世本作"維武王大克之,鹹茂厥功"。二本中"氒(厥)"均爲第三人稱代詞,作定語。

(5) 簡文"亦尚昌(宣)臧(臧)氒(厥)心"(《祭公·簡一一》),傳世本作"亦尚寬壯厥心"。二句中"氒(厥)"均爲第三人稱代詞,作定語。

(6) 簡文"隹(惟)文武中大命,戈(戡)氒(厥)戲(敵)"(《祭公·簡一二》),傳世本作"維武王申大命,戡厥

敵"。"氒（厥）"均爲第三人稱代詞，作定語。

（7）簡文"女（汝）母（毋）各家相而（乃）室，肰（然）莫血（恤）亓（其）外"《祭公·簡一七》，傳世本作"汝無以家相亂王室則莫恤其外"。二句稍有差別，但"亓（其）"均爲指示代詞。

（8）簡文"公亓（其）告我叀（懿）悳（德）"（《祭公·簡二》），傳世本作"公其告予懿德"。"亓（其）"均用作語氣副詞，表祈使。

（9）簡文亓（其）皆自寺（時）审（中）乂萬邦"（《祭公·簡一七》），傳世本作"尚皆以時中乂萬國"。二本文句稍異。簡文中"亓（其）"用作語氣副詞，表命令肯定。

（10）簡文"女（汝）亓（其）敬孴（哉）"（《祭公·簡二十》），傳世本作"汝其皇敬哉"。二句中"亓（其）"均用作語氣副詞，表命令肯定。

從以上分析可以看出，簡文和傳世本的"氒（厥）"、"亓（其）"用法基本一致。"氒（厥）"均用作第三人稱代詞，且多作定語。而"亓（其）"作代詞時可用作第三人稱代詞和指示代詞，大多也作定語，但已有作賓語的用例。此外，"亓（其）"還有語氣副詞和語助詞的用法。

（二）其他各篇簡文中"氒（厥）"、"亓（其）"的用法

1. 用作代詞，其中第三人稱代詞"氒（厥）"字8見；"亓（其）"字12見，其中5個用作指示代詞，7個用作第三人稱代詞。具體如下：

（1）亓（其）又（有）句（后）氒（厥）志亓（其）倉（爽）。（《尹至·簡二》）

丌,第三人稱稱代詞,定語。

(2) 余兙(閔)丌(其)又(有)顕(夏)眔□吉好。(《尹至·簡一、二》)

丌,指示代詞。

(3) 弗愳(虞)丌(其)又(有)眔。(《尹至·簡二》)

丌,第三人稱稱代詞,定語。

(4) 丌(其)又(有)民街(率)曰。(《尹至·簡三》)

丌,指示代詞。

(5) 岑(烖)丌(其)又(有)顕(夏)。(《尹至·簡五》)

丌,指示代詞。

(6) 丌(其)又(有)顕(夏)之[金]玉日(實)邑。(《尹誥·簡三、四》)

丌,指示代詞。

(7) 顕(夏)自(絕)丌(其)又(有)民,亦隹(惟)氒(厥)眔。(《尹誥·簡一》)

此句"丌"、"氒"對文,同義無疑。丌,第三人稱稱代詞,單數。氒,第三人稱稱代詞,定語,單數。

(8) 氒(厥)辟复(作)怨(怨)於民。(《尹誥·簡二》)

氒,第三人稱稱代詞,定語。

(9) 甬(用)受(授)氒(厥)緒。(《保訓·簡七》)

氒,第三人稱稱代詞,定語。

(10) 氒(厥)又(有)攺(施)於上下遠埶(邇)。(《保訓·簡五》)

厥，第三人稱稱代詞，定語。

（11）忢（恐）救（求）中，自詣（稽）厾（厥）志。（《保訓·簡四》）

厾，第三人稱稱代詞，定語。

（12）以復有＝易＝（有易，有易）服厾（厥）辠（罪）。（《保訓·簡八》）

厾，第三人稱稱代詞，定語。

（13）不（丕）顯（顯）迻（來）各（格），念（歆）厾（厥）醴（禋）明（盟）。（《耆夜·簡八》）

厾，第三人稱稱代詞，定語。

（14）周公乃內（納）亓（其）所爲𥛠（功）自以弋（代）王之敓（說）於金縢（縢）之匱。（《金縢·簡五、六》）

亓，第三人稱稱代詞，定語。

（15）官（管）弔（叔）迖（及）亓（其）羣（群）逛（兄）俤（弟）乃流言於邦曰。（《金縢·簡七》）

亓，第三人稱稱代詞，定語。

（16）季連聞亓（其）又（有）聘。（《楚居·簡二》）

亓，第三人稱稱代詞。

（17）逆流哉（載）水，厾（厥）狀聶耳。（《楚居·簡三》）

厾，第三人稱稱代詞。

（18）巫幷該亓（其）肋以楚。（《楚居·簡三》）

亓，第三人稱稱代詞。

（19）懼亓（其）主，夜而內尸。（《楚居·簡五》）

亓，指示代詞。

2. 用作副詞及其他

2.1 用作副詞

2.1.1 表語氣

"亓（其）"字有表命令肯定、推測、祈使、反詰等語氣的用法。如下：

(1) 女（汝）亓（其）又（有）吉志。(《尹至·簡一》)

(2) 公亓（其）告我甿（懿）悳（德）。(《祭公·簡二》)

(3) 亓（其）皆自寺（時）中（中）乂萬邦。(《祭公·簡一七》)

(4) 女（汝）亓（其）敬哉（哉）。(《祭公·簡二十》)

例（1）表推測，可譯爲"應該""大概"，例（2）表祈使，例（3）、（4）表命令，可譯爲"一定要"。

2.1.2 表時間

"亓（其）"字表時間，意爲"將"。《詞詮》曰：其，"時間副詞，將也"。簡文用法如下：

(5) 旬（后）亓（其）逨（賚）之。(《尹誥·簡三》)

(6) 亓（其）又（有）所甴（由）矣。(《保訓·簡十》)

(7) 蟲蟴（蟋蟀）才（在）尚（堂），返（役）車亓（其）行。(《耆夜·簡九》)

(8) 日月亓（其）穊（邁），從朝返（及）夕。(《耆夜·簡一二》)

(9) 我亓（其）為王穆卜。(《金縢·簡一》)

(10) 隹（惟）余沖（沖）人亓（其）親逆公。(《金縢·簡一二》)

(11) 今亓（其）女（如）台（台）？(《尹至·簡四》)

"亓女台",即"其如台",多見於《書·商書》,"如台"即"奈何","其"爲副詞,可譯爲"將要"、"究竟"等。

2.2 其他用法

(12) 亓(其)又(有)句(后)乎(厥)志亓(其)倉(爽)。(《尹至·簡二》)

"亓",黃懷信先生訓作詞頭。① 《詞詮》:其,"句中助詞,無義"。

(13) 亓(其)又(有)句(后)乎(厥)志亓(其)倉(爽)。(《尹至·簡二》)

乎,黃懷信先生訓作"之",② 《詞詮》:厥,"連詞,與'之'同"。這裏相當於"的"。

(14) 廼㝱=(小子)𤼩(發)取周廷杍(梓)桓(樹)於乎(厥)閒(間)。(《程寤·簡一》)

乎(厥),讀如"闕",即宮闕之闕。

(15) 衮(哀)余少(小)子,(昧)亓(其)才(在)立(位)。(《祭公·簡一》)

亓,句中助詞,無義。

以上用例中,"亓(其)"字 13 見,其中 11 個用作語氣副詞,2 個用作語助詞,"乎(厥)"字 2 見,用作通假和連詞各 1 個。

從上述例句分析可知,清華簡中"乎(厥)"多用作第三人

---

① 黃懷信《清華簡〈尹至〉補釋》,簡帛網 2011 - 03 - 17, http://www.bsm.org.cn/show_article.php? id =1416。
② 黃懷信《清華簡〈尹至〉補釋》,簡帛網 2011 - 03 - 17, http://www.bsm.org.cn/show_article.php? id =1416。

稱代詞，且多作定語。而"亓（其）"作代詞時可用作第三人稱代詞和指示代詞，大多也作定語，但已有作賓語的用例。此外，"亓（其）"還有語氣副詞和語助詞的用法。簡本《皇門》、《祭公》中"亓（其）"字8見，其中1個用作指示代詞，3個用作第三人稱代詞，3個用作語氣副詞，1個用作語助詞，用作代詞的比例佔50%；"氒（厥）"字11見，均用作第三人稱代詞，比例爲100%。除《楚居》①外的其他各篇中"氒（厥）"凡9見，其中7個用作第三人稱代詞，佔77.78%；"亓（其）"共22見，4個用作指示代詞，5個用作第三人稱代詞，用作代詞的比例爲40.91%。可以看出，清華簡其他各篇中的"亓（其）"、"氒（厥）"和《皇門》、《祭公》中的"亓（其）"、"氒（厥）"的用法相同。

三、清華簡文本所反映的語言現象之時代

從甲骨文時代到商末周初時，"亓（其）"字祇有副詞的用法，有兩個意義，一是表示即將的意思，二是表示命令的語氣；而且兩周金文中"其"字的主要用法也是語氣副詞，此張玉金（2001）說。清華簡簡文中"亓（其）"字除用作指示代詞和第三人稱外，還可用作語氣副詞和作語助詞，"亓（其）"字凡33見，其中16個用作代詞，佔48.48%。21個"氒（厥）"字除2個特例外，全用作第三人稱代詞，所佔比例爲90.48%。從二

---

① 《楚居》篇記錄至楚肅王（前380－前370）時期，有成文時間的明確下限，故暫不作比較對象。

者使用情況看，簡文中"氒（厥）"、"亓（其）"的用法當是"亓（其）"產生代詞用法而尚未取代"氒（厥）"的這一歷史時期所固有的現象，即西周中晚期至東周早期之間。

唐鈺明先生認爲："'厥'在中原地區消失較早，而邊遠地區較慢……反映中原雅言（或用雅言改定）的戰國典籍已難見'厥'字，而反映楚語的《離騷》、《天問》卻仍有'厥'字21例。戰國金文及其他材料用'厥'字的，也常屬於邊遠區域，如詛楚文、楚帛書等"。① 而清華簡的書寫文字屬於典型的楚地文字，屬於戰國楚簡。照上面論及的那樣，那麼清華簡中的"氒（厥）"則有可能存在地域色彩。

但通過對簡本《皇門》、《祭公》和傳世本比對，二本文句大致對應，則可推知簡本和傳世本應該是不同傳本的關係。簡文《皇門》、《祭公》和傳世本《皇門》、《祭公》中的"氒（厥）"、"亓（其）"用法基本一致。那麼就可以肯定，由楚人傳抄的這一批簡文，對"氒（厥）"、"亓（其）"的改易不是很大。則這批簡中"氒（厥）"和"亓（其）"的用法也就不存在由於地域差異而引起的演變滯後。

書寫文獻在傳抄過程中難免和原本有出入，但事實證明，簡文文本中見於《逸周書》的二篇頂多祇能算做是和傳世本稍有差異的不同傳本，二者和原本差異不是很大。那麼是否可以說差不多同時抄錄的其他幾篇簡文相較於原本來說也不太可能有較大差異？《皇門》、《祭公》屬西周時的作品，我們所推斷的簡文中

---

① 唐鈺明《其、厥考辨》，《著名中年語言學家自選集－唐鈺明卷》，安徽教育出版社，2002年，頁187。

"厹（厥）"、"亓（其）"用法的時代正與此吻合。根據代詞"厹（厥）"和"亓（其）"的歷時演變規律，我們可以肯定，清華簡簡文文本中"厹（厥）"和"亓（其）"的用法屬於西周中後期至東周前期的語言現象。

《清華簡（壹）》名詞研究

汪穎①

摘 要：將《清華簡（壹）》中的名詞分爲普通名詞、抽象名詞、專有名詞、時地名詞和方位名詞五類，再從結構和語法功能兩個方面探究這批簡中的名詞。發現普通名詞佔所有名詞的比重最大；單純名詞較少，合成名詞以偏正結構爲主；名詞的語法功能較爲齊全，其使用情況大體符合漢語史的發展規律。

關鍵詞：分類；結構；功能

一、前 言

關於漢語哪類詞最爲重要有兩個不同的觀點：一是林同濟的"動詞優勢"説，一是郭紹虞"名詞重點"論。② 古漢語語法書

---

① 汪穎，西南大學漢語言文獻研究所 研究生 重慶 400715。
② 林先生的觀點見於 1980 年的《現代英語研究》，他是以動詞的出現頻率高爲證據的；郭先生的觀點見於 1978 年的《復旦學報》，及其著作《漢語語法修辭新探》，他是以名詞最實爲證據的。

中，動詞的研究是重點，動詞的分類、語法功能等各方面都研究得比較深入。但是，對名詞的研究僅停留在基本的語法功能上，最多的是名詞的活用，而活用到底是屬於詞彙問題還是語法問題還需進一步研究，所以名詞在現在的語法書中成了可有可無的一部分。

本文以《清華大學藏戰國竹簡（壹）》（以下簡稱《清華簡（壹）》）① 中的名詞爲研究重點，分析本批簡中名詞的用法，從而窺見當時名詞的使用情況，希望可以爲漢語史的斷代詞彙研究和語法研究提供一些可參考的依據。

"清華簡"是清華大學於 2008 年 7 月收藏的一批戰國竹簡。經碳 14 測定證實，這批竹簡的年代是戰國中晚期之際，簡的數量一共有 2388 枚（包括少數殘斷簡），在迄今發現的戰國竹簡中爲數較多。

《清華簡（壹）》收錄竹簡共九篇，前八篇爲《尚書》、《逸周書》及體裁類似的文獻，依內容記述的事跡時代排列，依次爲《尹至》、《尹誥》、《程寤》、《保訓》、《耆夜》、《金縢》、《皇門》和《祭公》，最後一篇《楚居》則詳叙楚國起源傳說及歷世都居的處所。

二、名詞的分類

名詞的分類一直是一個頗具爭議而且值得進一步探討的問

---

① 《清華大學藏戰國竹簡（壹）》，清華大學出土文獻研究與保護中心編，中西書局，2010 年。

題，對於這個問題的進一步研究各家都有不同的見解。我們根據名詞的意義和功能並結合《清華簡（壹）》的實際情況把名詞分爲五大類，即普通名詞、抽象名詞、專有名詞、時地名詞和方位名詞，這種分類方式不可避免會有交叉，這裡暫且不論，以後再具體論述。

《清華簡（壹）》中的名詞以單音節爲主，以《耆夜》和《楚居》兩篇居多，尤其是《楚居》中出現的表示地點的名詞佔了本批簡名詞的大多數。

（一）普通名詞

普通名詞是指表示具體事物的名稱的詞。《清華簡（壹）》中主要有以下這些普通名詞：

1. 單音節普通名詞（110個）

眾（6）①、后（4）、民（15）、典（1）、天（22）、邑（6）、水（4）、戰（1）、友（1）、邦（23）、言（11）、玉（2）、廷（4）、棘（3）、松（3）、柏（3）、械（3）、柞（4）、祝（4）、巫（2）、宗（8）、神（4）、夢（4）、命（18）、梓（4）、朣（1）、樹（2）、材（1）、疾（10）、徒（1）、庶（3）、秋（3）、根（1）、身（5）、人（24）、寶（1）、詞（1）、書（2）、位（6）、物（1）、名（3）、緒（1）、罪（2）、害（2）、宿（1）、客（2）、宲（1）、酒（4）、爵（9）、歌（4）、廐（1）、光（2）、堂（4）、士（6）、壇（2）、堋（2）、璧（3）、珪（3）、史（1）、滕（9）、匱（2）、秋（3）、風（2）、雷（1）、禾（2）、木（2）、弁（1）、家（10）、郊

---

① 括弧裏的數字表示這個詞作爲名詞在《清華簡（壹）》（不包括標題）中出現的次數，下同。

(1)、時(8)、者(1)、臣(4)、辟(6)、武(17)、夫(11)、土(1)、室(5)、父(4)、兄(3)、舟(1)、祖(8)、考(1)、魂(1)、命(18)、商(9)、成(10)、康(12)、駈(1)、周(11)、屏(2)、顏(1)、子(15)、女(2)、聘(1)、犝(1)、主(4)、欒(1)、陂(1)、詩(1)、災(2)、難(1)、王(50)、穅(1)、叔(3)、甲(2)、月(2)、年(6)、所(4)、泮(1)、楚(1)

2. 雙音節及以上普通名詞（59個）

六末(1)、山川(1)、萬姓(1)、小人(1)、飲至(1)、兄弟(2)、庶民(1)、仇雔(1)、戎服(1)、明日(1)、祝誦(1)、禋盟(1)、蟋蟀(4)、役車(1)、君子(2)、元孫(2)、備子(1)、鬼神(1)、四方(4)、邦人(2)、大夫(2)、王家(5)、沖人(3)、皇天(2)、庫門(1)、小邦(1)、大門(1)、宗子(2)、私子(1)、明刑(3)、魯命(1)、百姓(1)、萬民(1)、王邦(4)、小民(2)、天神(1)、戎兵(1)、軍用(1)、四鄰(1)、梏夫(1)、媚妻(1)、媚夫(2)、師長(1)、殄罰(1)、小子(1)、旻天(1)、天子(7)、皇祖(1)、烈祖(1)、周邦(2)、皇天(2)、大命(3)、方邦(1)、楚人(1)、枝室(1)、都人(1)、皇上帝(2)、文太室(1)、王太子(2)

（二）抽象名詞

抽象名詞是指表示抽象概念的名稱的詞。《清華簡（壹）》中主要有以下這些抽象名詞：

1. 單音節抽象名詞（41個）

志(5)、極(1)、祥(3)、禍(4)、德(16)、怨(1)、

祚（2）、味（1）、福（2）、道（1）、訓（3）、欲（2）、懼（3）、責（1）、佞（1）、能（1）、才（1）、藝（1）、功（3）、言（7）、禮（1）、刑（3）、諒（1）、監（6）、耿（1）、光（2）、辭（1）、政（4）、獄（1）、祀（4）、憲（2）、行（5）、險（1）、威（2）、由（2）、心（1）、中（1）、方（1）、説（2）、相（3）、詈（1）

2. 雙音節以上抽象名詞（2個）

社稷（1）、政命（1）

（三）**專有名詞**（141個）

專有名詞是指一事物所獨有的名稱的詞，表示人名、地名、國家名、朝代名、官職名等。《清華簡（壹）》中主要有以下這些專有名詞：

1. 人名

1）單音節人名

尹（6）、湯（8）、摯（4）、發（10）、凶（1）、忻（1）、率（1）、丁（1）、舜（2）、堯（1）、高（1）、奭（1）、旦（1）、詎（1）、甲（1）、麗（1）

2）雙音節及以上音節人名

太姒（2）、成湯（2）、武王（7）、畢公（3）、召公（2）、周公（14）、成王（2）、管叔（1）、辛公（1）、祭公（4）、昭王（2）、成康（2）、昭主（1）、井利（1）、毛班（1）、季連（2）、盤庚（1）、妣隹（1）、絰伯（1）、遠仲（1）、穴酓（1）、妣戬（1）、佢叔（1）、麗季（1）、都嗌（1）、成王（2）、穆王（1）、莊王（1）、共王（1）、康王（1）、靈王（1）、昭王（2）、闔廬（1）、白公（1）、呂尚父（1）、嗣子王

(1)、景平王（1）、獻惠王（1）、柬大王（1）、周文王（2）

2. 地名（包括國家名）

1）單音節地名

亳（2）、郜（5）、焚（3）、宵（3）、免（3）、鄍（2）、蔡（2）、鄢（3）、鄭（1）

2）雙音節及其以上音節地名

西邑（2）、瀶水（1）、郞山（1）、穴窮（1）、喬山（1）、爰波（1）、洲水（1）、方山（1）、京宗（3）、酓羆（1）、屈紃（1）、塦屯（1）、酓只（1）、酓胆（1）、酓樊（1）、酓賜（1）、酓追（1）、酓朝（1）、酓摯（1）、旁岼（2）、酓延（1）、喬多（2）、酓勇（1）、酓嚴（1）、酓霜（1）、酓雪（1）、酓徇（1）、酓咢（1）、若敖（5）、酓儀（2）、酓率（1）、酓鹿（1）、酓髒（1）、疆涅（2）、淋鄍（2）、樊鄍（4）、爲鄍（8）、免鄍（1）、福丘（2）、堵敖（1）、郜鄍（2）、睽鄍（2）、同宮（1）、乾溪（1）、媿鄍（2）、鄂鄍（2）、肥遺（1）、菌溝（2）、鄢鄍（2）、邡吁（2）、藍鄍（1）、郁鄍（1）、橺鄍（1）、鄂鄍（1）

3. 朝代名（包括官職名）

1）單音節

夏（11）、商（9）、周（11）、殷（2）、晉（1）、保（1）

2）雙音節及其以上音節

司正（1）、作策逸（1）、執事人（1）、中謝（1）

4. 其他

1）單音節

帝（3）、靈（1）、公（26）、巫（2）

2) 雙音節及其以上音節

梓樹（1）、太子（1）、小子（1）、宗祊（1）、先王（8）、孺子（1）、既生魄（1）、蒸之野（2）、《輶乘》（1）、《晶晶》（1）、《蟋蟀》（1）、《雕鶚》（1）、《樂樂旨酒》（1）、《明明上帝》（1）

（四）時地名詞（21 個）

時地名詞是指表示時間、地點和方位的名稱的詞。《清華簡（壹）》中主要有以下這些時地名詞：

1. 單音節時地名詞（12 個）

時間：今（14）、旬（1）、日（7）、年（7）、昔（6）、歲（5）、朝（1）、夕（3）、夜（6）

地點：河（2）、易（2）、鄩（1）

2. 雙音節及以上音節時地名詞（9 個）

元祀（1）、正月（1）、戊子（1）、己丑（1）、明堂（1）、歷丘（1）、東堂（1）、庚午（1）、既生魄（1）

（五）方位名詞（6 個）

方位名詞主要是指表示空間和時間方位名稱的詞。《清華簡（壹）》中主要有以下這些方位名詞：

1. 單音節方位名詞

西（3）、東（5）、後（9）、上（8）、北（1）

2. 雙音節（祇有 1 個）

南方（1）

名詞各小類詞量及出現頻率如下表所示：

名詞小類 音節數	普通名詞	抽象名詞	專有名詞	時地名詞	方位名詞
單音節	110	41	35	12	5
多音節（兩個及以上）	59	2	106	9	1
總計	169	43	141	21	6
佔名詞總數的比例	44.47%	11.31%	37.11%	5.53%	1.58%

據筆者統計，全部簡文共有名詞380個，其中普通名詞所佔的比例最大，專有名詞次之，本批簡中專有名詞比重大跟《楚居》一篇中地名的大量出現有關。

三、名詞的結構

名詞的結構可以從兩個方面來考察。① 從名詞的内部結構來看，名詞可以分爲單純詞和合成詞。單音節詞一般都是單純詞；雙音節詞（或多音節詞）可以是單純詞也可以是合成詞。② 從名詞的音節結構來看，名詞可以分爲單音節詞和多音節詞。文章的第一部分已經把名詞按音節結構作了分類，接着，我們從名詞的構成來看名詞的類別。

---

① 由於專有名詞分類的特殊性，此部分的結構分析不包括所有的專有名詞。
② 這個問題在這裡祇是提一下，本部分主要討論名詞的結構問題。

（一）單純名詞

單音詞一般都是單純名詞，少數除外。① 單純詞還包括我們通常所說的聯綿詞、音譯詞和疊音詞，② 由名詞性成分或謂詞性成分轉指而造成的名詞，我們也視爲單純詞。

1. 聯綿詞、音譯詞和疊音詞：蟋蟀（簡文中未見音譯詞和疊音詞）

2. 謂詞性成分轉指的名詞有：飲至、作策逸、祝誦

名詞性成分轉指的名詞有：六末、山川、萬姓、西邑、小子、社稷、歷丘、庶民、百姓、萬民、小民

這些謂詞性成分和名詞性成分雖然從字面上似乎可以分析爲兩個（或三個）部分，但整個詞義已經脫離了這兩個（或三個）部分的束縛，具有了完全獨立的意義。例如"飲至"並不是指"喝酒到了極點"，而指的是"祭告後和群臣飲酒的一種禮節"；"社稷"也不是指"土地神"和"穀神"，而是指"江山"、"國家"；"百姓"也不是指一百個姓氏，而是泛指大眾。所謂合成詞，最根本的特點在於與特定的意義相聯繫的條件下，其內部可作結構分析，而以上這些詞雖然有一部分或許還不具有名詞的資格，而祇是臨時代表另一名詞，但它們與已經轉變爲真正名詞的那些詞形成的條件是一樣的，而且它們已經不具備合成詞的那些最根本的特點了，因此我們把這些詞視爲單純詞。

（二）合成名詞

合成名詞包括某些雙音節以上的普通名詞、雙音節以上的抽

---

① 例如：名詞"花兒"，屬於附加式的合成詞，但它仍然屬於單音詞。
② 這裏分析的單純詞不包括某些歌曲名，例如：《晶晶》。

象名詞、雙音節以上的專有名詞和雙音節以上的時間名詞和處所名詞。

這裏所謂的合成名詞，衹是一個不大嚴格的稱呼，在這裏，有一些名詞可能存在與詞組劃界的問題。但是，關於合成詞與詞組的區分問題，目前學術界尚未有一種非常理想的標準。我們這裏對合成名詞的劃分採用多個標準相結合的方法，把對意義的考察作爲主要標準，詞性、頻率和修辭方面的標準作爲參考標準，從合成詞的整體出發，綜合把握其結構。

通過以上幾個標準的考察，我們得出以下分類：

1. 偏正關係

（1）名+名：

西邑、元祀、正月、梓樹、文太室、東堂、釃水、皇上帝、戎服、明日、役車、先王、南方、邦人、王家、邦人、庫門、魯命、王邦、天神、戎兵、軍用、梏夫、周邦、楚人、都人、天子

（2）動+名：

飲至、執事人、祭公、枝室

（3）形+名：

小人、明堂、元孫、備子、大夫、沖人、皇天、小邦、大門、明刑、媚妻、媚夫、皇祖、烈祖、皇天、大命、方邦

（4）數+名：

四方、四鄰

2. 並列關係

（1）同義並列：

宗祊、戊子、己醜、兄弟、庶民、仇讎、禋盟、鬼神、庚午、政命、師長、珍罰、旻天、

既生魄

（2）反義並列（未見）

3. 動賓關係

司正

4. 附加關係

所謂附加關係，是指通過詞根加詞綴這種關係組成的合成詞，這種附加關係的詞在清華簡中比較少見，主要體現爲詞頭"有"加詞根這種形式。例如：

有夏、有易

四、名詞的語法功能

名詞主要是作主語、賓語、定語，少數可以作狀語，在特殊的情況下還可以活用爲動詞或形容詞。

（一）作主語

普通名詞和抽象名詞大部分都可以作主語，專有名詞中的人名都可以作主語，時間名詞大部分不作主語。例如：

1. 民沈（噂）曰："余及汝皆亡。"（《尹至》1-2）
2. 百眚（姓）萬民用亡（無）不擾比才（在）王廷。（《皇門》3-4）
3. 中謝起禍，爲徙襲肥遺。（《楚居》15-16）
4. 武王既克殷三年，王不豫又（有）遲。（《金縢》1）
5. 摯德不僭。（《尹至》4-5）
6. 月又（有）盈缺，歲又（有）歇行，作茲祝誦，萬壽無疆。（《耆夜》8-9）

以上例句中，前三例是普通名詞作主語，例4是專有名詞作主語，例5是抽象名詞作主語，例6是時間名詞作主語。

(二) 作賓語

普通名詞和抽象名詞大部分都可以作賓語，專有名詞有一部分可以作賓語，時間名詞大部分都不作賓語。例如：

1. 何甬（用）非樹？（《程寤》4－5）
2. 周公又夜爵酬王，作祝誦一終曰《明明上帝》（《耆夜》7－8）
3. 宗丁祓大（太）子發，敝（幣）告宗方（祊）社稷，祈於六末山川，攻于商神，望，承（烝），占於明堂。（《程寤》1－2）
4. 湯曰："格！汝其有吉志。"（《尹至》1）
5. 季連初降於騩山，氐（抵）於穴窮。（《楚居》1）
6. 是歲也，秋大熟，未穫。（《金縢》8－9）

以上各例中，前三例是普通名詞作賓語，例4是抽象名詞作賓語，例5是專有名詞作賓語，例6是時間名詞作賓語。

(三) 作定語

普通名詞和專有名詞一般都可以作定語，處所名詞有時候也可以充當定語。

1. 室既成，無以內之，乃竊鄀人之犝以祭。（《楚居》3－4）
2. 王用能奄又（有）四鄰，遠土不（丕）承，子孫用末被先王之耿光。（《皇門》5－6）
3. 逆上汌水，見盤庚之子，處于方山。（《楚居》1）

4. 咸曰:"胡今<u>東</u>祥不章?"(《尹至》2-3)

以上各例中,前兩例是普通名詞作定語,例3是專有名詞作定語,例4是處所名詞作定語。

(四)作狀語

專有名詞未見有作狀語的例子,普通名詞作狀語的也很少見,相比之下,時間名詞作狀語的情況要多一些。例如:

1. 我聞且(祖)不余(豫)有遲,余隹(惟)<u>寺(時)</u>來見,不淑疾甚,余畏天之作畏(威)。(《祭公之顧命》1-2)

2. <u>今</u>隹(惟)民遠邦歸志。(《尹誥(咸有一德)》2-3)

3. <u>昔</u>前人傳保(寶),必受之以詞。(《保訓》2-3)

以上各例均是時間名詞作狀語。

五、小　結

據前面所述,《清華簡(壹)》中的名詞,特別是普通名詞很多已經進入到現代漢語的基本詞彙當中了,但有一部分專有名詞,特別是職官名已經在現代漢語中消失,成爲了歷史詞。

《清華簡(壹)》中表示地點(尤其是城市名稱)的專有名詞佔了大多數,不過總體來說,整批簡中單音名詞的數量仍然多於複音名詞,大概是因爲在戰國這一時期,名詞複音化的趨勢還不太明顯。

合成名詞的結構特徵表現爲:

第一,"名+名"和"形+名"的偏正關係比較多見。

第二,動賓關係的合成名詞數量極少。

名詞最主要、最基本的語法功能是在句中充當主語、賓語;其次是充當定語;名詞很少充當狀語、謂語;名詞活用的情況相對來說還是比較常見的;名詞作主語和賓語的情況在本簡中尤其多見,這是由於本簡中表示城市等地點的名詞比較多。

我們按語義把名詞分爲普通名詞、抽象名詞、專有名詞、時地名詞和處所名詞五類,各小類在數量和語法功能上存在差異。這些差異顯示出普通名詞和專有名詞是名詞的核心部分。

名詞詞頭"有"已經出現,但在《清華簡(壹)》中不多見。

由於《清華簡》有殘缺之處,筆者在研究此簡時雖然儘量做到嚴謹細密,但仍難避免疏漏之處,還希望廣大學者批評指正。

六、有關問題的討論

(一) 關於"稽"的意義

"稽"在《清華簡(壹)》中共出現 5 次,四次出現時都是"叩頭至地"的意思,是動詞,但有一處指"文書簿籍",是名詞,文例如下:

> "厥又(有)施於上下遠埶(邇),廼(乃)易立(位)埶(設)詣(稽),測陰陽之勿(物),咸川(順)不逆。"(《保訓》4-6)

"稽"作爲名詞,指"文書簿籍"在其他資料中也出現過,如：

《國語·吳語》："行頭皆官師，擁鐸拱稽，建肥胡，奉文犀之渠。"韋昭注引鄭司農曰："稽，計兵名籍也。"

《弘明集》卷四："稽證周明華辭博瞻。"

"稽"在《説文解字·稽部)》中的解釋爲"畱止也。從從尤，旨聲。凡稽之屬皆從稽"。在《廣韻》中音"康禮切"，今音讀 qǐ，義指"叩頭至地"的"稽"，與文中出現的"稽"的動詞意思是一致的。在《廣韻》中音"古奚切"，今音讀 jī 的"稽"在《漢語大詞典》主要有以下義項：考核，查考；計算；計較、爭論；治理；留止；引申爲囤積；延誤、延遲；至、到；卜問；相合、相同；法式、準則；姓。這些義項中沒有表示"文書簿籍"的意思，在《辭海》《辭源》中也沒有這個義項，筆者認爲有可能是詞義引申的結果，由"法式、準則"義引申而來，但究竟是什麼原因還有待考察。因此筆者認爲"稽"表示"文書簿籍"的這一義項有必要添加到語文辭書中。

（二）名詞的活用問題

名詞的活用在古代漢語中比較多見，大部分的名詞都可用爲動詞，一少部分活用爲形容詞。但在《清華簡（壹）》中，名詞的活用情況比較少見，基本上都活用爲動詞，筆者見到的有以下各例：

1. 史乃<u>冊祝</u>告先王曰："……"（《金縢》1-2）

"冊"、"祝"原來單獨用作名詞，在這個例子當中，它們活用爲動詞，指把告神之言寫在冊書上，讀以祝告神。

2. 天疾<u>風</u>以<u>雷</u>，禾斯偃，大木斯拔。（《金縢》8-9）

"風""雷"原來都用作名詞，分別指空氣流動的現象、雲層放電時發出的響聲。在這句話當中,他們都用爲動詞,是指"刮風"、"打雷"。

3. 乃妻之,生侸叔、麗季。(《楚居》2-3)

"妻"本是名詞,指妻子,在這句話當中用爲動詞,指"給……當妻子"。

4. 眾不容於免,乃渭(潰)疆浧之波(陂)而宇人焉,氐(抵)今曰郢。(《楚居》7-8)

"宇"本是名詞指"屋簷",在這裏是動詞,"使人居住"的意思。

(三)主謂、補充結構名詞有關問題

經筆者統計《清華簡(壹)》名詞中合成詞的結構缺少主謂和補充結構。在現代漢語中主謂和補充結構的名詞也佔到很小的比例,關於詞的結構問題,程湘清做過統計,① 如下表:

結構 專書	聯合	偏正	動賓	補充	主謂
《論衡》(東漢)	67.2%	24.8%	2.5%	4.8%	0.1%
《世說新語》(南朝宋)	54.9%	34%	4.6%	5.5%	1%
《敦煌變文》(唐代)	63.7%	24.1%	5.1%	5.8%	1.2%

從上表我們很容易看出,在詞的各種結構中,主謂和補充結構的詞佔的比例很小。在對《清華簡(壹)》中的名詞進行清理時,我們並未發現主謂和補充結構的名詞,分析其原因主要有:

---

① 《漢語史專書複音詞研究(增訂本)》,商務印書館,2008年。

1. 《清華簡（壹）》中的單音節名詞佔了大多數，多音節的名詞主要集中在專有名詞和普通名詞，而專有名詞中地名又佔到了大多數。我們發現，"名+名"的結構又佔到很大的部分，這是主謂和補充結構的名詞缺少的原因之一。

2. 主謂結構的詞一般需要"主語"和"謂語"兩部分組成，而謂語一般都是謂詞性的，謂詞性的詞跟名詞性的"主語"的粘著性本身也比較弱，組成一個名詞性的詞語的能力也比不強；補充結構的名詞一般要由後一詞根補充前一詞根，在古漢語中這些詞語結合並不緊密。

3. 漢語發展到現在，主謂和補充結構的名詞也保持着極少的狀態，現代漢語中的主謂型、補充型名詞，如"月亮"、"霜降"、"地震"、"闡明""船隻"等，這樣的名詞的形成也經歷了很久的發展才成爲主謂型的名詞的。

綜上，由《清華簡（壹）》可知，主謂型、補充型名詞的形成不是一個簡單的過程，是一個漸進的過程，是由使用人數由少到多，最後變成"約定俗成"的結果，才爲人們所接受並通行的，也就是說，主謂和補充結構的名詞產生較晚，其大量產生應當至少在兩漢甚至以後，故《清華簡（壹）》中名詞的分佈情況是符合漢語史發展規律的。

參考文獻：

[1] 楊伯峻、何樂士《古漢語語法及其發展》（修訂本），語文出版社，2001年。

[2] 姚振武《〈晏子春秋〉詞類研究》，河南大學出版社，2005年。

[3] 黃伯榮、廖序東《現代漢語》（增訂三版），高等教育出版社，

1991 年。

  [4] 張顯成《簡帛文獻學通論》，中華書局，2004 年。

  [5] 殷國光《呂氏春秋詞類研究》，商務印書館，2008 年。

  [6] 李佐豐《古代漢語語法學》，商務印書館，2004 年。

《清華簡（壹）》複音詞研究

李迎莉①

摘　要：從春秋後期到戰國末期是複音詞發展的關鍵時期，本文對《清華簡（壹）》中的複音詞進行了窮盡性的考察，探究《清華簡（壹）》中複音詞的大致面貌，並對相關問題進行探討。

關鍵詞：清華簡（壹）；複音詞；整理

一、前　言

《清華大學藏戰國竹簡》②簡稱"清華簡"。這批竹簡2008年7月由清華大學入藏，竹簡數量（含殘片）約2500枚，其内容多爲經、史一類的典籍，大多在已經發現的先秦竹簡中是從未見過的，具有極高的學術價值。這批簡已經確定是戰國竹簡。目前公佈的《清華大學藏戰國竹簡（壹）》（以下簡稱"《清華簡（壹）》"）所收9篇中，前8篇都屬於《尚書》或類似《尚書》

---

① 李迎莉，西南大學漢語言文獻研究所　研究生，重慶　400715。
② 清華大學出土文獻研究與保護中心編，中西書局，2010年。

的文獻。清華簡中涉及中國傳統文化的核心內容將會對歷史學、考古學、古文字學、文獻學等許多學科產生廣泛深遠的影響。

複音詞是由兩個或兩個以上音節構成的詞。漢語辭彙從以單音詞爲主，過渡到以複音詞爲主，是漢語發展史上的一大變化。關於複音化的問題很多語言學家都進行過探討。其中，徐朝華將上古漢語辭彙史分爲三個時期。前期從殷商到春秋中期，中期從春秋後期到戰國末期，後期是秦漢時期。上古時期單音詞佔絕對優勢，中期複音詞比例明顯增大，後期複音化趨勢已較明顯。由此，我們可以看出，從春秋後期到戰國末期是複音詞產生發展的關鍵時期。而《清華簡（壹）》正是這個時期的文獻，所以對《清華簡（壹）》中的複音詞進行窮盡性的考察對我們認識複音詞的發展是大有裨益的。

二、古漢語複音詞的判定原則

關於古漢語複音詞的判別原則，有不少學者進行過探討。20世紀50年代初，王力先生曾在《詞和仂語的界限》一文中說："必須承認詞和仂語之間沒有絕對的界限。"[①] 馬真先生認爲，劃分先秦的複音詞，主要應從詞彙意義的角度來考慮問題，及考察複音詞組的結合程度是否緊密。張永言先生認爲複音詞判定的基本原則是考察詞的結構整體性、詞的完整定形性和詞的意義融合性。這些判定複音詞的基本原則有着重要的指導意義，在此基礎上，程湘清先生提出了四點原則。

---

① 見王力《龍蟲並雕齋文集》第561頁，中華書局，1980年版。

1. 從語法結構上看，兩個音節結合緊密，不能拆開或隨意擴展的是詞。

2. 從詞彙意義上看，就是看在一定的語言環境中的雙音組合是共同代表一個概念，還是每個音節各代表一個概念凡結構上結合緊密、意義上共同代表一個概念的是詞。

3. 從修辭特點上區別，在同一語言環境中，凡處於相同位置上的不同雙音組合，其中一個（或幾個）已確認爲詞，則其他雙音組合可首先考慮是詞而不是短語。

4. 從出現頻率上區別，一些見次率很高的雙音組合大致可確定爲雙音詞。我們認爲，程湘清先生的判斷標準在前人的基礎上進行了總結，並有了新的看法，對我們辨析複音詞無疑是很有幫助的，從這四個方面大致可以判斷出複音詞。

這裏筆者要補充一點：從詞性上判斷。詞義的轉變和詞性的轉變是同步的，如果詞性轉變了，則應該判斷爲複音詞。如"左右"，"左"和"右"都是名詞，但"左右"變爲了動詞。在對《清華簡（壹）》的考察過程中，我們主要是運用了上述五種判斷標準。由此我們得出了《清華簡（壹）》複音詞表（參看附錄）。

三、《清華簡（壹）》中的複音詞

《清華簡（壹）》的複音詞總共有 81 個，下麵我們將從詞類、音節、結構三個方面對這些詞進行分析。

（一）詞類統計

81 個複音詞中，實詞有 76 個，佔 93.8%，虛詞 5 個，佔 6.2%。

實詞中名詞有55個，如：小子、南方、四鄰、百姓、皇天、君子等。動詞10個，如：

夢見、祝誦、稽首、徜徉、詐誃等。形容詞11個，如：明明、樂樂、紝仁、唐唐等。虛詞中有感歎詞1個：嗚呼。連詞4個：丕惟、丕則、乃惟、斯乃。

從詞類統計上看，複音詞以名詞爲主，動詞、形容詞都很少，虛詞更少。虛詞複音詞少是可以理解的，因爲虛詞數量本來就少。從實詞的統計結果，我們可以看出，名詞的數量很多，我們沒有統計在內的人名、地名、國名大多數都是複音詞，而且這類詞早在甲骨文中就已經出現了，也許複音詞正是從這類專詞開始的。

（二）音節統計

從複音詞的音節分佈看，《清華簡（壹）》中的複音詞雙音節詞佔絕大多數，共79個，佔97.5%，祇有兩個三音節詞：執事人、庶萬姓，佔總數的2.5%。從音節統計上看，以雙音詞爲主，祇有少數的多音節詞，《清華簡（壹）》中祇有兩個三音節詞，沒有四個及四個以上的複音節詞。《晏子春秋》中三音節詞也祇有9個，祇佔1%。看來，語言的經濟性原則、漢語詞彙的音節特點對過多的音節結構總是排斥的。

（三）結構統計

我們按照現在比較通行的做法，即把一般複音詞分爲單純詞和合成詞兩大類，再把合成詞分爲附加式、重疊式和複合式三類。

1. 單純詞

《清華簡（壹）》中的單純複音詞有兩個個：蟋蟀、嗚呼。

"蟋蟀"在《耆夜》中出現五次,但是用法很單一,都是指一種昆蟲。

"嗚呼"在簡中出現多次,是個疊韻連綿詞("嗚"屬"影"母,"魚"部;"呼"屬"曉"母,"魚"部。),表示感歎的語氣。如:

　　湯曰:"嗚呼,吾何祚於民,俾我眾勿違朕言?"(尹誥7)

2. 合成詞

(1) 附加式

附加式合成詞指由詞根和詞綴構成的合成詞。《清華簡(壹)》中的附加式合成詞有 5 個,佔合成詞總數的 6.2%。都爲名詞,並且其構成方式也相同,都是"有+詞根"。"有"的出現比較早,是先秦典籍中常用的名詞詞頭,沒有實際意義。

附加式合成詞如下:有夏、有后、有眾、有民、有易。

(2) 重疊式

重疊式合成詞指由兩個相同的單音詞作語素構成的複音詞。它與疊音詞的區別是,疊音詞由一個語素構成,詞義與構成它的單字的意義無聯繫;重疊式合成詞由兩個語素構成,兩個語素重疊之後產生了與原義一致或即使不一致但卻有聯繫的意義。

這類合成詞《清華簡(壹)》中有 8 個,佔全部合成詞的 9.9%。它們是:穆穆、晶晶、赳赳、明明、樂樂、急急、翼翼、唐唐。

經分析,我們發現這幾個詞都是形容詞,但結構上有所不同,其中七個結構爲"形+形→形"。例:

急急：急切貌，急忙，趕緊。如：

至於厥後嗣立王，廼弗肯用先王之明刑，乃隹<u>急急</u>胥驅胥教於非彝（皇門7）。

急，急躁；着急。如：

今君性嚴<u>急</u>。（《班超告老歸國》）
時恐<u>急</u>，劍堅，故不可立拔。（《荆軻刺秦王》）

重疊之後與原義一致，衹是程度上有所加深。
這類詞還有：穆穆、晶晶、趎趎、明明、樂樂、唐唐。
另外一個結構爲"名＋名→形"。
翼翼：嚴肅謹慎。如：

舜既得中，言不易實變名，身茲備，惟允，<u>翼翼</u>不解，用作三降之德（保訓7）。

翼，鳥類或昆蟲的翅膀。如：

鷹隼試<u>翼</u>，風塵吸張。（《少年中國說》）

重疊之後與原義不一致，但是相關。

3. 複合式

複合式合成詞是由兩個或兩個以上詞根複合而成的複音詞。這類合成詞《清華簡（壹）》中有65個，佔全部合成詞的80.2%。其中，實詞61個，虛詞4個。這些詞構成方式上已基本具備了所有的構成方式，但由於數量有限，沒發現主謂結構。因爲主謂成分是句子的核心骨架，獨立性很强，很難凝結爲詞。《清華簡（壹）》主要有以下四種結構：聯合、偏正、動賓、補充,下麵我們將分別討論。

(1)聯合式複合詞

聯合式複合詞的兩個語素之間的關係是平等的。《清華簡（壹）》中的聯合式合成詞有27個,佔複合式合成詞總數的41.5%。

首先,從語義構成上分析,根據組成聯合式複合詞的兩個語素之間的意義關係,可分爲同義聯合、類義聯合、反義聯合三大類。其中,同義聯合最多,類義聯合次之,反義聯合最少。

① 同義聯合

構成複合詞的兩個語素的某個義位相同或者相近,構成的複合詞的詞義或等同於原來的單個語素義,或有所轉變產生全新的義位。同義聯合在《清華簡（壹）》中有18個。如:

紝仁、仇讎、禋盟、祝誦、勤勞、詐詬、懷逵、殄罰、弇蓋、夾紹、徜徉、並該、司正、譬如、乃惟、斯乃、丕惟、丕則。

② 類義聯合

構成複合詞的兩個語素的某個義位具有相關關係,而複合詞相對於語素義而

言,多數是全新的。同義聯合在《清華簡（壹）》中有6個。如:

金玉、社稷、山川、子孫、稼穡、宗祊。

③ 反義聯合

構成複合詞的兩個語素的義位關係是相反或者相對的。同義聯合在《清華簡（壹）》中有3個。如:

上下、遠邇、陰陽。

其次，我們從詞性構成上來分析。我們把構成聯合式複合詞的語素的詞性與構成的複合詞的詞性相比較，就聯合式複合詞而言，絕大多數是一致的，祇有極少數不一致。

名詞　共9個。有以下類型：

①名+名→名　如：金玉、社稷、山川、子孫、宗祊、禋盟、仇讎。

②動+動→名　如：珍罰、司正。

動詞　共7個。祇有一種類型。

①動+動→動　如：祝誦、勤勞、稼穡、弇蓋、夾紹、徜徉、並該。

形容詞　共6個。祇有一種類型。

①形+形→形　如：上下、遠邇、陰陽、紝仁、詐訛、懷達。

連詞　共5個。有兩種類型。

①連+連→連　如：乃惟、丕惟、丕則、譬如。

②代+連→連　如：斯乃。

(2)偏正式複合詞

偏正式複合詞的修飾成分對中心成分起修飾、限制、說明、界定作用，這是詞彙表意準確性的需要。一個偏語素可以修飾多種不同意義的正語素，同樣一個正語素也可以由多種不同意義的偏語素來修飾，所以，偏正式是一種很能產的構詞方式。這在《清華簡（壹）》中也表現的很明顯，《清華簡（壹）》中的偏正式合成詞的數量最多，有35個，佔複合式合成詞總數的53.8%。

下面我們從詞性構成上來分析《清華簡（壹）》中的偏正式

合成詞。所有的偏正複合詞都是名詞。其組合方式主要有以下幾種：

①形+名→名　這是最主要的形式，共有 21 個。如：大姒、小子、太子、生民、小人、庶民、君子、先王、南方、元孫、金縢、孺子、沖人、宗子、蠢臣、小民、皇祖、烈祖、皇天、方邦、大夫。

②數+名→名　這種形式的有 6 個。如：六末、四鄰、四方、萬民、百姓、庶萬姓。

③名+名→名　這種形式的有 6 個。如：天神、卿士、天子、明日、王邦、王家。

④動+名→名　這種形式的祇有 1 個。如：執事人。

(3)動賓式複合詞

《清華簡（壹）》中的動賓式合成詞有 4 個，佔複合式合成詞總數的 6.2%。動賓式複合詞的兩個語素之間的關係是支配與被支配之間的關係。簡中出現的動賓式合成詞爲以下幾個。

　　離心：厥辟作怨於民，民復之用離心，我捷滅夏。（尹誥 2）

　　司事：乃惟有奉俟（疑）夫，是揚是繩，是以爲上，是授司事師長。（皇門 11）

　　拜手：公懋拜手稽首，曰："允哉！"（祭公之顧命 9）

　　稽首：王拜稽首舉言，乃出。（祭公之顧命 21）

(4)補充式複合詞

程湘清先生認爲補充式合成詞在先秦尚未出現，祇有少數的動補結構可看做這種結構方式的萌芽。《清華簡（壹）》中我們找到一例這種構詞方式的詞,這個問題我們將在下文重點討論。

以上我們從結構上對複合式複音詞進行了詳細的討論,現列表如下:

表一:複合式複音詞整理表

結構 統計	聯合式	偏正式	動賓式	動補式
個 數	27	35	4	1
所佔比例	41.5%	53.8%	6.2%	1.5%

從結構統計的結果看,聯合式和偏正式的構詞能力更強一些。偏正式主要構成名詞,聯合式則可構成名詞、動詞和形容詞。聯合式構成複音詞的方式主要依靠同義聯合。偏正式構成複音詞的方式比較多。

四、對相關問題的討論

通過上文對《清華簡(壹)》中複音詞的分類探究,我們對簡中複音詞的基本面貌有了大致的瞭解。下面結合其他語料的研究成果來探討以下幾個問題。

1. 戰國時期還處於複音詞萌芽階段。《清華簡(壹)》中複音詞所佔的比例很少。唐德正先生統計的戰國中晚期的《晏子春秋》中複音詞的比例佔28%。當然,由於我們使用的語料不是很完備,所以祇能基本看到複音詞的情況,並不能得出準確的資料。但是,我們明顯可以看出複音詞還沒有發展到完備的階段。比如,從詞的緊密度上看,並該、夾紹等詞的結合並不緊密,所以後來便沒有繼續使用;從組合方式上看,主謂短語、補充短語數量極少甚至缺失。

2. 複音詞大多數爲單義詞,很少有詞有多個義項。《清華簡(壹)》正是複音詞產生的初期,大多數複音詞都是剛剛產生,還沒有發展出其他義項。拿《清華簡(壹)》中出現次數多的複音詞來看,其中,出現一次的有42個詞,出現兩次的有19個,出現三次的有8個,出現三次以上的祇有12個。這些詞基本上都是單音詞,例如:出現次數最多的"嗚呼",這個詞在所有的典籍中都是單音詞,用作表感歎的語氣。另外,像"天子"、"先王"出現的次數也很多,但他們都是單義的名詞。通考全篇,也祇有"上下"在兩處的用法略有不同。

3. 關於偏正式、聯合式所佔比例的問題。偏正式和聯合式是產生較早且構詞能力加強的兩種構詞方式。程湘清曾指出:"進入戰國時期以後,聯合式雙音詞的增長速度比偏正式顯著加快了。"我們根據前人的研究得出了下表。

表二　聯合式與偏正式發展情況表

結構 文獻	聯合式	偏正式
左傳	26%	64%
呂氏春秋	45%	46.3%
晏子春秋	47%	40%
論　衡	67.2%	24.8%
世說新語	54.9%	34%

從圖表中我們可以看出聯合式和偏正式發展的大體趨勢。在

《左傳》（成書年代定爲公元前375年—公元前351年）中偏正式的優勢還很明顯，但是到了戰國中後期偏正式迅速發展，《呂氏春秋》（秦國呂不韋組織屬下門客於公元前239寫成，當時正是秦國統一六國前夜）中聯合式和偏正式所佔比例大致相等，《晏子春秋》（對於成書年代和作者爭議較大成書年代大約應當在秦政統一六國後的一段時間內）中聯合式開始超越偏正式，再到後來的《論衡》（漢）、《世說新語》（六朝），聯合式已經成爲構詞能力最強的一種構詞方法。《清華簡（壹）》中聯合式和偏正式分別佔41.5%、53.8%，由此可見，《清華簡》的年代要晚於《左傳》，早於《呂氏春秋》，也就是大約在公元前350到公元前239之間。北京大學加速器質譜實驗室、第四紀年代測定實驗室對清華簡無字殘片樣品做了AMS碳$_{14}$年代測定，經數輪校正的資料是：公元前305±30年，即相當戰國中期偏晚，與我們得到的結果是一致的。

4. 關於補充式複合詞的問題。學術界一致認爲，在先秦時代，這種構詞方式還沒有出現，自然便沒有這類詞。但是，同時語言學家們也注意到下面一些例子，他們把這些動補結構可以看補充式的萌芽，下面略陳如下：

①匡正　匡正王室，而後庇焉（左傳·哀十六）
②擾亂　擾亂我同盟，傾覆我國家。（左傳·成十三）
③撲滅　惡之易也，如火之燎於原，不可向邇，其猶可撲滅？（左傳·隱六）
④餓死　齊嘗大饑，道旁餓死者不可勝數也。（《韓非子·外儲說又上》）
⑤走出　走出門者何白馬也？（《韓非子·內儲說上》）

⑥戰勝　故臨兵而慈於士吏則**戰勝**敵，慈於器械則城堅固。(《韓非子·解老》)

上述例子都是補充結構，這是毋庸置疑的。應該說，這是語言成分隱隱約約帶有補充式複合詞的性質。如果可以視爲一個詞，那麼補充式構詞方式就已經存在；如果認爲這是"匡而正之"、"擾而亂之""撲而滅之"，這些詞語片段便是連動式短語。我們認爲上述例子中古雖不能完全確認，但至少有一些我們可以確定。比如："擾亂"一詞，與後面的"傾覆"是對偶使用的，"傾覆"是詞，那麼"擾亂"應該也確定爲此。同時，也不宜看做是使成式結構，因爲使成式是在漢代產生的，這在王力先生的《漢語史稿》中有論述。

下面，就《清華簡（壹）》中現的"夢見"一詞進行討論。

惟王元祀貞（正）月既生魄，大姒**夢見**商廷佳（惟）棘，乃小子發取周廷梓樹于厥外（間），化爲松柏棫柞。(程寤1)

首先，我們先討論"夢見"是不是一個詞。從結構標準來說，二者是緊密聯繫的，如果看作兩個詞未免不合適，另外從意義上看，二者一起表示一個概念也不應分開，所以，我們認定"夢見"是一個詞。

再次，從結構上討論"夢見"是不是一個補充式。"見"此處的意思是"看見、看到"強調的是"夢"的結果，是補足成分。學術界對這種結構也普遍認爲是補充式。如何樂士先生在《從〈左傳〉和〈史記〉的比較看〈史記〉的動補式》一文中舉了以下兩個例子。此處何先生認爲"見"都是前面動詞的結果補語。

①扁鵲以其言飲藥三十日，<u>視見</u>垣一方人。（扁鵲倉公列傳）

②初，趙盾在時，<u>夢見</u>叔帶持要而哭。（趙世家）

由上面的討論我們可以得出"夢見"一詞是一個補充式的複音詞。對待前秦是否有複音詞的問題，我們覺得把這些片段視爲詞，承認補充式構詞方式在上古已有胚胎，不是完全沒有道理。衹是這種構詞方式還沒有成熟。因爲該構詞方式所要表達的意義，大多還是採用使動用法來表示的。漢代以後，語言經過內部調整，使成式句式的發展，才使得補充式複合詞發展起來。

參考文獻：

[1] 徐朝華《上古漢語詞彙史》，商務印書館，2003年。
[2] 程湘清《漢語史專書複音詞研究》，商務印書館，2008年。
[3] 唐德正《晏子春秋詞彙研究》，中州古籍出版社，2008年。
[4] 馬真《先秦複音詞初探》，北京大學學報，1980年。
[5] 張雙棣《呂氏春秋詞彙研究》，山東教育出版社，1981年。
[6] 伍宗文《先秦漢語複音詞研究》，巴蜀書社，2001年。
[7] 張顯成《簡帛文獻學通論》，中華書局，2004年。
[8] 王力《漢語史稿》，中華書局，1980年。
[9] 毛遠明《左傳詞彙研究》，西南師範大學出版社，1999年。
[10] 張顯成《簡帛語言文字研究》，巴蜀書社，2006年。
[11] 何樂士《古漢語語法研究論文集》，商務印書館，2000年。
[12] 楊伯峻、何樂士《古漢語語法及其發展》（修訂本），語文出版社，2001年。

附錄:《清華簡(壹)》複音詞表

說明:

1. 本表祇列一般的複音詞,不收人名、地名。
2. 本表不收數詞。
3. [ ] 中的數字表示該詞在簡文中出現的總次數,( ) 中的數字表示在該支簡中出現的次數。

有夏 [3]:《尹至》1;《尹至》5;《尹誥》3

有后 [1]:《尹至》2

有衆 [1]:《尹至》2

有民 [2]:《尹至》3;《尹誥》1

離心 [1]:《尹誥》2

金玉 [1]:《尹誥》2

嗚呼 [13]:《尹誥》3;《程寤》4;《程寤》6;《程寤》8;《保訓》7;《保訓》9《皇門》1;《皇門》12;《祭公之顧命》4;《祭公之顧命》8;《祭公之顧命》14;《祭公之顧命》16;《祭公之顧命》17

大姒 [2]:《程寤》1;《程寤》2

夢見 [1]:《程寤》1

小子 [3]:《程寤》1;《祭公之顧命》1;《祭公之顧命》8

太子 [4]:《程寤》2(2):《程寤》3;《楚居》14

宗祊 [1]:《程寤》3

社稷 [1]:《程寤》3

山川 [1]:《程寤》3

六末 [1]:《程寤》3

明明 [3]:《程寤》7;《耆夜》8(2)

生民 [1]:《程寤》8

小人 [1]:《保訓》4

上下 [2]:《保訓》5;《祭公之顧命》12

遠邇［1］:《保訓》5

陰陽［1］:《保訓》6

翼翼［1］:《保訓》7

有易［2］:《保訓》8（2）

庶萬姓［1］:《保訓》5

司正［1］:《耆夜》4

樂樂［2］:《耆夜》3（2）

纴仁［1］:《耆夜》3

庶民［1］:《耆夜》4

穆穆［1］:《耆夜》4

仇讎［1］:《耆夜》6

晶晶［2］:《耆夜》7（2）

赳赳［1］:《耆夜》7

明日［1］:《耆夜》7

禋盟［1］:《耆夜》8

祝誦［2］:《耆夜》8;《耆夜》9

蟋蟀［5］:《耆夜》10（3）;《耆夜》11;《耆夜》13

君子［2］:《耆夜》10;《耆夜》12

先王［8］:《金縢》2;《金縢》3;《金縢》8;《皇門》5;《皇門》7（2）;《祭公之顧命》18;《祭公之顧命》19;

南方［2］:《金縢》2

元孫［2］:《金縢》3（2）

四方［4］:《金縢》4;《祭公之顧命》5;《祭公之顧命》18;《楚居》2

金縢［2］:《金縢》6;《金縢》10

孺子［1］:《金縢》7

勤勞［2］:《金縢》11;《皇門》5

沖人［3］:《金縢》11;《金縢》12;《皇門》1

執事人［1］：《金縢》6

王邦［4］：《皇門》3；《皇門》5；《皇門》6；《皇門》8

王家［4］：《金縢》11；《皇門》3；《皇門》5；《皇門》8

宗子［2］：《皇門》2；《祭公之顧命》13

釐臣［1］：《皇門》3

懍達［1］：《皇門》3

百姓［1］：《皇門》4

萬民［1］：《皇門》4

小民［2］：《皇門》6；《皇門》11

稼穡［1］：《皇門》6

天神［1］：《皇門》6

四鄰［1］：《皇門》6

急急［1］：《皇門》7

詐訽［1］：《皇門》9

弁蓋［1］：《皇門》10

殄罰［1］：《皇門》12

乃惟［3］：《皇門》2；《皇門》8；《皇門》11

斯乃［2］：《皇門》9（2）

譬如［3］：《皇門》9；《皇門》10；《皇門》13

拜手［2］：《祭公之顧命》2；《祭公之顧命》9；

稽首［3］：《祭公之顧命》3；《祭公之顧命》9；《祭公之顧命》21

皇祖［1］：《祭公之顧命》4

烈祖［1］：《祭公之顧命》4

夾紹［1］：《祭公之顧命》6

天子［7］：《祭公之顧命》3；《祭公之顧命》10；《祭公之顧命》12；《祭公之顧命》14；《公之顧命》15；《祭公之顧命》17；《祭公之顧命》20

皇天［2］：《祭公之顧命》10；《金縢》2

方邦 [1]：《祭公之顧命》13
大夫 [2]：《祭公之顧命》10；《祭公之顧命》16
卿士 [1]：《祭公之顧命》16
唐唐 [1]：《祭公之顧命》18
丕惟 [3]：《祭公之顧命》13（2）；《祭公之顧命》15
丕則 [2]：《祭公之顧命》14；《祭公之顧命》15
徜徉 [1]：《楚居》2
並痎 [1]：《楚居》3

睡虎地秦墓竹簡《日書甲種》複音詞考察

田佳鷺①

摘　要：針對睡虎地秦墓竹簡《日書甲種》的語料特點，結合各家對漢語複音詞的判定標準，採取以詞義標準爲主、語法結構爲輔，同時參考頻率的方法，對睡簡《日書甲種》中的複音詞作了初步整理和頻次分析，並對比相關文獻，對睡簡《日書甲種》複音詞的特點進行了探討。

關鍵詞：睡虎地秦墓竹簡《日書甲種》；複音詞；特點

複音詞，即在語言中由兩個或兩個以上音節構成的最小的能夠獨立運用的語言單位。古代漢語以單音詞爲主，現代漢語以複音詞爲主，在詞彙發展史上，這種從單音詞爲主到複音詞爲主的發展趨勢頗具影響，不僅對漢語詞彙內部各系統有影響，而且與語音、詞彙、語法的發展也密切相關。因此歷來都受到學界的重

---

① 田佳鷺，西南大學漢語言文獻研究所　研究生　重慶　400715。

視，然而要研究古漢語複音詞，最難的就是對複音詞的認定。本文試以睡虎地秦墓竹簡中《日書甲種》①爲材料，並對比相關的文獻材料來考察複音詞在睡簡所反映的時代的特點。

一、判別標準

由於漢語中詞和詞組之間沒有形式上的標記，所以如何判定複音詞歷來都是複音詞研究的一個難點。王力先生也曾說："必須承認，詞和仂語之間沒有絕對的界限。"[1]學界對於複音詞的判定主要有從寬和從嚴兩種觀點。主張從寬的觀點認爲漢語中詞和詞組的區別不大，而且相互之間存在着發展過渡的聯繫，因此無法對兩者進行截然的區分。這類觀點主要以唐鈺明先生爲代表。從嚴派以程湘清爲代表，主張從意義、結構和修辭等上進行判斷。程湘清先生（2003）提出了四條標準，其中語法結構居於首位，詞彙意義（即語義上是否代表一個概念）處於第二位，同時參考修辭特點和出現頻率進行判定。本文主要參考程湘清先生的觀點，但有所變化，即以詞義的聚合爲主要標準，並輔以語法結構和頻率標準來劃分。

（一）詞義

由於漢語缺乏形態變化，尤其是上古漢語，有時很難用插入法來分析。因而基於漢語自身的特點我們將詞義的聚合排在首位。但運用這條標準時也與程湘清先生有所不同，由於詞和概念

---

① 釋文材料源自張顯成主編《簡帛逐字索引大系之一·秦簡逐字索引》，四川大學出版社，2010年。

之間並非都是一一對應的，所以並不是祇要代表一個概念就判定它是詞而非詞組，詞組也可以表示一個概念。

1. 由單個語素組成的單純詞當然祇表示一個概念，毫無疑問是詞。

2. 由兩個語素組成的合成詞則要仔細辨別。

第一，複合詞詞義與語素義基本相同。即複音組合中的語素，原來代表的概念是相近或相同的，合成後共同表示一個意義，這類詞大都是聯合式複合詞。如：

　　離日不可以家（嫁）女、取（娶）婦及入人民畜生，唯利以分異。(52 正叁)

"異"與"分"一樣都有"分開"的意思，例如陸賈《新語・道基》："異是非，明好惡"，上例簡文中"分異"即"分開"之義，是一個同義並列複合詞。

第二，產生了新義。即複音組合中的每一個語素在語義上都失去了獨立性，共同代表一個新的概念或者新的意義，即 AB ≠ A + B。這種組合也應認定爲詞。如：

　　（1）辛未生子，肉食。(147 正陸)
　　（2）廡居東方，鄉（嚮）井，日出炙其韓（韓），其後必肉食。(22 背肆)

"肉食"在春秋時期有高官厚祿之意，亦泛指做官之人。如《左傳・莊公十年》："肉食者鄙，未能遠謀。"杜預注："肉食，在位者。"在這裡"肉"和"食"兩個語素在語義上都失去了獨立性，因而是詞。

第三，特指變成泛稱。複音組合中的語素，單獨使用時表示

特指義,構成複合詞后經過抽象、概括,意義更加寬泛。如:

胃,利入禾粟及爲囷倉,吉。(84 正壹)

"囷倉"單獨用時,"囷"指圓形穀倉,"倉"指貯藏糧食的場所,構成複合詞後,泛指糧倉,意義更加寬泛。

第四,泛指變成特指。複音組合中的語素,單獨使用時表示泛指義,構成複合詞後意義範圍縮小,詞義更加具體。如:

成日,可以謀事、起□、興大事。(22 正貳)

"大事"分開來講,"大"和"事"都是泛指,但構成複合詞後意義範圍縮小,特指祭祀之事或軍事之事。

第五,構成了偏義。在一個複音組合中,一個語素表示該複合組合的意義,另一個語素失去了原來的意義,或者是連類而及,或者是協調音節,總之共同代表一個意義,這種組合叫偏義複合詞,如"死亡"。

第六,形成了附加成分。在一個複音組合中,其中一個語素沒有具體的詞彙意義,祗充當附加成分,表示語法意義,構成附加式合成詞,如"我我然"。

(二) 結構

程湘清先生認爲從語法結構上看,兩個音節結合緊密,不能拆開或隨意擴展的是詞。也就是我們現代漢語中常用到的"插入法"或"擴展法"來鑒別詞與詞組。當然,不可否認,這種方法在多數情況下是很適用的,但是也不能一概而論。

如"父母"一詞在《日書甲種》中共出現七次。程湘清先生(2003)認爲"父母"可改爲"父與母",而意思、功能均可保持不變,因而認定"父母"是詞組而非詞。我們認爲此看法有所偏頗。"父母"雖可以看成"父與母",但在古代文獻中連用指雙親的例子佔了大多數,很少看到"父與母"這種表達方式,這說明這兩個語素結合的相當緊密,應認定爲詞。

(三) 頻率

頻率標準是一個較有用的劃分標準,但祇是作爲一個參考標準。因爲並不是出現頻率高的複音組合就一定是詞,出現頻率低的也有可能是詞而不是詞組。

另外需要說明的是,合文是出現高頻率的一個原因。潘允中先生認爲:"甲骨文、金文裏有一部分合體文字,從其結構來看,當時人們是把這些合體字內容作爲整體的概念,所以用"複音"形式來記錄它們,不妨把這些合體字看作是漢語複音詞結構的初級狀態。"[2] 我們比較贊同這一觀點。因爲睡簡中的《日書》屬於實用文獻,在當時人們的生活中很實用,也就是說在文獻性質方面同甲骨文有着相通之處。但是也不能僅根據其合文符號就判定其是複音詞,還是要根據上下文,並結合詞義和結構這兩個重要標準來進行劃分。

二、頻次分佈

根據上述複音詞的判定標準,通過仔細辨別,統計得出睡簡中《日書甲種》的複音詞共有 302 個(不包括干支名詞和專名),[①] 出現 707 次,並且祇分佈於名詞、動詞和形容詞。從結

---

① 由於干支名和專名的數量大,若不排除在外則會影響統計數據和當時複音詞的面貌。

構上來看，單純詞（4個）和合成詞（285個）的種類都較完備。剩有13個複音名詞由於不明其語素的具體含義，詞的內部形式不易察明，未能按結構分組，故自成不明一類。現將其複音詞的具體分佈情況列表如下：

表一（按詞類劃分）

詞　類	個　數	百分比	次　數	百分比
名　詞	214	70.9%	526	74.4%
動　詞	71	23.5%	163	23.1%
形容詞	17	5.6%	18	2.5%
總　數	302	100%	707	100%

表二（按結構劃分）

總個數						
總個數	302					
總次數	707					
造詞方式	單純複音詞（語音造詞）		合成複音詞（語法造詞）			
結構分類	疊韻詞	疊音詞	聯合式	動賓式	偏正式	主謂式	附加式
個數	4		91	25	159	5	5
百分比	1.3%		30.1%	8.3%	52.6%	1.7%	1.7%
次數	7		168	73	407	17	6
百分比	1.0%		23.8%	10.3%	57.6%	2.4%	0.8%
例詞	須臾 律律		金錢 思哀	從官 報讎	肉食 黑子	口臭 日中	可以 我我然

三、特點分析

通過分析，總結出睡簡《日書甲種》的複音詞有以下幾個特點：

（一）名詞佔複音詞的絕大多數，動詞有所發展

通過與《左傳》複音詞詞類的比較（見表三），可以發現，它們的共同點是：名詞佔複音詞的絕大多數，動詞次之，形容詞最弱。也就是說漢語名詞複音化的速度較其他詞類要快。它們的不同點在於，《日書甲種》中的動詞有所發展，這也許可以說明人們的思維有所發展，已經不僅僅局限於認識是什麽的問題了。

表三

書　名	總詞數	名　詞		動　詞		形容詞	
		個數	百分比	個數	百分比	個數	百分比
《左傳》[①]	989	724	73%	154	15.5%	111	11.5%
《日書甲種》	301	214	70.9%	71	23.5%	17	5.6%

（二）單純複音詞很少，且組合形式也很單一

《日書甲種》中僅有4個單純複音詞，佔複音詞總數的1.1%。其中3個是疊韻詞，1個是疊音詞，其組合的形式相當單一。程湘清先生（2003）將先秦複音詞的發展概括爲三個階

[①] 《左傳》相關數據取自毛遠明《左傳詞彙研究》，西南師範大學出版社，1999年，頁92。

段：語音造詞——語音造詞向語法造詞的過渡——語法造詞。但因語言的發展具有漸變性和繼承性，新舊方式往往會長期並存。加上受上古語言材料的限制，我們實際上祇能看出一個大略的發展趨勢。從下表四的對比我們可以看出，語法造詞的比例逐漸增大，語音造詞的比例在逐漸減少。但並不能說新的構詞方式的產生就意味着舊的構詞方式的滅亡。甚至某些中古文獻材料中的單純詞比睡簡《日書甲種》更豐富，比如"《世說新語》總詞數1541個，語音構詞116個，占7.5%"。[3]當然，這種情況跟材料的內容密切相關，睡簡《日書》是關於選擇時日的讀物，語句通俗，敘述性強，用單純詞來描寫的機會也就大大地減少了。

表四

書名	總詞數	語音造詞		語法造詞	
		個數	百分比	個數	百分比
《論語》	180	24	13.3%	138	76.7%
《孟子》①	333	44	13.2%	249	74.8%
《日書甲種》	301	4	1.3%	285	94.4%

（三）**合成詞大量產生，複合式構詞方式已具備明顯的能產性**

《日書甲種》裏的複合詞主要以聯合和偏正結構爲主，動賓結構也有所發展，但仍然沒有產生動補式。從合成詞的數量和各個結構所佔的比例來看（見表五），睡簡時期確實產生了大量的複合詞，並且各種結構基本上都已具備（除了動補式），也就是

---

① 《論語》、《孟子》相關數據取自程湘清《漢語史專書複音詞研究》，商務印書館，2003年，頁89。

說睡簡時期複合式構詞方式已經具備了明顯的能產性。

表五

	《呂氏春秋》①	睡簡《秦律十八種·倉律》②	放馬灘秦簡《墓主記》③	睡簡《日書甲種》
合成詞總數	992	43	19	285
聯合結構	448/45.2%	15/34.9%	1/5.3%	91/30.1%
偏正結構	459/46.3%	18/41.9%	9/47.4%	159/55.8%
動賓結構	35/3.5%	7/16.3%	2/10.5%	25/8.8%
主謂結構	5/0.5%	1/2.3%	2/10.5%	5/1.7%
附加結構	35/3.5%	1/2.3%	2/10.5%	5/1.7%

（四）聯合和偏正仍然是構詞的主要手段，但是偏正大大高於聯合

從表五我們可以看到在先秦時期聯合和偏正所佔的比重最大，也就是說聯合和偏正是先秦時期構詞的主要手段，在《日書甲種》中也不例外。程湘清先生從《論語》和《孟子》的複音詞研究中也得出："在詞序造詞中，產生最早，產量最大的是聯合式和偏正式。"[4]不僅如此從表五中我們也發現偏正在複合詞中所佔的比例較聯合更大，這也不失爲《日書甲種》的一大

---

① 《呂氏春秋》相關數據取自張雙棣《呂氏春秋詞彙研究》，山東教育出版社，1989年，頁168。
② 《秦律十八種·倉律》數據取自張顯成等《秦漢簡帛構詞法分析十二則》，《簡帛語言文字研究》第一輯，巴蜀書社，2002年，頁167。
③ 放馬灘秦簡《墓主記》數據取自張顯成等《秦漢簡帛構詞法分析十二則》，《簡帛語言文字研究》第一輯，巴蜀書社，2002年，頁169。

特點。

(五) 衹有一個形容詞詞綴"然"

先秦後附的詞尾主要有"而"、"爾"、"然"、"若"等，從現有的文獻材料來看，它們最早使用與《易經》，其卦、爻辭中就有"如"22例，"若"5例，"然"2例。但是整個先秦仍然以"然"最爲常見，據伍宗文先生調查共有300餘例。① 我們再來看看它的發展脈絡。《易經》有"如"、"若"、"然"，《詩經》有"其"、"然"、"焉"、"而"、"如"、"若"，《左傳》有"然"、"焉"、"乎"，到戰國末的《韓非子》，雖有"然"、"焉"、"而"三個，但常用的衹有"然"。而睡簡《日書甲種》中就衹見到"然"了。[3] 從其發展脈絡我們可以看到"然"的生命力之強。出現這一情況我們認爲是由睡簡《日書》的文體所決定的。《日書》是朝野盛行的讀物，應該是一般人都可以看懂的書，故衹用了一個當時最常用的形容詞詞綴"然"來行文。

(六) 有些組合尚處在由詞組到詞的過渡階段

睡簡《日書甲種》中有些詞尚未完全從詞組中脫離出來，但是已經有凝固成詞的趨勢，處在由詞組到詞的過渡階段，衹是用例很少，尚未成熟。最明顯的例子就是"可以"。"可"和"以"連用在睡簡《日書甲種》中有64例之多，但是大多都是詞組，尚未凝固成詞，大多都用在時間名詞後，表示這一時間能做或者不能做某事。如：

(1) 外害日，不可以行作。之四方野外，必耦（遇）寇盜，見兵。(9正貳)

---

① 數據引自伍宗文《先秦漢語複音詞研究》，巴蜀書社，2001年，頁301。

（2）建日，良日也。可以爲嗇夫，可以祠。利棗（早）不利莫（暮）。可以入人、始寇（冠）、乘車。有爲也，吉。（14 正貳）

處在這類例子中的"可以"中的"以"都帶有一定的介詞性質，所以它還不是詞。但是也有凝固爲詞的用例。如：

（3）一室中卧者眯也，不可以居，是□鬼居之。（24 背叁）

（4）鬼恒從人游，不可以辭，取女筆以拓之，則不來矣。（46 背貳）

秦簡《日書甲種》中僅此兩例中的"可以"凝固爲了附加結構的動詞，也就是說"可以"尚處在由詞組發展到詞的過渡階段。

綜上，通過對睡簡《日書甲種》中複音詞的窮盡性考察，我們可以看出睡簡時期（最遲不晚於秦始皇三十年）的複音詞正處在詞組向詞的過渡時期，並且其複音詞主要分佈在名詞、動詞、形容詞，其中名詞的比例大大高於其他兩類，動詞有所發展，形容詞比例最小，並且祗有一個形容詞詞綴"然"。從其構詞方式來看，單純詞和合成詞的種類都較完備，但還沒有產生動補式。但是單純複音詞很少，組合形式也相當單一，相比之下，合成詞大量產生，複合式構詞方式已具備一定的能產性，並且聯合和偏正仍然是構詞的主要手段。以上這些從出土文獻睡虎地秦簡《日書甲種》中得出的結論，顯然對漢語語法史的研究具有積極意義。

參考文獻:

[1] 王力《詞和仂語的界限問題》,《龍蟲並雕齋文集》,中華書局,1980年,頁561。

[2] 潘允中《漢語詞彙史概要》,上海古籍出版社,1989年,頁2。

[3] 魏德勝《〈睡虎地秦墓竹簡〉語法研究》,首都師範大學出版社,2000年,頁27-73。

[4] 程湘清《漢語史專書複音詞研究》,商務印書館,2003年,頁89。

[附]:睡虎地秦墓竹簡《日書甲種》複音詞統計表(不包括干支名、專名)

說明:括號中的數字是它在睡簡《日書甲種》中出現的次數,有通假、異體、古今字等情況的,用括號標注置於相應的詞後。

一、名詞(214個,526次)

(一)單純詞(3個,6次)

豺犄(3);亡傷(殤)(1);須臾(2)

(二)合成詞(198個,491次)

1. 聯合(42個,74次)

阪險(2);草木(2);臣妾(6);春日(1);虫豸(2);芻稾(1);盜賊(1);風雨(1);夫妻(1);父母(7);宮室(2);官府(1);禾粟(1);侯王(1);戶牖(2);貨材(財);家室(3);間牢(1);金錢(1);鳥獸(4);朋友(1);妻妾(1);錢金(1);丘虛(1);囷倉(2);人民(2);日月(1);上下(2);室屋(1);思哀(1);孫子(1);田野(1);王公(1);弦望(1);小大(2);凶庽(1);兇(凶)央(殃)(1);畜生(3);衣常(裳);月日(1);中央(5);主君(3)

2. 動賓(2個,5次)

終身(2);卒歲(3)

3. 偏正(150個,396次)

暴（曓）鬼（1）；哀鬼（1）；白粱（1）；白茅（3）；白色（2）；白湯（1）；百草（1）；百事（17）；邦中（2）；北方（9）；䬩時（1）；不辜鬼（2）；長子（1）；車馬（1）；赤色（3）；赤子（1）；祠木（1）；刺鬼（1）；大夫（2）；大吏（1）；大人（1）；大神（1）；大事（4）；大主（1）；大袜（魅）（1）；寎人（2）；地䢋（蠭）（1）；地杓（1）；地衝（1）；地蟲（1）；東北（10）；東方（13）；東南（10）；惡蓍（夢）（3）；餓鬼（1）；複衣（2）；高山（2）；艮山（2）；故丘（2）；拏鬼（1）；匄鬼（1）；祷鬼（1）；鬼嬰兒（1）；寒風（1）；黑色（2）；黑子（1）；後言（3）；黃色（4）；黃土（3）；會蟲（1）；火敬（警）（1）；棘鬼（1）；忌日（4）；閒日（1）；賤人（3）；驕母（1）；今日（2）；遽鬼（2）；君子（1）；枯骨（1）；離日（4）；瘨鬼（1）；良日（良【日】）（20）；六甲（1）；六畜（7）；龍日（1）；馬廄（1）；美氣（1）；美味（1）；美言（3）；莫（暮）食（1）；牡刀（1）；牡棘（6）；牡日（2）；牡月（3）；男日（1）；男子（5）；南方（9）；牛廄（1）；女日（4）；女子（18）；票（飄）風（3）；牝日（2）；牝月（2）；桼（漆）器（1）；欽鬼（1）；青色（1）；清酒（1）；丘鬼（2）；羣神（1）；肉食（2）；上神（2）；上旬（12）；身事（1）；神狗（1）；市日（1）；室人（8）；水瀆（竇）（3）；朔日（2）；死人（1）；四徹（1）；四方（2）；四廢（5）；四敫（1）；四旁（2）；四隅（1）；它人（2）；桃更（梗）（2）；桃柗〈桮〉（1）；桃丈（杖）（1）；天火（1）；天李（1）；同生（1）；土攻（功）（11）；土事（3）；外喪（1）；王父（1）；王母（1）；西北（12）；西方（11）；西南（14）；下民（1）；先牧（1）；小夫（1）；小子（1）；兇（凶）鬼（1）；雄鷄（1）；羊卷（圈）（1）；羊牢（1）；陽鬼（2）；夭鬼（1）；野火（1）；野獸（1）；野外（4）；衣佩（1）；邑屋（1）；游鬼（1）；雨帀（師）（1）；禹步（1）；雲氣（1）；丈夫（2）；中春（1）；中道（2）；中冬（1）；中秋（1）；中夏（1）；中旬（1）；中子（1）；重喪（1）；狀神（1）

4. 主謂（3個，15次）

日中（4）；日出（1）；日虒（10）

5. 附加式（1個，1次）

以上（1）

（三）不明（13個，29次）

車人（1）；反枳（支）（8）；夬光（1）；廣灌（1）；敫（徼）日（1）；馬祩（3）；召日（1）；嗇夫（6）；沙人（1）；血明（1）；爰母（1）；中夕（3）；重光（1）

二、動詞（71個，163次）

（一）合成詞（71個，163次）

1. 聯合（37個，81次）

臾（謏）詢（1）；奔亡（1）；卜筮（1）；出入（10）；出正（征）（1）；出逐（1）；祠祀（4）；刺離（4）；分離（2）；分異（1）；歌樂（哥樂）（5）；攻伐（1）；攻斁（擊）（1）；果成（1）；毀棄（4）；祭祀（3）；買市（5）；開臨（1）；寇盜（1）；困辱（2）；㝱（夢）米（寐）（1）；明（盟）組（詛）（1）；沐浴（1）；劈決（1）；請謁（3）；求頪（1）；死亡（1）；宋傷（1）；田邋（獵）（3）；行作（1）；言語（1）；弋邋（獵）（1）；飲食（8）；漁邋（獵）（1）；葬貍（埋）（4）；戰伐（1）；周環（1）

2. 動賓（23個，68次）

報讎（1）；波（破）地（1）；除道（1）；得志（1）；登高（1）；發蟄（1）；好樂（1）；絕後（2）；立正（政）（1）；臨官（2）；謀事（1）；起事（2）；請命（7）；送鬼（1）；夙（縮）筋（2）；毋（無）故（18）；徙官（3）；行買（1）；有爲（又爲）（9）；終迣（世）（1）；終日（2）；漬米（1）；作事（8）

3. 偏正（8個，10次）

長行（1）；大行（1）；箕坐（1）；同居（1）；外除（1）；相當（1）；

野戰（1）；遠行（3）

4. 主謂（2個，2次）

口臭（1）；自出（1）

5. 附加式（1個，2次）

可以（2）

三、形容詞（17個，18次）

（一）單純詞（1個，1次）

律律（1）

（二）合成詞（16個，17次）

1. 聯合（12個，13次）

昌富（1）；長大（1）；赤白（1）；剛履（1）；攻（工）巧（2）；焦寋（1）；狂癡（1）；美惡（1）；契（潔）清（1）；順成（1）；星（腥）臭（1）；滋昌（1）

2. 偏正（1個，1次）

多舌（1）

3. 附加式（3個，3次）

柏（白）然（1）；鞞鞞然（1）；我我然（1）

秦簡介詞初探

熊昌華①

摘 要：秦簡共出現介詞 24 個，按作用分爲 6 類 19 組。本文對它們的用法特點進行了一個簡要的探討後發現：秦簡新出現了 6 個介詞，6 個介詞產生了新意或出現了新用法；介詞與其他詞的組合形式更加多樣化，組合能力不斷增強，新出現了一些傳世文獻沒有或不常見的組合形式；有些介詞仍具有很強的動詞意味，個別介詞結構也具有很強的獨立性和動詞性；介詞用法多樣而靈活，有一定的分工，體現出一定的互補性和系統性。

關鍵詞：秦簡；介詞；類別；特徵

秦代傳世文獻極爲稀少，但隨着睡虎地秦墓竹簡、周家臺秦簡等一系列秦簡的出土，爲我們提供了前所未見的豐富材料，也彌補了傳世文獻的不足。與傳世文獻相比，出土文獻往往更具有文獻真實性。從漢語史研究角度來看，秦簡的出土，對漢語語

---

① 熊昌華，西南大學文獻所 博士生 重慶 400715。

音、詞彙、語法等方面的研究均有不可估量的價值。本文僅就秦簡介詞做一簡要的探討。

這裏所說的秦簡,是指秦國和秦朝的簡牘,包括秦統一中國以前和統一中國以後的簡牘。本文所用秦簡材料都是已正式公佈的,包括:睡虎地秦墓竹簡(簡稱睡虎地秦簡)、放馬灘秦簡、周家臺秦簡、龍崗秦簡、里耶秦簡、王家臺秦簡、岳麓書院藏秦簡①以及一些散見秦牘(包括青川木牘、睡虎地秦牘和岳山秦牘)。

一、秦簡介詞的類別

介詞屬於虛詞中的一類,它引介它的賓語給謂詞,主要用於名詞、代詞或名詞性短語前面,組成介詞短語,對謂詞起修飾作用。其主要功能在於引出與動作(或狀態)相關的時間、處所、人物、目的、原因、方式等,使句意的表達更加具體、準確、生動。② 據我們窮盡性統計,秦簡中共出現介詞24個,其中單音介詞23個:以、至、到、終、盡、先、後、逮、于、從、在、於、道、依、即、與、及、爲、如、坐、用、自、當,複音介詞1個:自從。按其作用,將它們分爲6類19組:③

(一)引介動作行爲的時間

(1)[以、至、到、用、當]引介動作行爲起始或發生的時間。如:

---

① 其中里耶秦簡、王家臺秦簡、岳麓書院藏秦簡都僅公佈了一部分材料。
② 參見楊伯峻、何樂士《古漢語語法及其發展(上)》,第376頁。
③ 有些介詞因作用不同,分別歸於不同的類。

> 久行毋以庚午入室，長行毋以戌亥遠去室。（睡虎地秦簡·日書乙種43貳）①
>
> 至計而上廥籍內史。（睡虎地秦簡·秦律十八種·效175）
>
> 不夏月，毋敢夜草爲灰，取生荔、麛鷇（卵）縠，毋毒魚鱉，置穽罔（網），到七月而縱之。（睡虎地秦簡·秦律十八種·田律4－5）
>
> 虛日，不可以臧（藏）蓋，臧（藏）蓋，它人必發之。毋可有爲也。用得，必復出。②（睡虎地秦簡·日書乙種45壹）
>
> 律所謂者，當繇（徭），吏、典已令之，即亡弗會，爲"逋事"。（睡虎地秦簡·法律答問164）

"用"本義是動詞，依次虛化爲引介工具和時間的介詞，其時間介詞的用法是秦簡新出現的，與介詞"以"有相同。③ 秦以前簡帛都僅見此1例。

"當"作介詞在先秦傳世文獻中也可見到，如《韓非子·內儲說上》："當苗時，桂牛馬入人田中，固有令。"

（2）[到、終、盡、及] 引介動作行爲或狀態的終止或終點時間。如：

> 取戶旁膬黍，裹臧（藏）到種禾時，燔冶。（周家臺秦簡·病方及其它354）

---

① 括弧內爲簡號。下同。
② "用得，必復出"的意思是說在（虛日）得到，一定會再出去。
③ 參見張玉金《出土戰國文獻虛詞研究》，第189－190頁。

嗇夫免而效，效者見其封及堤（題），以效之，勿度縣，唯倉所自封印是度縣。終歲而爲出凡。（睡虎地秦簡·秦律十八種·效 171）

有米委賜，稟禾稼公，盡九月，其人弗取之，勿鼠（予）。（睡虎地秦簡·秦律十八種·倉律 41-42）

都官輸大內，內受賈（賣）之，盡七月而觱（畢）。（睡虎地秦簡·秦律十八種·金布律 86-87）

不賫（任）其人，及官之□豈可悔。（睡虎地秦簡·爲吏之道 9 伍-10 伍）

"終歲"即"到歲末"，"終"是"到……末"的意思。"終"的介詞義，當是其從動詞義"終止"虛化而來的。類似用法在楚簡中也可見到，如：《郭店楚簡·老子乙本》13："閟（閉）亓（其）門，賽（塞）其兌（兌），終身不柔（督）。"《郭店楚簡·老子甲本》34："終日虖（乎）而不慐（嚘），和之至也。"張玉金先生認爲此類句子"終身"、"終日"前之"終"均爲介詞。① 但它與傳世文獻常見的介詞義是有區別的，如：《史記·匈奴列傳》："終孝景時，時小入盜邊，無大寇。"此句中的"終"是"到、至"的意思，也表時間的終止，強調的是某個時間段，而"終歲"強調的卻是某個時間段的結束點。

"盡九月"即"到九月底"，"盡"是"到……底（爲止）"的意思。"盡"的介詞義，當是從其動詞義"終止"虛化而來的，這個介詞在楚簡與秦簡中都比較常見，如：《葛陵楚簡》甲三：160："未肂（盡）八月疾必瘥（瘥）。"傳世文獻可見於兩

---

① 參見張玉金《出土戰國文獻虛詞研究》，第 139 頁。

漢以後，如《漢書·律曆志上》："詔與丞相、禦史、大將軍、右將軍史各一人雜候上林清臺，課諸曆疏密，凡十一家。以元鳳三年十一月朔旦冬至，盡五年十二月，各有第。"

（3）［先、後］引介時間，表示動作行爲發生的時間在另一時間之前或之後。如：

> 能先期成學者謁上，上且有以賞之。（睡虎地秦簡·秦律十八種·均工 111 – 112）

> 稻後禾孰（熟），計稻後年。（睡虎地秦簡·秦律十八種·倉律 35）

"先"作介詞在先秦文獻中比較多，如《禮記·月令》："先立春三日，大史謁之天子。"

"後"作介詞在先秦文獻中則較少見，如《孫子兵法·軍爭》："故迂其途，而誘之以利，後人發，先至，此知迂直之計者也。"

（4）［遝］引介時間，表示趕趁某個時間去行動。僅 1 例：

> 器敝久恐靡者，遝其未靡，謁更其久。（睡虎地秦簡·秦律十八種·工律 105）

"遝"字也出現於馬王堆漢墓帛書中，《戰國縱橫家書》："願君遝楚、趙之兵未至於梁（梁）也，亟以小（少）割收魏。"此句在《戰國策·魏策》作："願之及楚、趙之兵未任于大樑也，亟以少割收。"在《史記·穰侯列傳》中作："願君逮楚、趙之兵未至於梁，亟以少割收魏。"由此可見，"遝"與"及"、"逮"是同義介詞。

（二）引介動作行爲的方位處所

(5) ［從、於、道］引介動作行爲方位處所的起點、經由點或範圍。如：

己酉從遠行入，有三喜。（睡虎地秦簡·日書甲種 134 正）

甲乙有疾，父母爲祟，得之於肉，從東方來，裹以桼（漆）器。（睡虎地秦簡·日書甲種 68 正貳）

戊己有疾，巫堪行，王母爲祟，得之於黃色索魚、菫酉（酒）。（睡虎地秦簡·日書甲種 72 正貳）

甲子旬，戌亥爲蚔（孤），辰巳爲虛，道東南入。（周家臺秦簡·病方及其它 355）

(6) ［遝、到］引介動作行爲或狀態到達的處所或位置，如：

是狀神在其室，屈（掘）遝泉，有赤豕，馬尾犬首。（睡虎地秦簡·日書甲種 36 背貳 – 37 背貳）

自晝甲將乙等微循到某山，見丁與此首人而捕之。（睡虎地秦簡·封診式 26）

診首□發，其右角痏一所，袤五寸，深到骨，類劍跡。（睡虎地秦簡·封診式 35 – 36）

"遝"的本義是動詞，《說文·辵部》："遝，迨也。"是追及的意思。引申爲達到，如《馬王堆漢墓帛書·脈法》："臘（膿）深（砭）轂（淺），謂上〈之〉不遝，一害；（膿）轂（淺）而（砭）深，胃（謂）之過，二害。"由此義再虛化爲介詞義的到達。

(7) ［在、于、於、當、到］引介動作行爲涉及的處所。如：

以枲索大如大指，旋通系頸，旋終在項。（睡虎地秦簡·封診式 64 – 65）

丹刺（刺）傷人垣雍裏中，因自刺（?）殹，棄之于市。（放馬灘秦簡·墓主記 1）

騎作乘輿駽，騎馬於它馳道，若吏徒☒（龍崗秦簡 59）

十二月丑，當其地不可起土攻（功）。（睡虎地秦簡·日書甲種 131 背）

善布清席，東首卧到晦，朔復到南卧。（周家臺秦簡·病方及其它 319 – 320）

(8) ［依］引介動作行爲依傍的處所。如：

依道爲小内，不宜子。（睡虎地秦簡·日書甲種 19 背伍）

介詞"依"是秦簡新出現的，意思是"沿着、靠着"，當是從其動詞義"遵循、按照"虛化而來的，傳世文獻中最早的用例可見於《吳越春秋·夫差内傳》："子胥因隨波揚波，依潮來往，蕩激崩岸。"[1]

(三) 引介動作行爲相關的人物、物件、範圍或狀態

(9) ［即、與、及、于、於、爲、以］引介動作行爲或性質狀態涉及的人物、物件或範圍。如：

---

[1] 參見《古代漢語虛詞詞典》，中國社會科學院語言研究所古代漢語研究室編，1999 年版，第 704 – 705 頁。

與牢隸臣某即甲、丙妻、女診丙。① （睡虎地秦簡·封診式63－64）

　　前日黑夫與驚別，今復會矣。（睡虎地秦牘1正）

　　今且令人案行之，舉劾不從令者，致以律，論及令、丞。（睡虎地秦簡·語書7－8）

　　大夫寡，當伍及人不當？（睡虎地秦簡·法律答問156）

　　盜出朱（珠）玉邦關及買（賣）于客者，上朱（珠）玉內。（睡虎地秦簡·法律答問140）

　　古者，民各有鄉俗，其所利及好惡不同，或不便於民，害於邦。（睡虎地秦簡·語書1）

　　其他冗吏、令史掾計者，及都倉、庫、田、亭嗇夫坐其離官屬於鄉者，如令、丞。② （睡虎地秦簡·效律52－53）

　　高山高郭，某馬心天，某爲我已之，並□待之。（周家臺秦簡·病方及其它345）

　　陰日，利以家室。（睡虎地秦簡·日書甲種6正貳）

　　介詞"即"是"跟隨、隨同"的意思，此義是秦簡中新出現的。"即"作介詞在先秦雖已出現，如《儀禮·士冠禮》："冠者即筵坐。"不過此句中的"即"引介的是動作行爲發生的處所，是"在、就（着）"的意思。

　　"伍及人"是與其他人合編爲伍的意思，"及"作介詞，引介動作行爲的參與者。"及"的這種用法在先秦傳世文獻中也可見到，如《左傳·僖公二十四年》："狐偃及秦、晉大夫盟於

---

①　此句意思是：和牢隸臣某隨甲同丙的妻和女兒對丙進行檢驗。
②　"坐其離官屬於鄉"意思是承擔下麵屬於鄉的分支機搆的罪責。

郇。"

(10)〔于、於、與、如〕引介比較的物件或標準。如：

　　盜罪輕于亡，以亡論。（睡虎地秦簡·法律答問 131）
　　死人以白茅爲富，其鬼勝於它而富。（放馬灘秦簡·墓主記 5）
　　（詐）僞、假人符傳及讓人符傳者，皆與闌入門同罪。（龍崗秦簡 4）
　　隸臣妾之老及小不能自衣者，如春衣。亡、不仁其主及官者，衣如隸臣妾。（睡虎地秦簡·秦律十八種·金布律 95-96）

(11)〔于、於〕引介動作行爲處於或趨向於某種狀態。如：

　　公士以下居贖刑罪、死罪者，居于城旦舂，毋赤其衣。（睡虎地秦簡·秦律十八種·司空 134）
　　故騰爲是而修法律令、田令及爲閒私方而下之，令吏明布，令吏民皆明智（知）之，毋巨（詎）於罪。（睡虎地秦簡·語書 4-5）

(12)〔於、爲〕引介動作行爲的施事者。如：

　　宦及智（知）於王，及六百石吏以上，皆爲"顯大夫"。（睡虎地秦簡·法律答問 191）
　　甲小未盈六尺，有馬一匹自牧之，今馬爲人敗，食人稼一石。（睡虎地秦簡·法律答問 158）

(13)〔以〕引介處置的對象。如：

　　凡啟門，以七星作翼，六奎皆門忌。（放馬灘秦簡·日

書乙種 133）

（四）引介動作行爲相關的工具、材料、方式、依據、憑藉等

(14)［以、用］引介動作行爲運用的工具、材料、方式、憑藉等。如：

晦起，即以酒賈（噴），以羽漬，稍去之，以粉傅之。（周家臺秦簡·病方及其它 320）

以桃爲弓，牡棘爲矢。（睡虎地秦簡·日書甲種 27 背壹 –28 背壹）

別書江陵布，以郵行。（睡虎地秦簡·語書 8）

隸妾及女子用箴（針）爲緡繡它物，女子一人當男子一人。（睡虎地秦簡·秦律十八種·工人程 110）

縣、都官用貞（楨）、栽爲偋（棚）榆。① （睡虎地秦簡·秦律十八種·司空 125）

(15)［以、坐、如、於］引介動作行爲的標準或依據。如：

入頃芻稾，以其受田之數，無墾（墾）不墾（墾），頃入芻三石、稾二石。（睡虎地秦簡·秦律十八種·田律 8）

致衣從事之縣，縣、大内皆聽其官致，以律稟衣。（睡虎地秦簡·秦律十八種·金布律 93）

吏有故當止食，弗止，盡稟出之，論可（何）殹（也）？當坐所贏出爲盜。② （睡虎地秦簡·法律答問 154）

咸陽十萬一積，其出入禾、增積如律令。（睡虎地秦

---

① "縣、都官用貞（楨）、栽爲偋（棚）榆"意思是縣、都官用木棍、木板編成築牆用的範本。
② "當坐所贏出爲盜"意思是應當以其多發的作爲盜竊處罪。

簡·秦律十八種·倉律26）

壬午生，穀於武，① 好貨。（睡虎地秦簡·日書乙種241）

"坐"作動詞有"犯罪"義，由此義引申爲表示評判犯罪的依據或標準、觸犯法律而犯罪的原因。

（五）引介原因或目的

（16）［爲、坐、以、用］引介動作行爲的原因。如：

故騰爲是而修法律令、田令及爲閒私方而下之。（睡虎地秦簡·語書4）

外大母同裏丁坐有寧毒言，以卌余歲時罨（遷）。②（睡虎地秦簡·封診式92）

今生子，子身全毆（也），毋（無）怪物，直以多子故，不欲其生。（睡虎地秦簡·法律答問69）

百姓不爲當老，至老時不用請，敢爲酢（詐）僞者，貲二甲。（睡虎地秦簡·秦律雜抄32–33）

引介原因的介詞"用"在先秦就已出現，如《禮記·禮運》："故謀用是作，而兵由此起。"

（17）［於］引介動作行爲達到的目的。僅1例：

凡法律令者，以教道（導）民，去其淫避（僻），除其惡俗，而使之之於爲善毆（也）。（睡虎地秦簡·語書2–3）

介詞"於"引介目的的用法似未見於其他先秦傳世文獻。

---

① "穀於武"意思是依靠武活著。
② "坐有寧毒言"意思是因口舌有毒論罪。

（六）引介某一範圍的起止點

(18) [自、自從] 引介某一範圍（事物、數量、時間、職爵等）的起點，常與方位名詞組成固定結構。如：

芻自黃及束以上皆受之。（睡虎地秦簡·秦律十八種·田律9）

計校相繆（謬）殹（也），自二百廿錢以下，誶官嗇夫。（睡虎地秦簡·效律56）

縣爲恒事及獻有爲殹（也），吏程攻（功），贏員及減員自二日以上，爲不察。（睡虎地秦簡·秦律十八種·徭律122-123）

自今以來，叚（假）門逆呂（旅），贅壻後父，勿令爲戶，勿鼠（予）田宇。（睡虎地秦簡·爲吏之道18伍-19伍）

其有爵者，自官士大夫以上，爵食之。（睡虎地秦簡·秦律十八種·傳食律179）

自從令、丞以下智（知）而弗舉論，是即明避主之明法殹（也），而養匿邪避（僻）之民。（睡虎地秦簡·語書5-6）

複音介詞"自從"義與"自"相同。傳世文獻可見於《史記·五帝本紀》："自從窮蟬以至帝舜，皆微爲庶人。"

(19) [到] 引介某一範圍（時間、地點、數量、位置、職爵、刑罰等）的終止點，用"……到……"的固定格式，表示這個範圍的起止點。如：

失期三日到五日，誶；六日到旬，貲一盾。（睡虎地秦

簡·秦律十八種·徭律115）

男子死（屍）所到某亭百步，到某裏士五（伍）丙田舍二百步。（睡虎地秦簡·封診式60－61）

百石以上到千石，貲官嗇夫一甲。（睡虎地秦簡·秦律十八種·效164－165）

其頭、身、臂、手指、股以下到足，足指類人。（睡虎地秦簡·封診式88）

上造以下到官佐、史毋（無）爵者，及卜、史、司禦、寺、府，糯（糲）米一斗。（睡虎地秦簡·秦律十八種·傳食律182）

葆子以上居贖刑以上到贖死，居於官府，皆勿將司。（睡虎地秦簡·秦律十八種·司空135）

不盈廿二錢到一錢，貲一盾；不盈一錢□☒　（龍崗秦簡41）

二、秦簡介詞特徵分析

以上我們分別考察了秦簡中出現的24個介詞（單音介詞23個，複音介詞1個），其中引介時間的11個，引介方位處所的9個，引介人物物件等的8個，引介工具手段等的5個，引介原因目的的5個，引介起止點的3個。[①] 下面作一個小結：

---

① 有的介詞屬於不同的類，則分別統計。

（一）秦簡中新出現了"終、盡、遝、依、坐、自從"6個介詞，"用、即、如、自、於、到"6個介詞產生了新意或新用法。

"終（在…末）、盡（到…底）、遝（趁着，到）、依（依傍）、坐（因爲，按照）、自從（表起點）"6個介詞均未見於其他先秦傳世文獻。產生新意或新用法的6個介詞"用（表時間）、即（表物件）、如（表示標準、依據）、自（表起點，常用固定結構"自……以上"、"自……以下"）、於（表目的）"。其中表"終止點"的介詞"到"引介一個數量範圍時，數值除了按從小到大排列外（如：百石以上到千石），還可以按從大到小排列（如：不盈廿二錢到一錢），而後一種數量表示法是秦簡中新產生的，未見於傳世文獻。

秦簡新出現的介詞加上產生新意或新用法的介詞共有12個，佔秦簡整個介詞總數的1/2，這說明秦正是漢語虛詞大量產生和發展的一個高峰時期，同時也從一個側面說明了出土文獻在漢語史上的研究價值。

（二）介詞與其他詞的組合形式更加多樣化，組合能力不斷增強；新出現了一些傳世文獻沒有或不常見的組合形式。

秦簡介詞除了引介的對象越來越多樣化以外，與介詞、時間名詞或助詞的組合形式也逐漸多樣化，組合能力不斷增強。同時也新出現了一些傳世文獻沒有或不常見的組合形式。如：

"以……盡……"，由介詞"以"和"盡"構成，表示時間的起止點"從……到……末"，如"夏衣以四月盡六月稟之，冬衣以九月盡十一月稟之"。

"自……以上（以下）"，由介詞"自"和方位名詞"以上

(以下)"構成，表示範圍的起點，如"自官士大夫以上"、"自二百廿錢以下"。

"當……以上"，由介詞"當"和方位名詞"以上"構成，表示範圍的起點，如"爵當上造以上"。

"如……然"，由介詞"如"和助詞"然"構成，表示比較的物件，如"其出禾，有（又）書其出者，如入禾然"。

"於……中……中（下）"，由介詞"於"和方位名詞"中（下）"構成，表示處所，如"臧（藏）於糞蔡中土中"、"臧（藏）於垣內中糞蔡下"。

除了這些組合形式外，還有"自……以來"、"自從……以下"、"於……中（下）"等，這些組合形式中有許多均未見於傳世文獻，如"以……盡……"、"自從……以下"等。它們當中的一些組合形式，如"以……盡"、"自……以下"、"如……然"，逐漸凝固成了固定結構，皆可見於漢簡。以《張家山漢簡》爲例，其《金布律》有："夏以四月盡六月，冬以九月盡十一月稟之。"《徭律》有："自公大夫以下，勿以爲繇。"《盜律》有："若鬼薪白粲當刑爲城旦舂，及刑畀主之罪也，皆如耐罪然。"

介詞與其他介詞、方位名詞、助詞等片語合的多樣化，說明介詞與其他詞的組合能力大大增強，兩者的結合更加嚴密，結構更加緊湊，在表意上就比單用一個介詞更加清楚和明確。

（三）有些介詞仍具有很強的動詞意味，個別介詞結構也具有很強的獨立性和動詞性。

介詞大多是從動詞虛化而來的。如介詞"到"，原爲動詞，是"達到"的意思，在"徼循到某山"這樣的句子中還可以發覺"到"帶有強烈的動詞意味,可能還介於動詞與介詞的過渡階段,到"三日到五日"這樣的句子,意義才可以說已完全虛化了,成爲了名副其實的介詞。再如介詞"在",原爲動詞,是"存在"的意思,"在咸陽者致其衣大內"、"事不且須,貰責(債)在外"等句中的"在"都可以說還未完全擺脫其動詞意味。魏德勝先生甚至將"去"(如:頭上去權二尺)也看作介詞。最典型的當數介詞"以"構成的介詞結構,如"有事請殹(也),必以書,毋口請",介詞結構"以書"(加上副詞"必")獨立成句,後面當承前省略了動詞"請",正是因爲省略了動詞,且"以書"和"口請"對舉,"口請"是動詞性結構,自然而然使介詞結構"以書"也帶上了動詞的特性。秦簡中像這種介詞結構獨立成句(帶上副詞)的情況還不少,傳世文獻反而很少見。再如"囷忌日,己醜爲囷廥,長死之;以癸醜,少者死之",前一分句有謂詞"爲囷廥",沒用介詞"以",後一分句則相反,省略了動詞,增加了介詞"以",前後兩分句一對比,後一介詞結構也就自然而然地表現出了一定的動詞性。[①]

(四)**介詞用法多樣而靈活,有一定的分工,體現出一定的互補性和系統性。**

秦簡介詞中有一些特別常用的,如引介時間的"以、至、到、盡",引介方位處所的"於、于、從",引介人物、物件等的"與、於、于、爲、以",引介工具、方式等的"以、爲、坐、如",引介原因目的的"以、坐",引介範圍的起止點的"自、到"。其中最活躍的是"以、於、于"等介詞。整個來看,

---

① 參見魏德勝《〈睡虎地秦墓竹簡〉語法研究》,第205–212頁。

秦簡中出現的介詞比較少，不少介詞用法多樣而靈活，從意義上看，交叉現象比較多，一個介詞可以表示多種意義，一個意義也可由不同介詞來表達。介詞體現了一定的分工。如"以"和"坐"，都可引介原因，"坐"專用於引介犯罪的原因，如"坐所贏出爲盜"，而"以"則引介一般動作行爲的原因，如"以多子故，不欲其生"、"以丹未當死，因告司命史公孫強"。再以"至"和"到"爲例，都可引介終止時間，但介詞"至"引介的時間較寬泛和模糊，如"至秋毋（無）雨時、至計、至老時"，常用來引介時間範圍的終點；而"到"引介的時間則相對具體和準確得多，如"到七月、到十月、到九月盡"等，常用來引介動作行爲延續的終點。從句法功能來說，"至"字介賓短語通常放在動詞前作狀語，而"到"字介賓短語，則可以作狀語和補語。這兩組中的兩個介詞分工還是比較明確有，且表現出了一定的互補性。總的來說，秦簡介詞分工合作，又彼此互補，再加上介詞與其他詞構成的各種組合形式，初步形成了一個介詞體系，使漢語表達更加準確和具體。

參考文獻：

［1］楊伯峻、何樂士《古漢語語法及其發展》（修訂本），語文出版社，2001年。

［2］魏德勝《〈睡虎地秦墓竹簡〉語法研究》，首都師範大學出版社，2000年。

［3］張玉金《出土戰國文獻虛詞研究》，人民出版社，2011年。

［4］中國社會科學院語言研究所古代漢語研究室《古代漢語虛詞詞典》，商務印書館，1999年。

《銀雀山漢墓竹簡〔貳〕》介詞、連詞、助詞、語氣詞調查

范紅麗①

摘　要：《銀雀山漢墓竹簡》991–1621介詞基本承襲先秦漢語而來，各介詞之間功能交叉的現象較多，介詞"以、於、爲"均兼屬兩個或兩個以上的小類，基本符合先秦兩漢時期一個介詞兼具有多種功能，一個功能由多個介詞承擔的語言特點。部分介詞在用法上呈現出了專門化的特徵。連詞16個，分工明確，除"而、則、以"連接兩種或兩個以上的關係以外，其餘13個連詞均祇連接單一關係。助詞種類比較齊全，各個助詞之間分工明確，沒有功能交叉的現象。由於該部分語料多涉及軍事、政治方面，語氣詞種類並不多，表達的語氣以確認和判斷爲主，表達其他語氣種類的語氣詞祇是零星的出現。

關鍵詞：《銀簡》；介詞；連詞；助詞；語氣詞

繼1985年《銀雀山漢墓竹簡〔壹〕》出版之後，《銀雀山漢

---

① 范紅麗，西南大學文獻所　研究生　重慶　400715。

墓竹簡〔貳〕》（以下簡稱"《銀簡》"）終於在 2010 年 1 月由文物出版社出版。其中"論兵論政之類"即簡 991－1621，共 631 枚，記載內容主要涉及軍事、政治方面，如：《將敗》、《將失》、《十陣》、《十問》及《君臣問答》等。我們即以《銀簡》991－1621 爲研究材料，對其中的介詞、助詞、連詞、語氣詞進行窮盡性封閉式考察，對其使用情況進行平面描寫，可以幫助我們瞭解當時語言的實際狀況，以期能爲古漢語虛詞甚至漢語史的研究提供資料。簡文殘斷者、無法正確理解其義者也不計入。下面是《銀簡》991－1621 中介詞、助詞、連詞、語氣詞的使用狀況。①

一、介　詞

介詞是把名詞、代詞或名詞性短語介紹給句子中的動詞或形容詞，以表示處所、時間、工具、原因、方式、對象等意義關係的詞叫介詞。古代漢語中的介詞多由動詞虛化而來。《銀簡》991－1621 出現的介詞有"以、於、爲、與、自、從、在" 7 個，其中以"以、於"爲主。

以

在《銀簡》991－1621 中就出現了"以" 216 例，② 詞頻統計資料包括"所以、之所以、以爲……"等凝固結構出現的頻率，在用法上介詞用法佔到了 115 例，連詞用法出現 10 例。由以上統計資料可知，《銀簡》991－1621 中的高頻詞之一"以"

---

① 本文爲排印方便，所引簡文中與虛詞討論無關的個別生僻字一律改用通行體。如欲核對，可據出處查找。
② 詞頻統計包括"所以、之所以、以爲"等凝固結構出現的次數。

介詞用法佔主導。"以"作介詞，引介工具或憑藉、原因、時間、對象等等。總之，介詞"以"出現頻率高、用法相當靈活。

1. 表示動作行爲的工具或憑藉

可譯作"用""憑藉""拿"等，凡57見。文例如下：

（1）刑（形）勝，以楚、越之竹書之而不足。（1181）

2. 表示動作行爲的原因

凡19見，文例如下：

（1）以此薄適（敵），戰必不勝矣。（1161-1161）

3. 表示動作行爲的時間

僅1見，文例如下：

（1）明王之起師也，必以春。（1170）

4. 介紹與動作行爲有關的對象

第一種：介紹與動作行爲有關的人可譯作"率領"或"帶領"，這種"以"的賓語祇限於和人有關的名詞。僅1見。文例如下：

（1）進則必遂，退如不戚（慼），方戚（慼）從流，以適（敵）之人爲召（招）。（1552-1553）

第二種："以"介詞賓語承接省略。凡37見，文例如下：

（1）欲下之盡知（智）渴（竭）能也，而無數以知合與不合，中與不中。（1064）

另外"以"還可以與動詞"爲"構成"以……爲"結構，表示主觀上把什麼當作什麼或行動上把什麼怎麼樣。我們對《銀簡》991-1621出現30例"以爲"作以考察，從中我們發現介詞賓語均承前省略。文例如下：

（2）甲堅兵利不得以爲強，士有勇力不得以衛其將，如勝

有道矣。(1152)

於

《銀簡》991-1621中"於"共出現59例,未曾出現1例"于"。它是出現頻率僅次於"以"的又一重要"介詞",引介涉及處所、時間、對象、動作行爲的主動者等,用法頗爲靈活。

1. 引進動作行爲發生的處所

凡10見,一般和它的賓語構成介賓短語,放在動詞後作補語,可譯作"在"、"從"、"到"。文例如下:

(1) 故進不可迎於前,退不可絕於後,左右不可臽(陷)於粗(阻),墨(默)然而處,威加於敵之人。(1159-1160)

2. 引進動作行爲發生的時間

凡4見。文例如下

(1) 可有功於未戰之前,故不可失可有之功於已戰之後,故兵出而有功,入而不傷,則明於兵者也。(1153)

3. 引進動作行爲有關受事者

凡44見,文例如下:

(1) 三曰貪於位。四曰貪於財(992)

另外介詞"於"和不及物動詞"至"連用,構成"至於"的形式。"於"和它的賓語構成介賓短語組成動詞"至"的賓語。凡3見,文例如下:

(1) 其君至於失國而不牾(悟),其士至於饑寒而不進。(1069)

4. 引進動作行爲的主動者

僅1見:

(1) 不陘(輕)寡,不劫於適(敵),慎終若始,將軍之

敬也。(1204)

爲

1. 介紹動作行爲"服務"的對象

凡 20 見，相當於現代漢語的"替""給"。文例如下：

(1) 王道王道有五：一曰能知爲君爲國之致。（1023 - 1024）

2. 介紹動作行爲的主動者

凡 3 見，文例如下：

(1) 其國之不爲大國之所伐也。(1329 - 1330)

與

介紹動作行爲涉及的對象，與現代漢語的介詞"跟""和""同"用法相同，凡 18 見。

(1) 或與之征，或要其衰。(1538)

自

從；由，引介時間，此種用法在《銀簡》991 - 1621 僅 1 見。

(1) 自降北，吾不頓（鈍）一兵，不殺一人，而破軍殺將。(1139)

從

介紹引進動作行爲所經由的處所，可譯爲"由"或仍作"從"。凡 3 見。

(1) 檻檻啐啐，若從天下，若從地出，徒來而不屈，終日不拙。(1546 - 1547)

(2) 曰：何從知其然也？(1514)

在

介紹處所。凡2見。

(1) 居陳(陣)<u>在</u>後,所以□☒ (1535)

綜上,我們可以得出下表:

表一

	工具	原因	時間	對象	處所	主動者	合計
以	57	19	1	38			115
於			4	44	10	1	59
爲				20		3	23
與				18			18
自			1				1
從					3		3
在					2		2

說明:"以"在《有國務過》中以"何以效之"形式重復出現18次。

由上表,在《銀簡》991-1621中

一、從使用數量上看,各類介詞使用數量差異很大,引進時間和引進對象均爲4個,最多;其次,引進處所和引進主動者的均2個;引進工具和引進原因都祇有一個。

二、從功能上看,介詞之間功能交叉的現象較多。介詞"以、於、爲"均兼屬兩個或兩個以上的小類。這基本上符合先秦兩漢時期一個介詞兼具多種功能,一種功能由多個介詞承擔的特點。《銀簡》991-1621出現的這些介詞中功能最多的是"以、於"，前者可以引進工具、原因、時間、對象，後者可以引進時間、對象、處所、主動者；其次是"爲"引進對象、主動者；此外，"自、在"都有引進時間的功能，"從"引進處所。

三、引進對象介詞出現頻率佔到介詞出現頻率的54%，介詞"以、於、爲、與"均引進對象，我們認爲這和語料部分簡文的內容有密切的聯繫。

四、部分介詞在用法上呈現出專門的特徵。"與"衹引進對象；"自"衹引進時間；"從"衹引進處所；"在"衹引進時間；"於"主要引進對象（75%）；"爲"主要引進對象（87%）。

二、連　詞

連詞是連接詞與詞、詞組與詞組或句子與句子的詞。它不能獨立充當句子成分，沒有修飾作用，衹有連接作用，表示它所連接的前後兩項的各種邏輯關係。《銀簡》991–1621連詞有"而、然而、則、然則、與、以、乃、如、既、所以、之所以、然、然後、故、是故、雖"16個，我們依據其連接的部分之間所表示的邏輯關係，分爲並列連詞、順承連詞、偏正連詞、轉折連詞、假設連詞、目的連詞、因果連詞、讓步連詞八類。其中"而、以、則"可以連接兩種或兩種以上的關係。

（一）並列連詞

《銀簡》991–1621並列連詞有"而、以、與"3個。

而

前後兩項的關係是並列對等，沒有先後主次之分，一般可譯作"又"或"而且"等，有時可不譯。"而"連接的物件往往是形容詞、動詞或形容詞性、動詞性短語。《銀簡》991-1621 16 見。例如：

(1) 其謙信而勇敢者，使救之……(1213)

(2) 兵甲寡而人之少也，是故堅之。(1536)

以

連詞"以"可以連接詞與詞、短語與短語、句子與句子。《銀簡》991-1621 僅 2 見。文例如下：

(1) 交和而舍，敵人既眾以強，勁捷以剛，銳陣以胥，擊之奈何？(1561)

與

並列連詞"與" 8 見，可譯作"和"。文例如下：

(1) 能爲有天下有國者定可與不可。(1031—1032)

(2) 欲下之盡智竭能也，而無數以知合與不合，中與不中。(1064)

(二) 順承連詞

《銀簡》991-1621 順承連詞有"而、則、乃、然後" 4 個。

而

"而"所連接的前後兩項動作行爲在時間上先後相承，意思上密切相關，可譯作"就"、"便"、"才"，有時不譯。凡 19 見。如：

(1) 噪而恐之，振而捅之，出則擊之，不出則回之。(1166)

則

"所"所連接的後一部分是前一部分的結果，可譯作"就"、"便"。凡 66 見。文例如下：

（1）厚使則民相隔。（1055）

（2）進則傳於前，退則絕於後，左右則陷於阻，默然而處，軍不免於患。（1160-1161）

乃

"乃"，《詞詮》卷二："副詞，於是也，然後也，始也。"楊伯峻先生認爲"乃"這一用法是副詞，不過他在《古漢語虛詞》又說："'乃'有'就''便''於是'的意思。有時作副詞，有時可以看作連詞。"我們把它看作連詞，表示動作行爲或事情在時間上或事理上具有前後相承的關係。可譯爲"便"、"於是"等。凡7見。文例如下：

（1）五度既明，兵乃橫行。（1222）

然後

《銀簡》991－1621僅1見。如下：

（1）此算也，然後功成而事立。（1614）

（三）偏正連詞

《銀簡》991－1621偏正連詞有"而"1個。

而

一般用在狀語和動詞謂語之間表示修飾性的偏正關係。凡54見。文例如下：

（1）背陵而戰，得其士主。左陵而戰，敵君分走。（1116）

（2）進則傳於前，退則絕於後，左右則陷於阻，默然而處，軍不免於患。（1160—1161）

（四）轉折連詞

《銀簡》991－1621轉折連詞有"而、然而、然則、然、則"5個。

而

所連接的前後兩項意思相反或不協調，可譯作"卻"、"但是"、"可是"。"而"的該種用法在《銀簡》991－1621 共102見。如：

（1）一日不能而自能。九日勇而弱。(992)

（2）欲有國之長久也，而行速失之道。(1075)

（3）貪而廉，龍而敬，弱而強……(1354)

然而

"然"是指示代詞，作"如此"、"這樣"講；"而"是轉折連詞，作"但是"、"可是"講。"然而"連用，是"這樣，可是……"的意思。"然"肯定上文的事實，"而"表示轉折，引起下文的結論或另一事實。到戰國末期，"然而"成爲凝固形式，並逐漸變爲一個詞。凡2見。文例如下：

（1）然而聽有五患：其二在內，其三在外。(1510)

然則

意思是"這樣就"、"既然如此，那麼"或"那麼"。"然"是指示代詞，"則"表示推斷的連詞。一般用在對話中，往往順着上文的語義，申說應有的後果。凡4見。如：

（1）然則貴、美、親，不必智；賤、惡、疏，不必愚。(1512)

然

"然"表轉折，僅1見。如：

（1）客倍主人半，然可敵也。(1141 正)

則

所連接的前後兩項，意思完全相反或部分相反，可譯作"卻"、"但"。凡9見。如：

（1）故善戰者，見敵之所長，<u>則</u>知其所短；見敵之所以不足，<u>則</u>知其所有餘。(1182－1183)

（五）**假設連詞**

《銀簡》991－1621假設連詞"而、則、如"3個。

而

這種"而"字用在主語和謂語之間，可譯作"如果"、"假如"。凡13見。例如：

（1）入境<u>而</u>恭，軍失其常。再舉<u>而</u>恭，軍無所糧。三舉<u>而</u>恭，軍失其事。(1167)

則

則用在前一分句中可譯作"假如"或"如果"。凡2見。例如：

（1）噪而恐之，振而捅之，出<u>則</u>擊之，不出<u>則</u>回之。(1166)

如

"如"，《詞詮》卷五："假設連詞，若也。今言'假如'。"凡1見。如：

（1）<u>如</u>以城量之，而人君以忘（亡）其國……（1071）

（六）**因果連詞**

《銀簡》991－1621因果連詞"所以、之所以、故、是故、既"5個。

所以

表因果，凡 20 見。文例如下：

（1）八曰：賞罰信，功貴勞利，所以致縣榮逸樂之途狹，民勸賞畏罰，民之情也。（1460）

之所以

表因果，8 例。如：

（1）何以知法之荒國之所以利民之道少，民之所苦於國者多……（1497）

故

故可譯作"所以"，表示結果。凡 83 見。文例如下：

（1）故萬乘之王，務存於舉廢賞罰，之兩主者是已。（1518－1519）

（2）故五恭五暴，必使相錯也。（1169）

（3）故一節痛，百節不用，同體也。（1187）

是故

凡 3 見。文例如下：

（1）兵甲寡而人之少也，是故堅之。（1536）

既

表示"既然"、"既然是"。凡 11 見。如：

（1）五度既明，兵乃橫行。（1222）

（七）目的連詞

《銀簡》991－1621 目的連詞"以"1 個。

以

"以"所連接的兩項是動詞或動賓短語，後一項是前一項的行爲的目的或結果。凡 8 見。文例如下：

（1）一曰，失所以往來，可敗也。（995）

（2）我飽食而待其飢也，安處以待其勞也，正靜以待其動也。（1162）

（八）讓步連詞

《銀簡》991-1621 讓步連詞"雖"1個。

雖

表"即使"、"縱然"。凡3見。文例如下：

（1）使民雖不利，進死而不旋踵，孟賁之所難也，而責之民，是使水逆流也。（1190-1191）

表二

連詞	而	以	與	則	乃	然後	然而	然	然則	如	所以	之所以	故	是故	既	雖	合計
並列	16	2	8														26
順承	19			66	7	1											93
偏正	56																54
轉折	112			9			2	1	4								118
假設	13			2						1							16
目的		8															8
因果											20	8	83	3	11		125
讓步																3	3
合計	218	10	8	77	7	1	2	1	4	28	20	8	84	3	11	3	

由以上介紹，我們可以看出《銀簡》991－1621 連詞具有如下幾個特點：

一、連詞之間的分工比較明確。功能最多的連詞是連詞"而"，表並列、順承、轉折、假設四種關係；其次是"則"表順承、假設、轉折三種關係；再次是"與"表並列和目的兩種關係；而其餘 13 個的連詞都祇連接單一關係。

二、詞與詞之間的使用頻率相差很大："而"使用次數最多，使用頻率最高，不管是表轉折，還是表偏正，均有大量的使用；使用較多的還有表因果的"故"和表順承的"則"；其他連詞出現次數都不多。表因果的連詞"所以、之所以、故、是故、既"和表轉折的連詞"而、然而、然則、然、則"數量最多，各有 5 個，出現次數也大致相當。表目的和表讓步的連詞不僅數量少，而且出現次數較少。

三、"然後、然而、然則、、所以、是故" 5 個雙音節連詞，這也符合古漢語詞彙逐漸呈現雙音化的特點。

三、助　詞

助詞是漢語中一種特殊的虛詞。它沒有實在意義，也不能充當任何的句子成分。它一定要附着在詞、詞組、成分或句子上，表示某種語法結構或幫助表示音節、語氣。《銀簡》991－1621 中出現的助詞有"之、所、者、夫、雖（唯）維、則、然" 7 個。根據其功能與用法，我們把它們分爲結構助詞、語氣助詞、其他助詞三類。

（一）結構助詞

《銀簡》991－1621 中的結構助詞有"之、所、者"3 個，其中"之"爲主。

之

我們在對《銀簡》991－1621 的詞語考察時，驚奇地發現"之"字竟出現了 444 次。其中"之"作爲助詞出現了 270 次，"之"助詞用法超過了 60％。同時它也是該部分所有助詞中出現頻率最高的。"之"的助詞用法以用在定語和中心語之間的偏正關係爲主，81.1％。

1. 表示定語和中心語之間的偏正關係（219 例）

"之"的該種用法非常靈活，涉及修飾關係、領屬關係以及放在"所"字短語語前，表示限制性的領屬關係等等，還有它用在同類的兩個事物之間，表示主語和中心語的同一關係，可譯爲"這個"、"這樣"、"那樣"、"那種"等。

（1）遠方之君至。（1025）
（2）四曰能除天下之共憂。（1025）
（3）有國之五議：能知言之所至者也。（1028）
（4）欲强多國之所寡，以應敵國之所多，速詘（屈）之兵也。（1011）

2. 用在主語和謂語之間，取消句子的獨立性，構成"之"字結構，它既可以作單句的主語、賓語，還可以作複句的分句。有 44 例。

（1）爲國之過：欲士氣之用，民之固也，而過利所在失宜。（1047）

3. 定語後置的標誌

凡2見。文例如下：

（1）卅一曰，兵<u>之</u>前行後行之兵，不參齊于陳（陣）前，可敗也（1005-1006）

4. 主語和介賓短語之間

該種用法"之"起強調介賓短語的作用。凡5見。

（1）郭偃曰："不憂其憂者<u>之</u>爲憂☐（1412）

所、者

"所"、"者"用法的特殊性主要表現在它們雖然具有一定的指代功能，但是又不能像其他指示代詞一樣自由地進入句子充當成分，具有很強的附着性。目前學術界對"所"、"者"詞性的認定意見不一致，有學者把它們歸入代詞，有學者將它劃爲助詞，還有學者認爲是"指代性助詞"，又有學者認爲是"名詞化的標記"等等，我們暫且將它們歸入助詞一類。

所

《銀簡》991-1621 "所"作爲助詞出現的頻率60次。

1. "所"字，所代的是某種動作的對象

它位於動詞或動詞性詞組之前，和動詞或動詞性詞組組合成"所"字結構，使整個結構具有名詞性。該種用法佔到語料中出現的"所"字助詞用法的98.3%。凡59見，文例如下：

（1）兵之恒失，正（政）爲民之<u>所</u>不安爲☐（1009）

（2）有<u>所</u>有餘，有<u>所</u>不足，刑（形）埶（勢）是也。（1178）

2. 還出現了"所……者"的格式

它的作用和"所……"相同，仍是指代行爲的對象。僅1

見，文例如下：

(1) 能總言，能知言之<u>所</u>至者也。(1028)

者

《銀簡》991－1621 中"者"的頻率 213 次。其中在動詞和形容詞（或動詞性和形容詞性詞組）之後構成"者"字結構的這種用法，佔到了"者"字用法的 85.9%

1. 放在動詞和形容詞（或動詞性和形容詞性詞組）之後構成"者"字結構，使整個結構具有名詞性。凡 183 見，文例如下：

(1) 二曰：不知治之不可爲萬民先<u>者</u>。(1081)

2. 放在數詞或時間詞之後表示一定範圍或種類

凡 8 見，文例如下：

(1) 此十二<u>者</u>，地之貧也。(1112)

3. 用來復指主語，引出謂語

凡 22 見，文例如下：

(1) 故仁<u>者</u>，兵之腹也。(1195)

(二) **語氣助詞**

夫

《銀簡》991－1621 中作爲句首助詞"夫"出現 11 例，它放在句首，有提示作用，表示開始發表議論，沒有相應的現代漢語詞語可以對譯。

(1) <u>夫</u>客犯益（隘）踰險而至，<u>夫</u>犯益（隘）……(1142－1143)

雖（唯）、維

《經傳釋詞》卷三："惟，發語詞也。……惟，獨也，常語也。或作唯、維,家大人曰:亦作雖。""雖"與"唯"、"惟"通,《上博七》中寫作"唯"。《銀簡》991-1621 中作助詞"唯"。

1. 用於句首,表示希望、祈求的語氣,起加強語氣的作用,兼起連接上下文的作用,可不必譯出。凡 1 見。

（1）雖（唯）六月不可逆水南鄉（向）……（1113）

2. 放在句中,幫助表示判斷。惟、維有時也用在句中。僅 1 見。

（1）將軍之惠也。賞不揄（踰）日,罰不畏（還）面,不維其人,不何☐（1206）

（三）其他助詞

則

"則"作爲助詞出現 11 例,無意義。

（1）春則溝澮枯……秋則主人小城並……（1170-1172）

然

"然"作爲助詞在統計的語料中出現 3 例,用於形容詞或副詞之後,表示狀態又被稱爲"動態助詞"。

（1）左,動也;右,動也;墨（默）然而處,亦動也。

表三

助　詞		出現次數	所佔比例
結構助詞	之	270	47.36%
	所	60	10.53%
	者	213	37.37%
語氣助詞	夫	11	1.93%
	唯（雖）維	2	0.351%
其他助詞	則	11	1.93%
	然	3	0.526%
總　計	7	570	100%

由上表可以看出，《銀簡》991-1621 中：

一、助詞種類比較齊全，有結構助詞、語氣助詞和其他助詞 3 類。各個助詞之間分工明確，沒有功能交叉的現象。

二、助詞中"之"是出現頻率最高的助詞（270 次），佔助詞出現總次數的 47.36%。其次是助詞"者"（213 次），佔助詞出現總次數的 37.37%。其他助詞出現的次數不多。

三、結構助詞的助詞個數和出現次數相對較多，共 3 個（"之"、"所"、"者"），出現 543 次。其他兩類助詞雖然各有 2 個，但僅見幾例。

四、語氣詞

語氣詞不能充當句子成分,也不能表示句子成分之間的關係。語氣詞的作用是配合句中的其他詞語表示肯定、敘述、感歎、疑問等各種語氣。它是漢語特有的一種詞類。語氣詞有的用於句首,有的用於句中,有的用於句尾。語氣詞一般單獨使用。在句尾位置上有時候兩個語氣詞連用,或三個語氣詞連用。在《銀簡貳》991－1621 出現的語氣詞有"也、矣、哉、耳、已、乎"6 個語氣詞。根據語氣詞在句中出現的情況,我們將它們分爲單獨使用和三個連用兩類情況。

（一）單獨使用

也

1. 用在陳述句句尾,加強肯定與確認語氣

在我們統計的語料中出現,"也"的這種用法出現了 208 例,佔到語氣詞"也"用法的 72.47%,佔絕對優勢。

（1）將失：一曰,失所以往來,可敗也。(995)

2. 用在判斷句句尾,表示判斷語氣

有時和助詞"者"呼應,構成古代漢語典型的判斷句式"……者,……也",凡 47 見。文例如下：

（1）故義者,兵之首也。(1194)

3. 用在主語和謂語之間,表示語氣的舒緩或停頓

"也"可譯作"呀""啊"或不譯。凡 22 見。文例如下：

（1）湯問伊尹曰："公門私門俱啟者,其爲國也何如？"(1131)

4. 用在疑問句句尾，與疑問代詞相呼應，表示疑問語氣

凡10見。"也"可譯作"呢"、"嗎"。文例如下：

（1）曰：內之二患何也？（1510）

乎

1. 表示疑問語氣

放在是疑問句的末尾，譯作"嗎"。凡5見。文例如下：

（1）眾者勝乎？如投算而戰耳。富者勝乎？（1149）

2. 表示測度語氣

與"其"、"殆"、"或"、"無乃（恐怕）"、"得無（該不會）"相呼應，可譯作"吧"。僅1見。

（1）叚（假）耤（借）務其道存乎聽。（1509－1510）

矣

在《銀簡》991－1621中出現12例"矣"，用在陳述句末尾，表示事情已經發生，可譯作"了"。

（1）然如疏可以取閱（銳）矣。（1538）

才（哉）

表示反詰語氣，與反詰副詞"豈"、"獨"相呼應，可譯作"嗎"。僅1見。

（1）豈直二賢從之而已才（哉）！（1515）

耳

表示限制語氣，"耳"相當於"而已"，常與副詞"僅"、"徒"、"衹"、"特"、"直"、"惟（唯）"、"但"等呼應，可譯作"吧"。凡2見。文例如下：

（1）眾者勝乎？則投算而戰耳。（1149）

己

表示對所述事實的確確信不疑。可譯爲"了"。凡2見。文例如下:

(1) 故萬乘之王,務存於舉廢賞罰,之兩主者是己。(1518–1519)

(二) 連用

三個語氣詞連用在《銀簡》991–1621中僅1見!

(1) 豈直二賢從之而已才(哉)!(1515)

綜上,我們可以《銀簡》991–1621中的語氣詞所表示的不同語氣種類列表如下:

表四

語氣詞	確認語氣	判斷語氣	舒緩停頓	疑問語氣	測度語氣	限制語氣	反詰語氣	合計
也	208	47	2	10				287
乎				5	1			6
矣	12							12
才(哉)							1	1
耳						2		2
己	2							2

從上表可以看出,《銀簡》991–1621中出現的語氣詞種類並不多,表達的語氣以確認和判斷爲主,表達其他語氣種類的語氣詞祇是零星地出現。我們推測這種現象很有可能與題材、內容密切相關,該部分的語料內容以政治、軍事題材爲主,其語言不

包含太多的感情色彩。語氣詞"也"佔到了92.58%，它所表達的語氣包括確認語氣、判斷語氣、舒緩停頓、疑問語氣。

五、小　結

通過前文分析可知，《銀簡》991-1621中介詞7個，連詞16個，助詞7個，語氣詞6個。其中，不少虛詞的使用情況如實地反映了當時的語言使用面貌。

首先，"之"字是出現的第一高頻詞（444次），它出現的頻率遙遙領先其他詞，用法非常複雜。它的最主要功能是作爲結構助詞，除此之外還可以動詞、指示代詞、連詞，作爲連詞用法的"之"多見於先秦典籍，而作爲該部分語料中頻率如此之高的"之"沒有出現1例連詞用法，這也爲學界"之"的連詞用法在戰國的中後期已經逐漸走向消亡的說法提供佐證。

其次，"也"（289次）和"者"（216次）也是該部分出現頻率較高的詞。這應該和該部分多判斷句型密切相關。該部分多爲政治和軍事題材，行文中多採用判斷句，包含了判斷句的多種類型。如："……者，……也"、"……，……也"、"……者，……者也"、"……，……是也"等。

再次，該部分出現的第三個高頻詞是"而"（218次），用法靈活、複雜，可以表示轉折、偏正、順承、並列、假設五種關係，主要是用來表示轉折關係。

最後，該部分有一個高頻詞是"以"（216次），用來表示動詞、介詞、連詞。"以"是該部分最主要的一個介詞，作爲介詞用法出現頻率比較高，用法也涉及引進工具、原因、時間、對象四類。它的連詞用法主要是用來表示目的和並列關係。

由此可見，20世紀以來不斷發掘出土的大批文獻材料，爲我們的研究提供了珍貴而真實的"同時資料"。我們在研究上古漢語時，特別是研究上古漢語虛詞的發展史時，應該充分利用這些出土文獻材料，這樣才更有助於我們對漢語虛詞發展史及漢語史的研究。

參考文獻：

[1] 何樂士《古代漢語虛詞通釋》，北京出版社，1985年。

[2] 吳九龍《銀雀山漢簡釋文》，文物出版社，1985年。

[3] 吉仕梅《〈睡虎地秦墓竹簡〉介詞考察》，《西南民族學院學報》，1998年第5期。

[4] 吉仕梅《〈睡虎地秦墓竹簡〉連詞考察》，《樂山師範學院學報》，2003年第2期。

[5] 張國豔《居延漢簡連詞調查》，《樂山師範學院學報》，2008年第7期。

[6] 張顯成、胡波《〈上海博物館藏戰國楚竹書（七）〉虛詞初探》，《簡帛語言文字研究》第四輯，巴蜀書社，2010年。

《周家臺秦簡·病方及其它》短語研究

房相楠①

摘 要：本文以《周家臺秦簡·病方及其它》爲材料，研究其短語。短語按照結構分類爲：主謂短語共10個，動賓短語87個，偏正短語29個，中補短語27個，聯合短語19個，連謂短語14個，兼語短語9個，方位短語12個，量詞短語6個，介詞短語31個。短語在句子中所充當的語法成分爲：充當主語的有3種類別的短語，充當謂語的有8種類別的短語，充當賓語的有5種類別的短語，充當定語的有4種類別的短語，充當狀語的有2種類別的短語，充當補語的有5種類別的短語。

關鍵詞：《病方及其它》；短語；類別；語法功能

一、引 言

1993年6月，在湖北省荆州市沙市區關組鄉周家臺30號秦墓中出土簡牘390枚，木牘1枚。周家臺秦簡·病方及其它》可

---

① 房相楠，西南大學文獻所 研究生 重慶 400715。

分三組,甲組簡爲二十八宿占、五時段占、五行占和秦始皇三十六年、三十七年月朔日干支及月大小等;乙組簡爲秦始皇三十四年全年日干支;丙組簡爲醫方、祝由術、擇吉避凶占卜、農事等。木牘内容爲秦二世元年曆譜。整理報告對簡牘内容進行了歸併調整,分爲《曆譜》、《日書》、《病方及其它》三類。本文以《周家臺秦簡·病方及其它》(以下簡稱"病方及其他")的短語爲研究對象,通過統計頻率進行了分類,從語法功能的角度,對短語進行了分析研究。

短語是意義上和語法上能搭配而沒有句調的一組詞,所以又叫詞組。它是大於詞而又不成句的語法單位。短語的結構類,是向内看的分類,主要看它内部結構類型。本篇就是按照結構類分法來研究《病方及其它》的短語,其類別有:主謂短語、動賓短語、偏正短語、中補短語、聯合短語、連謂短語、兼語短語、同位短語、方位短語、量詞短語、介詞短語、助詞短語。

短語可以從多種角度去觀察,從而分出各種不同的類別。最重要的有兩種分類:一種是結構類,這是向内看的分類,主要看它内部結構類型。另一種是功能類,這是向外看的分類,憑它在更大的單位裏擔任職務的能力即充當句法成分的能力定它的類。

在給短語分類前,我們有必要先理解一下短語和詞、句子分別有什麽區別。短語是詞和詞的語法組合。它和詞都表示一定的意義,也是造句成分,可以單說或單用,但短語不是"最小的"能獨立運用的單位。短語是可以分離的,中間往往能插入别的造句成分,而詞是不能分離的,分離之後就不表示原來的意思了。句子有特定的語氣、句調,有陳述句、疑問句等;短語卻沒有。短語又主、謂、賓、定、狀、補成分;句子也有,還多出獨立語這種語用成分。句子有成分的倒裝和省略,短語也沒有。句子是語言運用單位,是動態單位;短語是造句備用單位,是靜態單位。知道了這些不同,我們才便於進一步分類。

楊伯峻、何樂士《古漢語語法及其發展(上)》將短語分爲簡單短語和複雜短語,簡單短語包括聯合式、結合式和組合式,結合式短語又分爲粘附結構和偏正結構,組合式短語又分爲主謂結構、動賓結構和介賓結構。複雜短語分爲聯合式的複雜短語和結合式的複雜短語,而結合式的複雜短語又包括以粘附結構而論和以主從結構而論。

李佐豐《古代漢語語法學》首先將短語分爲謂詞性短語和體詞性短語兩個大類,根據短語裏面中心詞的數量,這兩類短語又都可以再分爲兩類。一類是單中心短語,在這類短語中祇有一個中心詞;另一類是多中心短語,在這類短語中有不祇一個中心詞。單中心短語和多中心短語這兩類短語又可以根據短語的內部結構進一步劃分。單中心的謂詞性短語可以分爲四類:(1)述賓短語、(2)述補短語、(3)狀中短語、(4)數量短語;多中心的謂詞性短語有一類:(5)連謂短語;單中心的體詞性短語也祇有一類:(6)定中短語;多中心的體詞性短語可以分爲兩類:(7)同位短語、(8)連體短語。除了以上八種短語之外,另外還有兩類多中心短語是謂詞性短語和體詞性短語所共有的,這就是:(9)聯合短語、(10)計數短語。除了以上十類短語之外還有兩類沒有中心詞的特殊短語:介賓短語和助詞短語。再加上主謂短語共十三類。

黃伯榮、廖序東的《現代漢語(下)》將短語按結構類分爲了十二種。無論哪家分法,還是有共通、相似的地方。下文將依據黃、廖的分類標準,把短語分爲:主謂短語、動賓短語、偏正短語、中補短語、聯合短語、連謂短語、兼語短語、同位短語、方位短語、量詞短語、介詞短語、助詞短語來研究《病方及其它》的短語。

二、短語類別

據我們分析,《病方及其它》共出現了主謂、動賓等十類短語結構,具體分析如下:

1. **主謂短語**(共 10 個,重復的算做 1 個,下同)

主謂短語是由主語和謂語構成的短語,主要表述事實,是一種特殊的短語。它在備用單位這一點上與一般短語相同;它可以像句子一樣表述命題,這個命題是從屬於一個句子的,這就不同於一般的短語。主謂短語一般是謂詞性的,所以它可以用作謂語,還可以作賓語、主語和定語。例如:

(1) 鬻(粥)足(310)
(2) 垣有(327)
(3) 日出俊(367)

2. **動賓短語**(共 87 個)

動賓短語是由動語和賓語兩個成分組成的,動語主要表述行爲、活動等屬性,賓語則表示與行爲、活動有某種聯繫的活動等。例如:

(1) 歙(飲)之(310\311\312\313\322\323)
(2) 置淳(醇)酒(313)
(3) 去黑子(315)

（4）侍（持）豚（351）
　　（5）令某瘳已（376）
　3. **偏正短語**（共 29 個）
　　偏正短語由修飾語和中心語兩部分組成，修飾語在前面，描寫或限制後面的中心語。它又分爲兩種：定中短語和狀中短語。定中短語前面的部分爲定語，後面的部分是中心語，定語對中心詞有修飾、限制的作用。狀中短語前面是狀語，用來限定、修飾；後面是中心語，用來表述行爲、變化、性質等屬性。例如：
　　（1）不已（309）
　　（2）毋見（334）
　　（3）甲寅旬（360＼362）
　　（4）乙未去（364）
　4. **中補短語**（共 27 個）
　　中補短語是中心詞在前面，補語在後面。中心語表述行爲、活動等屬性，補語則表示處所、物件等。例如：
　　（1）已（瘥）病亟甚（325）
　　（2）下一升（342）
　　（3）食以丹（377）
　5. **聯合短語**（共 19 個）
　　聯合短語是無序的多中心短語，"無序"是說在這種短語中，中心詞可以調換位置，並不影響原文意義。聯合短語又可細分爲並列、遞進、選擇等關係。例如：
　　（1）小弱（315）
　　（2）買牛胙、市酒（347）
　　（3）壬辰，己巳、卯（371）

6. 連謂短語（共 14 個）

連謂短語又叫"連動短語"，是有序的多中心短語，"有序"是說短語中心詞的位置不可以調換，如果調換了，原短語的意思則發生變化。例如：

(1) 盛之而系（系）（309）
(2) 取牛肉剝（劀）之（317）
(3) 操歸（334）
(4) 言曰（347）

7. 兼語短語（共 9 個）

兼語短語由前一動詞的賓語兼作後一動詞或形容詞的主語，即動賓短語的賓語和主謂短語的主語套疊，形成一個賓語兼主語的兼語。有兼語的短語叫兼語短語。例如：

(1) 使其徒來代之（351）
(2) 令人見之（333）
(3) 令病心者南首臥（337）
(4) 有子三旬（343）

8. 方位短語（共 12 個）

方位短語由方位詞直接附在名詞性或動詞性詞語後面組成，主要表示處所、範圍或時間，具有名詞性。方位短語也常常跟介詞一起組成介詞短語。例如：

(1) 湻（醇）酒中（313\323）
(2) 垣瓦下（328）
(3) 屋中（333）
(4) 晉斧（釜）中（372）
(5) 桐中（377）

9. 量詞短語（共6個）

量詞短語由數詞或指示代詞加上量詞組成。由數詞加量詞組成的短語叫數量短語，由指示代詞加量詞組成的短語叫指量短語，統稱量詞短語。例如：

(1) 一升（315）
(2) 三步（326\332\376）
(3) 一斗（375）

10. 介詞短語（共31個）

介詞短語是由介詞附着在名詞等詞語前面組成。介詞短語都可做狀語，修飾謂詞，主要用來標明動作的工具、方式、因果、施事、受事、物件等多種語義。少數可以作補語，有一些還作定語。例如：

(1) 以淳（醇）酒（311）
(2) 以左手（340\344）
(3) 爲先農（348）
(4) 以丹（377）

三、短語語法功能分析

在漢語中，各類短語在充當句法成分時，不具有唯一性和排他性，即一類短語可以充當多種句法成分；同時，一種句法成分又可以由多類短語充當。通過我們分析，《病方及其它》中的短語也符合這一特點。以下，我們以語法成分爲綱，具體分析如下：

1. 充當主語，共 7 例。例如：

①鬻（粥）足以入之腸。(310)

②其一曰：以米亦可。(331)

例①是主謂短語作主語，例②是偏正短語用做主語。

2. 充當謂語，共 160 例。例如：

①男子歙（飲）二七，女子欲〈飲〉七。(322)

②某不能 350 腸（傷）其富。(351)

③農夫使其徒來代之。(351)

④令女子之市買牛胙、市酒。(347)

例①是中補短語作謂語，例②是動賓短語作謂語，例③是兼語短語作謂語，例④是連謂短語作謂語。

3. 充當賓語，共 13 例。例如：

①以正月取桃橐（蠹）矢（屎）少半升，置淳（醇）酒中，溫，歙（飲）之，令人不單（憚）病。(313)

②取車前草實，以三指竄（撮），入酒若鬻（粥）中，歙（飲）之，下氣。(312)

例①、②是方位短語作賓語。

4. 充當定語，共 11 例。例如：

①去黑子方：取橐（槁）本小弱者，齊約大如小指。(315)

②取戶旁腏黍，裹臧（藏）到種禾時，燔冶。(354)

例①是動賓短語作定語，例②是方位短語作定語。

5. 充當狀語，共 29 例。例如：

①先農笱（苟）令某禾多一邑，先農（恒）先泰父食。(349)

②甲子旬，戌亥爲觚（孤），辰巳爲虛，道東南入。(355)

例①是介詞短語作狀語，例②是偏正短語作狀語。

6. 充當補語，共 19 例。例如：

①沭（和）枲（楺）本東〈柬〉灰中。(315–316)

②甲子亡馬牛，求西北方。(361)

③取柬灰一斗，淳毋下三斗，孰（熱）□而圂①（煮）☒。(375)

④即取守室二七，置桐中，而食以丹，各盡其複（腹）。(377)

例①是方位短語作補語，例②是偏正短語作補語，例③是數量短語作補語，例④是介詞短語作補語。

四、小　結

（一）《病方及其它》短語共涉及十種類型。按不同的類型統計了相應的個數，並統計了每個短語出現的頻率。現將各類短語的個數及所佔整個短語的比例情況具體列表如下（重復出現的在統計個數時祇算作一個）：

《病方及其它》各類短語情況

類別	主謂短語	動賓短語	偏正短語	中補短語	聯合短語	連謂短語	兼語短語	方位短語	量詞短語	介詞短語
個數	10	87	29	27	19	14	9	12	6	31
所佔比例	4.1%	35.7%	11.9%	11.1%	7.8%	5.7%	3.7%	4.9%	2.5%	12.7%

在《病方及其它》中，動賓短語共出現了 87 例，佔整個短

---

① 圂，原釋文作"鬵"，據圖版改。

語的 35.7%，在各類短語中所佔比例最大。因爲在先秦時期，動賓短語"動+賓"和"賓+動"兩種語序並存，語序的靈活也使得動賓短語的比例增加。在我們研究的材料中，動賓短語詞義容量大，框架結構簡明。動賓短語的語法功能很強，可以充當主語、謂語、賓語、定語，也可以充當狀語和補語。由於其可以充當各種語法成分，靈活性較強，因此它的數量較多，比例最大。在古漢語中，動詞謂語句佔壓倒性優勢，而動詞之後一般來說總會出現相應的受事成分，構成"動+賓"的結構，這一特點也決定了動賓短語的數量較多。

而與動賓短語相比，量詞短語的數量就顯得很少。在《病方及其它》中，共 6 個量詞短語，1 個作謂語，5 個作補語。語法功能顯然沒有那麼靈活，受一定的局限性。甲骨卜辭裏，衹有"朋"、"丙"、"升"等少數幾個量詞，到了周秦，量詞逐漸多起來了，大都由名詞或動詞轉化而成。有表長度單位的，有表面積單位的，也有表容量單位的等等。在我們研究的語料中，量詞短語的形式都是"數+量"，這類格式往往是省去了有關的名詞，其格式的單一，也就使得量詞短語數量的不多，比例不大。

（二）短語的語法功能主要研究的是其在句子中所充當的成分。通過對《病方及其它》短語的分析，我們歸納出短語的語法功能分佈情況，如下表：

《病方及其它》各類短語語法功能分佈情況

語法功能	主語	謂語	賓語	定語	狀語	補語
個　　數	7	160	13	11	29	19
所佔比例	2.87%	65.57%	5.33%	4.51%	11.88%	7.79%

我們這裏需要說明的是,病方名本身具有短語的特點,因此我們分別將它們分類,但在充當句子成分時,它祇是一個病方的名稱,不具有作主謂賓定狀補的語法功能,因此,我們不計算在內。

在《病方及其它》中,作謂語的短語類型有主謂短語、動賓短語、偏正短語、中補短語、聯合短語、連謂短語、兼語短語、量詞短語8種,共160例,佔65.57%。這大大說明了在上古漢語謂語發展的表現之一是複雜謂語普遍應用起來。主謂短語作謂語不見於甲骨卜辭,周秦才開始發展起來。《病方及其它》是秦簡,也正說明了主謂短語作謂語處於這個時期,正是因爲這種複雜性,其作謂語的功能大大增加。同時,我們研究的材料是病方,根據醫用語簡潔明瞭的特點,很多都省略了主語或賓語,這樣謂語成分所佔比例也就增加。動賓短語是謂詞性的,而謂詞性短語具有充當謂語的作用,在該文獻中,動賓短語是整個短語類別中最多的,因此,作謂語的最多。

根據表格所示,我們可以清晰地看到,作主語成分的短語較少。正如向熹在《簡明漢語史》中所述:"甲骨文大多數句子的主語是單詞,祇有極少數片語作主語。到了周秦兩漢,主語應用的範圍已十分廣泛。主語的結構形式也複雜多樣起來,甲骨文祇有個別形式,到了周秦,大量增加。"因而,從我們的分析統計中,可以得出,《病方及其它》符合上古漢語主語的發展規律。

(三)在《病方及其它》中有這樣兩個短語,"令人不單(憚)病(313)"和"令某瘳已(376)"。經過分析,我們可以發現,"令人不單(憚)病(313)"是兼語短語,"人"既作"令"的賓語,又作"不單(憚)病"的主語。而"令某瘳已

(376)"是動賓短語,"某瘖"是"令"的賓語,但"某瘖"不是"已"的主語,"已"是補充說明"某瘖"的,這個短語的意思是說,使瘖這種病痊癒了。由此可以得出,兼語短語和動賓短語形式有些相似,但卻屬於不同的類型。甲骨卜辭已有兼語式,但比較簡單,西周金文有一些多重式,春秋以後,數量大增,形式也複雜化。在先秦時代,"使"、"令"、"遣"、"有"這一類的詞往往用於兼語式。到了漢代以後,除沿用"使"、"令"、"遣"等詞外,還有用"封"、"拜"、"立"、"尊"、"遷"、"徙"等動詞構成兼語式的,這些動詞的產生使其應用範圍更加擴大。在該語料中,僅出現了"使"、"令"、"有"三個動詞構成的兼語短語。這也說明了兼語式早已出現,且一直保留着"使"、"令"、"有"的用法。通過簡單分析,我們可以看出,語法具有穩定性,從古至今它都有繼承和發展的趨勢,變化遠遠小於詞彙和語音。

參考文獻:

[1] 張顯成《簡帛文獻學通論》,中華書局,2006年。

[2] 黃伯榮、廖序東《現代漢語(下)》(增訂三版),高等教育出版社,2005年。

[3] 荊州市周梁玉橋遺址博物館《關沮秦漢墓簡牘》,中華書局,2001年。

[4] 楊伯峻、何樂士《古漢語語法及其發展(上)》(修訂本),語文出版社,2001年。

[5] 李佐豐《古代漢語語法學》,商務印書館,2004年。

[6] 向熹《簡明漢語史》,商務印書館,2010年。

馬王堆帛書《要》篇"幽贊"解詁

李若暉①

摘 要：馬王堆帛書《要》篇以及與之相關的《周易·說卦傳》中"幽贊"一語，歷代解說紛紜，迄無定論。本文認爲荀爽釋"幽"爲"隱"，釋"贊"爲"見"是正確的，並對荀說進行了補充論證。

關鍵詞：《要》；幽；贊

馬王堆漢墓帛書《易傳》之《要》篇有云：

子曰：《易》，我後其祝卜矣，我觀其德義耳也。幽贊而達乎數，明數而達乎德，又（？）仁□②者而義行之耳。贊而不達乎數，則其爲之巫；數而不達乎德，則其爲之史。

---

① 李若暉，復旦大學哲學學院 教授 上海 200433。
② 廖名春於闕文補"守"字，裘錫圭以爲"恐不可信"，今仍作闕文。見裘錫圭《帛書〈要〉篇釋文校記》，載陳鼓應主編《道家文化研究》，第十八輯，三聯書店，2000年，頁303。

史巫之筮，鄉之而未也，好（？）①之而非也。後世之士疑丘者，或以《易》乎？吾求其德而已，吾與史巫同涂而殊歸者也。君子德行焉求福，故祭祀而寡也；仁義焉求吉，故卜筮而希也。祝巫卜筮其後乎？②

眾多學者都指出此文可與《周易·說卦傳》相參，其文曰："昔者聖人之作《易》也，幽贊於神明而生蓍，參天兩地而倚數，觀變於陰陽而立卦，發揮於剛柔而生爻，和順於道德而理於義，窮理盡性以至於命。"③ 眾所公認，《要》之"幽贊"，即今本《周易·說卦傳》之"幽贊"。此外，同爲馬王堆帛書的《易之義》中也有與上引《說卦》之文約略相同的文字，首句即作"[幽]贊於神明而生占也"。④

邢文歸納《易》學舊說"贊"有六解：1. 荀爽："贊，見也。" 2. 干寶："贊，求也。" 3. 韓康伯："贊，明也。" 4. 蘇軾："介紹以傳命謂之贊。" 5. 吳澄："贊，猶助也。" 6. 王申子："幽贊之數者，奇偶之數也。"⑤ 但諸說僅僅就《說卦》而言似乎可行，如放在《要》篇中，則捍格難通了。如果將"贊"作正面理解，在《要》篇中，正如汪顯超所言，"與後文'贊而

---

① "好"，裘錫圭指出"從照片看，此字右旁不可能爲'子'字。此字似不能釋'好'。"見裘錫圭《帛書〈要〉篇釋文校記》，載陳鼓應主編《道家文化研究》，第十八輯，三聯書店，2000年，頁303。
② 廖名春《帛書〈要〉釋文》，載廖名春《帛書〈周易〉論集》，上海古籍出版社，2008年，頁389。
③ 李學勤《周易溯源》，巴蜀書社，2006年，頁375。
④ 陳松長、廖名春《帛書〈二三子問〉、〈易之義〉、〈要〉釋文》，載陳鼓應主編《道家文化研究》，第三輯，上海古籍出版社，1993年，頁435。
⑤ 邢文《論帛書〈要〉篇巫史之辨》，載李學勤、謝桂華主編《簡帛研究》，第三輯，廣西教育出版社，1998年，頁219。

不達乎數'在義理的内在邏輯上構成矛盾。"① "贊"應該是與"數"、"德"詞性一致的名詞,並且顯然是負面的事物。可爲旁證的是,《說卦》釋文云:"本或作讚",②漢《孔廟置守廟百石孔龢碑》用《說卦》語作"幽讚神明"。③看來"贊"之義應從言辭方面考慮。邢文提出了一個值得重視的解釋。《要》篇文字提示我們,"'贊'的主語,應爲'巫'無疑。《說文》:'巫,祝也。''祝,祭主贊詞也。从示,从人、口。一曰从兑省。《易》曰:兑爲口,爲巫。按《說卦》:'兑爲澤,爲少女,爲巫,爲口舌'。很明顯,巫主贊詞,與'贊而不達於數,則其爲之巫'相合。贊,告贊。……諸'贊',釋作'祝告',皆較前引各家釋說平易通順。"④陳來亦謂:"贊即祝也。"⑤邢引荀爽說見唐李鼎祚《周易集解》,李道平《纂疏》已指出其乃據《說文》訓釋。⑥檢《說文》:"贊,見也。从貝,从兟。"段《注》:"此以疊韻爲訓。疑當作所以見也。謂彼此相見,必資贊者。《士冠禮》贊冠者,《士昏禮》贊者,注皆曰,贊,佐也。《周禮·太

---

① 汪顯超《孔子"幽贊而達乎數,明數而達乎德"含義考釋》,載張新民主編《陽明學衡》,第 2 輯,貴州人民出版社,2006 年,頁 99。
② 邢文已引。邢文又引阮元《周易注疏校勘記》:"《石經》、岳本、閩、監、毛本同《釋文》本,贊或作讚。"見邢文《論帛書〈要〉篇巫史之辨》,載李學勤、謝桂華主編《簡帛研究》,第三輯,廣西教育出版社,1998 年,第 220 頁。若暉案,當標點爲:"《石經》、岳本、閩、監、毛本同。《釋文》:本贊或作讚。""本""贊"誤倒。如依邢氏標點,則五本皆作"讚"矣。如阮引《石經》即唐開成石經,分明作"贊"。見《景刊唐開成石經》,中華書局,1997 年,第 1 册,頁 86。
③ 見 [宋] 洪適《隸釋》,中華書局,1985 年,頁 18。
④ 邢文《論帛書〈要〉篇巫史之辨》,載李學勤、謝桂華主編《簡帛研究》,第三輯,廣西教育出版社,1998 年,頁 219-220。
⑤ 陳來《馬王堆帛書〈易傳〉與先秦易學的分派》,載陳來《竹帛〈五行〉與簡帛研究》,三聯書店,2009 年,頁 240。
⑥ [清] 李道平《周易集解纂疏》,中華書局,1994 年,頁 687。

宰》注曰，贊，助也。是則凡行禮必有贊者，非獨相見也。"①
《說文》又曰："兟，進也。贊从此。"《漢書》卷十九《百官公卿表》："謁者掌賓讚"，應劭曰："謁，請也，白也。"《史記》卷九十九《劉敬叔孫彤列傳》載叔孫通所定朝儀有云："謁者治禮，引以次入殿門。"《後漢書》卷七十七《班梁列傳》：何熙"永元中爲謁者，身長八尺五寸，善爲威容，贊拜殿中，音動左右，和帝偉之。"是謁者爲朝廷賓贊，引百官入見天子。考《說文》："請，謁也。""謁，白也。"段注："《廣韻》，白，告也。若後人書刺自言爵里姓名，並列所白事。"《釋名·釋書契》："書稱刺書，以筆刺紙簡之上也。又曰寫，倒寫此文也。書姓字於奏上曰書刺，作再拜起居字，皆達其體，使書盡邊，徐引筆書之，如畫者也。下官刺曰長刺，長書中央一行而下之也。又曰爵里刺，書其官爵及郡縣鄉里也。"今出土漢簡實物如尹灣漢簡有名刺云："東海太守功曹史饒再拜，謁，奉府君記一封。饒叩頭叩頭。"② 則書刺請謁，例書來者何人何事。出聲贊謁亦當如之。《史記》卷七十六《平原君列傳》："門下有毛遂者，前自贊於平原君曰：'遂聞君將合從於楚，約與食客門下二十人偕，不外索，今少一人，願君即以遂備員而行矣。'"蓋史略其報名之辭，而獨記其事。《漢書》卷六十五《東方朔傳》：館陶公主"自引董君，董君綠幘傅韝，隨主前伏殿下。主迺贊：'館陶公主胞人臣偃昧死再拜謁。'"顏注："贊，進也，進傳謁辭。"反之，作爲特別優禮，《三國志·魏書》卷一《武帝紀》、卷六《董卓

---

① [清] 段玉裁《說文解字注》，上海古籍出版社，1981年，頁280。
② 連雲港市博物館等《尹灣漢墓簡牘》，中華書局，1997年，圖版頁33，釋文頁137。

傳》、卷九《曹爽傳》俱有"贊拜不名"之賜。"見"亦此義。《左傳》文公元年:"王使内史叔服來會葬。公孫敖聞其能相人也,見其二子焉。"此亦謂稱名引見其二子。《儀禮士昏禮》:"質明,贊見婦於舅姑。"李道平《周易集解纂疏》明知荀爽訓"贊"爲"見"本於《說文》,而謂王注云"贊,明也","明與見同義",① 非。《漢書》卷二十五《郊祀志》:"古者壇場有常處,奠瘞有常用,贊見有常禮。"可見祭祀也須有贊見,即將何人何事報告給神明。《郊祀志》言武帝"揖而見泰一",並載其贊饗之辭,顔注:"贊饗,謂祝辭。"其祀上帝亦有贊饗,顔注:"自此以上贊祝者辭。"惟《漢書》所錄蓋爲節錄,故無報名陳事之辭。出土文獻則彌補了這一缺憾,北宋出土的《詛楚文》即其顯例。其湫淵石開篇乃言:"有秦嗣王,敢用吉玉宣璧,使其宗祝邵鼛布僥,告於丕顯大神厥湫,以訨楚王熊相之多罪。"②近年新出《秦駰玉版》也是一上來就說"有秦曾孫小子駰曰",此下歷述其身纏重病,祭告華山神而得癒,爲了報答,再來祭祀華山神。③《尚書·金縢》史乃祝册曰:"惟爾元孫某,遘厲瘧疾。"正是同一格式。孔《傳》:"史爲册書祝辭也。"孔《疏》:"告神之言,書之於策,祝是讀書告神之名,故云史爲策書祝辭,史讀此策書以祝告神也。"卜筮之贊辭也與此相同。如望山1號楚墓卜筮禱祠簡有云:"霝月丙辰之日,鄧遈以小篿爲悼固

---

① [清]李道平《周易集解纂疏》,中華書局,1994年,頁687。汪顯超也以荀爽的"見"爲"看見",汪顯超《孔子"幽贊而達乎數,明數而達乎德"含義考釋》,載張新民主編《陽明學衡》,第2輯,貴州人民出版社,2006年,頁100。
② 見湯餘惠《戰國銘文選》,吉林大學出版社,1993年,頁189。
③ 參李家浩《秦駰玉版銘文研究》,載《北京大學中國古文獻研究中心集刊》,第二輯,北京燕山出版社,2001年,頁99-128。

貞：既瘥，以悶心，不納食，尚毋爲大蚤（尤）。占之：恒［貞吉］□"① 《周禮·春官·占人》："凡卜筮既事，則繫幣以比其命；歲終，則計其占之中否。"鄭注："既卜筮，史必書其命龜之事及兆於策，繫其禮神之幣而合藏焉。"陳夢家歸納"一條完整的卜辭可以包含四部分：……（1）是所謂'前辭'，記卜之日及卜人名字；（2）是命辭，即命龜之辭；（3）是'占辭'，即因兆而定吉凶；（4）是'驗辭'，即既卜之後記錄應驗的事實。"② 與此相似，《周易》卦爻辭可以分爲四類：1. 記事之辭，其中除了採用古代故事以外，還有一些是對先前占筮活動及結果的記錄。2. 取象之辭，指通過一定事物的性、變化、狀態等來比擬人事、指示人事吉凶的詞句。李鏡池認爲與古代象占有關。3. 說事之辭，指直接敘說某人的行爲、事蹟，以表示吉凶的詞句。4. 斷占之辭，指論斷吉凶禍福的詞句。③ 卦爻辭的素材大部分是以前占筮活動的記錄，即筮辭。那些在過去應驗了的筮辭一般作爲依據而保存下來，而卦爻辭即從它們之中抽出。④ 考《周禮·春官·大卜》："大卜掌三兆之法，一曰玉兆，二曰瓦兆，三曰原兆。其經兆之體，皆百有二十，其頌皆千有二百。"鄭注："頌謂繇也。"孫詒讓《正義》："《左》閔二年傳云'成風聞成季之繇'，杜注云：'繇，卦兆之占辭。'《周易》釋文引服虔云：'繇，抽也，抽出吉凶也。'案：卜繇之文皆爲韻語，與

---

① 見陳偉等《楚地出土戰國簡冊［十四種］》，經濟科學出版社，2009 年，頁頁。
② 陳夢家《殷虛卜辭綜述》，中華書局，1988 年，頁 43。
③ 參朱伯崑主編《易學基礎教程》，修訂本，九州圖書出版社，2002 年，頁 49-54。
④ 朱伯崑主編《易學基礎教程》，修訂本，九州圖書出版社，2002 年，頁 59。

詩相類，故亦謂之頌。"① 《方言》："讚，解也。"郭注："讚，訟，所以解釋理物也。""訟"即"頌"古字，"理物"當作"物理"。② 則占筮之辭亦當可稱爲"贊"。在《要》篇中，"贊"對應於巫，邢文引《左傳》僖公二十一年"公欲焚巫尪"，杜注："巫尪，女巫也，主祈禱請雨者。"《公羊傳》隱公四年："於鍾巫之祭"，何休注："巫者，事鬼神，禱解以治病請福者也。"據以謂："可見先前古巫之職中，包括了祝告祈禱的內容。"③ 邢說甚是。

巫之贊辭係針對具體人和事而作，從儒學德義的角度來看，無疑缺乏抽象與超越性，這也正合於陰陽家之短——司馬談有謂："大祥而眾忌諱，使人拘而多所畏。"《諸子略》則曰："及拘者爲之，則牽於禁忌，泥於小數，舍人事而任鬼神。"這裡祇有人對於鬼神的畏懼和順從，人取消了自身的真實性。因此無論是《要》篇中史、儒之超越於巫，還是《說卦》中聖人作《易》，都必須否定"巫—贊"的祇見樹木不見森林。某些《易》學舊注在解釋"幽贊於神明而生蓍"時過於執着於筮占層面，而忽略了，《說卦》討論"生蓍"、"生爻"的前提是"作《易》"，而《周易》雖然仍是占筮之書，卻與巫祝之占是截然區分的。這一區分就在於"幽贊"。《要》篇中"幽"與"明"相對，且均帶賓語，當爲動詞。《說卦》荀爽曰："幽，隱也。"此亦據《說文》。④《繫辭傳》下："微顯闡幽"，惠棟曰："《倉頡

---

① [清] 孫詒讓《周禮正義》，中華書局，1987年，第7冊，頁1926。
② 參華學誠《揚雄方言校釋彙證》，中華書局，2006年，上冊，頁910。
③ 邢文《論帛書〈要〉篇巫史之辨》，載李學勤、謝桂華主編《簡帛研究》，第三輯，廣西教育出版社，1998年，頁221。
④ [清] 李道平《周易集解纂疏》，中華書局，1994年，頁687。

篇》曰，闡，開也。幽，隱也。幽者闡之反，《呂氏春秋》曰隱則勝闡是也。"① 衹有忽略贊辭的具體事件，纔能與巫相區分。占筮中有所謂"枚占"，王家臺秦簡作"攴占"，輯本均作"枚占"。李學勤引《左傳》哀公十七年"王與葉公枚卜子良以爲令尹"，杜注："枚卜，不斥言所卜以令龜"，認爲"《歸藏》的'枚占'就是不明說所問事項的筮占方式"。② 查《左傳》昭公十二年："南蒯枚筮之"，杜注："不指其事，泛卜吉凶。"俞樾釋曰："枚當讀爲微。《詩·東山篇》勿士行枚，毛《傳》曰，枚，微也。是其證也。襄十九年傳，崔杼微逆光，服虔曰，微，隱匿也。哀十六年傳，其徒微之，杜曰，微，匿也。匿其事而使之筮，故爲微筮。"③ 依俞說，則"幽贊"蓋係本於"枚筮"，"幽"即微隱藏匿，"贊"即筮辭。

---

① ［清］惠棟《周易述》，中華書局，2007年，上冊，頁329。
② 李學勤《周易溯源》，巴蜀書社，2006年，頁296。
③ ［清］俞樾《群經平議》，載［清］王先謙編《清經解續編》，上海書店，1988年，第5冊，頁1182。

《尹灣漢簡》兵器名物索引

李燁　張顯成[①]

說　明

一、本索引所依據的釋文爲張顯成、周群麗《尹灣漢墓簡牘校理》（天津古籍出版社，2011年）的上編《尹灣漢墓簡牘校釋》，以下簡稱《校釋》。

二、本索引收《尹灣漢墓簡牘·武庫永始四年兵車器集簿》（YM6D6）中所見名物。該集簿所載軍用物資主要是兵器，但也有少量的非兵器，如藥品，爲便於稱說，統稱爲"兵器名物"。

三、名物排列順序先按筆畫數排列，筆畫數相同的字再按筆順（一、丨、丿、丶、乙）排列。

四、名物的隸定釋讀與《校釋》釋文同。有些名稱因文字漫漶而識讀不能確定，依《校釋》釋文在釋讀不確定字後注以

[①] 李燁，西南大學漢語言文獻研究所 碩士研究生 重慶400715；張顯成，西南大學漢語言文獻研究所 教授　重慶400715。

問號"（？）"。有些名稱因文字漫滅而不全，依《校釋》釋文以"□"代替，一"□"一字，若整個名稱均爲"□"，則不收入本索引。

五、通假字、異體字、訛誤字等均不予說明，因《校釋》中已有解釋，請參見。

六、本索引每一條兵器名稱後標出該名稱的全部出處，包括木牘號、正面或反面、欄序（爲行文簡潔，不標文獻名），故通過本索引，可檢索到《武庫永始四年兵車器集簿》中的全部名物。如：

弓衣　　　　　　　　YM6D6 正·4

表示"弓衣"出現在6號墓第6號木牘正面第4欄。再如：

鼓車　　　　　　　　YM6D6 正·2/YM6D6 反·1

表示"鼓車"分別出現在6號墓第6號木牘正面第2欄和反面第1欄。

二畫

刀　　　　　　　　　YM6D6 反·2

刀□　　　　　　　　YM6D6 反·1

三畫

□□□札　　　　　　YM6D6 反·3

□□□□①　　　　　YM6D6 正·5

□刃　　　　　　　　YM6D6 反·2

---

① 此條所指名物也可能不止一種。

□□石	YM6D6 反·3
□□車	YM6D6 反·1（2）
□□鉅□①	YM6D6 正·6
□巾幘	YM6D6 正·4
□斗版	YM6D6 反·3
□木端（?）	YM6D6 反·4
□兵	YM6D6 反·4
□車	YM6D6 反·1
□車□□車②	YM6D6 反·2
□車持	YM6D6 反·3
□杓	YM6D6 反·3
□臾連鋌	YM6D6 反·2
□具持	YM6D6 反·4
□面衣	YM6D6 正·4
□革札	YM6D6 正·4
□翌	YM6D6 反·3
□釦□③	YM6D6 反·3
□革	YM6D6 反·4
□䍗□車	YM6D6 反·2
□鍭（?）	YM6D6 反·4
三輪（?）兵車	YM6D6 反·2

---

① 本名物所在條釋文爲"□□鉅□七萬三千三百廿七"，"鉅"後一字也可能是數字。
② 此條所指名物也可能不止一種。
③ 本名物所在條釋文爲"□釦□七千一百六十九"，"釦"後一字也可能是"萬"字。

上馬鞽	YM6D6 反·1
大刀	YM6D6 反·4
弓	YM6D6 正·4
弓矢	YM6D6 正·1/YM6D6 正·4
弓衣	YM6D6 正·4
弓弦	YM6D6 正·4
弓弩	YM6D6 正·6
弓犢丸	YM6D6 正·4
弓□□①	YM6D6 正·4

四畫

五采羽	YM6D6 正·2
五采羽翳	YM6D6 反·4
木杖	YM6D6 正·5
木枹	YM6D6 正·2
木鉦椎（？）	YM6D6 正·3
比二千石將軍鼓車	YM6D6 反·1

五畫

甲	YM6D6 正·1/YM6D6 正·4
甲袠	YM6D6 正·4
矛	YM6D6 正·1/YM6D6 正·3/YM6D6 正·5

---

① 此條所指名物也可能是"弓□"。

六畫

合車	YM6D6 反・2
曲斾	YM6D6 正・2
有方	YM6D6 正・3／YM6D6 正・5
有方□欽犢	YM6D6 反・4
糸	YM6D6 反・2
羽	YM6D6 正・6
羽旌	YM6D6 正・2

七畫

秙	M6D6 反・3
兵□車	YM6D6 反・2
兵車	YM6D6 正・3
兵車式	YM6D6 反・2
兵蘭	YM6D6 正・3／YM6D6 反・3
角舩	YM6D6 正・3
車□膠	YM6D6 正・3
車披具	YM6D6 正・2
車童	YM6D6 正・2／YM6D6 正・6
車輪	YM6D6 反・3

八畫

具衝（有金首）	YM6D6 反・1
具衝金首	YM6D6 反・1

卑（？）斂	YM6D6 反·1
弩	YM6D6 正·1/YM6D6 正·3
弩□矢	YM6D6 反·3
弩矢	YM6D6 正·1/YM6D6 正·3
弩糸緯	YM6D6 正·1
弩弦	YM6D6 正·1/YM6D6 正·3
弩紲	YM6D6 正·3
弩緯	YM6D6 正·3
弩緹幏	YM6D6 正·1
弩檗	YM6D6 正·3
弩犢丸	YM6D6 正·3
弩蘭	YM6D6 正·3
弩蘭冠	YM6D6 正·3
武剛強弩車	YM6D6 反·2
武靡車	YM6D6 正·2
股甲衣	YM6D6 正·4
金鈇	YM6D6 正·2

九畫

梟紉	YM6D6 反·2
盾	YM6D6 正·1/YM6D6 正·5
臿	YM6D6 反·3
郅支單于兵	YM6D6 反·4
革□	YM6D6 正·6

革□□①	YM6D6 正·4
革甲（札）	YM6D6 反·3
韋□	YM6D6 正·3

十畫

旄	YM6D6 正·2
旄□	YM6D6 正·6
涇路匕首	YM6D6 正·5
烏孫公主諸侯使節	YM6D6 反·3
素□重車	YM6D6 反·2
素木弩檗	YM6D6 正·1
馬甲	YM6D6 正·4
（馬）鞻督	YM6D6 正·4
高□車	YM6D6 反·2
紛（？）轂轟車	YM6D6 反·2
連弩車	YM6D6 正·5
連弩牀	YM6D6 反·2

十一畫

將軍兵車	YM6D6 反·1
將軍鼓車	YM6D6 反·1
旌	YM6D6 正·6
桱程	YM6D6 反·1

---

① 此條所指名物也可能是"革□"。

淳于	YM6D6 正·2／YM6D6 正·6
淳于椎	YM6D6 正·6
組□	YM6D6 反·4
終干	YM6D6 正·2／YM6D6 正·6
鹿革	YM6D6 反·3
鹿盧	YM6D6 反·3
釦	M6D6 正·6／YM6D6 反·3
釦□①	YM6D6 正·5
釦戈	YM6D6 正·3
釦桃枊	YM6D6 正·3

十二畫

絜（？）韃	YM6D6 反·3
鈃	YM6D6 正·3／YM6D6 正·5
鈃□□②	YM6D6 正·5
鈃沓	YM6D6 反·4
鈍于蘭	YM6D6 反·4
鈒	YM6D6 正·2
黃韋篋	YM6D6 正·2
黑旂蜚烏銅鐶	YM6D6 反·4

---

① 本名物所在條釋文爲"釦□千八"，"釦"後一字也可能是數字。
② 本名物所在條釋文爲"鈃□□三百廿三"，末"□"（即"三百"前一字）也可能是數字。

十三畫

鈹	YM6D6 正·2/YM6D6 正·5
鉦	YM6D6 正·2/YM6D6 正·6
鉦車	YM6D6 正·2/YM6D6 反·1
鉦（椎）	YM6D6 正·6
鼓	YM6D6 正·2（2）
鼓上華	YM6D6 正·3
鼓上飭	YM6D6 反·4
鼓和	YM6D6 正·6
鼓車	YM6D6 正·2/YM6D6 反·1
鼓枹	YM6D6 正·3/YM6D6 正·6
鼓柎	YM6D6 正·3/YM6D6 正·6
鼓鼜	YM6D6 正·2/YM6D6 正·6

十四畫

槀刃	YM6D6 正·3
綸	YM6D6 反·2
綸組	YM6D6 正·2
蜚樓行臨車	YM6D6 反·2
輕車	YM6D6 反·1
銅戈	YM6D6 正·1/YM6D6 正·5
銤	YM6D6 正·5
戟	M6D6 正·5
膝膝杅器	YM6D6 正·1

十五畫

劍	YM6D6 正・1/YM6D6 正・5
劍杖	YM6D6 正・5
劍帶	YM6D6 正・5
旛胡□□鋸齒	YM6D6 正・6
旛胡鋸齒	YM6D6 正・2
緯	YM6D6 反・2
衝車	YM6D6 反・1
衝車鐵提斗	YM6D6 反・1
質	YM6D6 正・6
鋌夷	YM6D6 反・1
箻薦	YM6D6 反・1

十六畫

戰（？）車	YM6D6 反・1
橐佗甑車	YM6D6 反・2
璜	YM6D6 反・1
鋸釦刀	YM6D6 正・5
戲車	YM6D6 反・2
薄盧	YM6D6 反・3
薪負	YM6D6 反・4

十七畫

薰毒	YM6D6 反・4

檻	YM6D6 反·1

十八畫

鎧	YM6D6 正·4
雜羽	YM6D6 反·4
雜繒鋸齒	YM6D6 反·4
鞮瞀	YM6D6 正·4
膝木厄	YM6D6 反·4

十九畫

犢丸蓋□鐶	YM6D6 反·4
鏡	YM6D6 反·4

二十畫

鐃	YM6D6 正·6
蘭負	YM6D6 反·4

二十一畫

鐵□	YM6D6 正·1（2）/YM6D6 正·5
鐵□□	YM6D6 正·1
鐵□銛	YM6D6 正·5
鐵□銛（？）	YM6D6 正·2
鐵甲札	YM6D6 反·3
鐵弝弦	YM6D6 反·4
鐵斧	YM6D6 正·6/YM6D6 反·3

鐵股衣	YM6D6 正·1
鐵疾棃	YM6D6 反·3
鐵蒡	YM6D6 正·1
鐵罷	YM6D6 正·1
鐵韃眷	YM6D6 正·1
鐵鑢斗	YM6D6 反·1
鐵鑿	YM6D6 反·4
鐸	YM6D6 正·2/YM6D6 正·6
鼛柎	YM6D6 正·6

二十三畫

攠	YM6D6 正·2
攠柎	YM6D6 正·2

二十六畫

钁	YM6D6 正·5

《尹灣漢簡》人名索引

田佳鷺　張顯成[①]

說　明

一、本索引所依據的釋文爲張顯成、周群麗《尹灣漢墓簡牘校理》（天津古籍出版社，2011年）的上編《尹灣漢墓簡牘校釋》，以下簡稱《校釋》。

二、凡《尹灣漢墓簡牘》中所見人物名均爲本索引編製的範圍，人名包括姓名、姓、名、表字、敬稱（如"師卿"）。本索引包括《尹灣漢墓簡牘》以下各種中的人名：《東海郡下轄長吏名籍》（YM6D3-4）、《東海郡下轄長吏不在署、未到官者名籍》（YM6D5正）、《東海郡屬吏設置簿》（YM6D5反）、《贈錢名籍》（YM6D7-8）、《借貸書》（YM6D10反）、《君兄衣物疏》（YM6D12）、《君兄繒方緹中物疏》（YM6D13正）、《君兄節司

[①] 田佳鷺，西南大學漢語言文獻研究所 碩士研究生 重慶 400715；張顯成，西南大學漢語言文獻研究所 教授　重慶 400715。

小物疏》（YM6D13 反）、《名謁》（YM6D14－23）、《元延二年視事日記》（YM61－76）。

　　三、人名排列順序先按筆畫數排列，筆畫數相同的字再按筆順（一、丨、丿、丶、乙）排列。

　　四、人名的隸定釋讀與《校釋》釋文同。有些名稱因文字漫漶而識讀不能確定，依《校釋》釋文在釋讀不確定字後注以問號"（?）"；有些名稱因文字漫滅而不全，依《校釋》釋文以"□"代替，一"□"一字。若整個名稱均爲"□"，則不收入本索引。

　　五、個別人名出現不祇一次但因釋讀不確定，分排爲兩條。如"YM6D8 正·5"的"譚君房"，與"YM6D8 反·3的"譚君房（?）"，雖然二者很可能就是一人，但因後者"房"字釋讀不確定，故爲穩妥起見，還是將二者分列爲兩條，不過，因爲筆畫筆順相同，二者還是相鄰排列的，並不影響讀者的查閱比較統計。

　　六、通假字、異體字、訛誤字等均不予說明，因《校釋》中已有解釋。

　　七、本索引每一人名後均標出該人名的全部出處，即簡牘號，若木牘分欄，則標明欄序（爲行文簡潔，不標文獻名），故通過本索引，可檢索到《尹灣漢簡墓簡牘》中的全部人名，如：

　　上官由　　　　　　YM6D5 正·4

　　表示人名"上官由"出現在 6 號墓第 5 號木牘正面第 4 欄。
　　再如：
　　陳少平　　　　　　YM6D7 正·3/YM6D8 反·2/YM6J55

　　表示人名"陳少平"分別出現在 6 號墓第 7 號木牘正面第 3

欄、6號墓第8號木牘反面第2欄、6號墓竹簡第55枚。

二畫

丁君房　　　　　YM6D7 正·5
丁武　　　　　　YM6D3 反·1
丁隆　　　　　　YM6D3 正·2/YM6D5 正·3
丁禁　　　　　　YM6D3 反·2
丁勳　　　　　　YM6D3 反·3

三畫

□□子恭　　　　YM6D8 正·6
□□卿　　　　　YM6D7 正·6/YM6D8 正·7
□大□　　　　　YM6D8 正·7
□子□　　　　　YM6D8 正·2
□子家（？）　　YM6D7 反·1
□子誠　　　　　YM6D8 反·3
□元卿　　　　　YM6D7 反·1
□少君　　　　　YM6D8 正·2
□中叔　　　　　YM6D8 正·3
□文卿　　　　　YM6D7 正·5
□幼君　　　　　YM6D7 正·7
□次君　　　　　YM6D8 正·6
□君伯　　　　　YM6D7 正·7
□君長　　　　　YM6D8 正·7
□君房　　　　　YM6D7 正·5/YM6D7 反·4/YM6D8 正·5

□長實（？）	YM6D8 正·2
□莒少平	YM6D7 反·1
□泉	YM6D3 反·2
□師子實（？）	YM6D8 正·2
□殷	YM6D3 正·2
□孫卿	YM6D7 反·3
□絈（？）君	YM6D7 正·7
□開（？）	YM6D4·2
□道	YM6D3 正·2
□義	YM6D3 正·1
□實（？）卿	YM6D8 正·7
□譚	YM6D4·2
于子势	YM6D7 反·3
于子嚴	YM6D8 正·3
于势	YM6D8 反·2
上官由	YM6D5 正·4
弓長叔	YM6D7 正·7
子嚴	YM6J51–52/YM6J53/YM6J71/YM6J72/YM6J73

四畫

王賞	YM6D3 反·3
王大（？）卿	YM6D8 正·3
王中賓	YM6D14 反
王公文	YM6D7 正·5

王良（？）	YM6D3 反·1
王君功	YM6D7 反·1
王君兄	YM6D8 正·2
王君都	YM6D7 正·3/YM6D8 反·4
王奉	YM6D3 正·3
王昌	YM6D3 正·3
王季卿	YM6D7 正·1/YM6D7 反·3/
	YM6D8 正·5/YM6D8 反·3
王相	YM6D4·1
王宣	YM6D3 正·1
王都卿	YM6D7 正·3/YM6D8 反·4
王恁	YM6D3 正·3/YM6D5 正·2
王陽	YM6D4·2
王賀	YM6D3 正·2
王蒙	YM6D3 正·3
王廉卿	YM6D7 正·6/YM6D8 反·1
王義	YM6D3 反·2
王賞	YM6D5 正·2
王豐	YM6D3 反·3
王謹（？）	YM6D4·2
毛君卿	YM6D8 正·2
毛雲	YM6D3 反·3/YM6D5 正·4
父慶	YM6D3 正·2
公父游君	YM6D8 正·2
尹君高（？）	YM6D8 正·5

尹慶	YM6D4・1/YM6D5 正・3
孔寬	YM6D5 正・4
毌丘洧君	YM6D7 正・4
毌丘卿	YM6D7 正・4

五畫

左初卿	YM6D7 正・3/YM6D8 正・6
石承	YM6D5 正・3
石勳	YM6D4・2
北宮憲	YM6D5 正・2
旦恭	YM6D3 反・3
田章始	YM6D3 正・2
生寶	YM6D5 反・2
丘驕孺	YM6D19 反
冬利君嚴	YM6D8 正・3
司馬敞	YM6D3 正・1/YM6D5 正・1

六畫

共襃	YM6D3 反・3
西郭君高	YM6D8 正・8/YM6D8 反・1
成功禁	YM6D5 正・4
成禁	YM6D3 反・1
朱□	YM6D3 正・1
朱三石	YM6D7 反・4
朱子上	YM6D7 正・5

朱子高	YM6D8 正·2
朱中實（？）	YM6D7 正·5／YM6D7 反·3
朱君房	YM6D7 正·3
朱長紿（？）	YM6D7 正·6
朱倗	YM6D4·2
朱博	YM6D3 反·1／YM6D5 正·1
朱喬卿	YM6D8 正·7
朱福	YM6D3 正·2
朱賢	YM6D4·1
朱謁公	YM6D7 正·1
朱謁功	YM6D8 反·1
延	YM6D17 反
后子然	YM6D8 正·7／YM6D8 反·4
后中子	YM6D14 反
羊子張	YM6D7 正·4
州君游	YM6D7 反·2／YM6D8 正·6

七畫

臣（？）君房	YM6D8 反·3
杜孝□	YM6D7 正·4
李子麗（？）	YM6D8 正·6
李次翁	YM6D7 正·5
李林卿	YM6D7 反·4／YM6D8 正·4／YM6D8 反·1
李忠	YM6D3 正·1／YM6D5 正·3

李遷	YM6D3 反·1
李臨	YM6D4·1/YM6D5 正·2
呂遷	YM6D4·1
辛千秋	YM6D3 反·1
宋康	YM6D3 正·3
罕（?）子張	YM6D7 反·3/YM6D8 正·3
君兄	YM6D12 正·1/YM6D12·反 3/YM6D13 正·1/YM6D13 反·1/YM6D14 反/YM6D15 反/YM6D16 反/YM6D17 反/YM6D19 反
君卿	YM6D5 反·1

八畫

武君實（?）	YM6D7 正·1
武彭祖	YM6D3 正·1
長意	YM6D15 反
英（?）小君	YM6D7 正·2
范利國	YM6D4·2
范常	YM6D3 正·3/YM6D5 正·2
茅初卿	YM6D7 正·4
東門湯	YM6D3 反·2/YM6D5 正·2
易子勞	YM6D8 反·4
易子敖	YM6D8 正·6
季子叔	YM6D10 反
兒君	YM6D23 正

兒君伯	YM6D7 正·1
兒勳	YM6D3 正·3/YM6D5 正·3
周□	YM6D3 反·2
周□□	YM6D3 正·2
周方	YM6D5 反·2
周君左（?）	YM6D8 正·6
周君兄	YM6D7 正·3
周君長	YM6D8 反·1
周朋	YM6D3 反·1
周並	YM6D5 正·2
周便親	YM6D5 正·1
周佣	YM6D5 正·3
周喜	YM6D3 正·3/YM6D5 正·1
周奮	YM6D5 正·3
京君兄	YM6D7 正·7/YM6D7 反·3 /YM6D8 反·3
泠欽	YM6D5 反·2
宗良	YM6D3 正·3/YM6D5 正·1
郎（?）延年	YM6D5 正·1
郎延年	YM6D3 正·1
肩□	YM6D3 正·2
承匡己	YM6D4·2
孟遷	YM6D4·2
終（?）稚□	YM6D8 正·8

九畫

莒子元	YM6D7 正・1/YM6D8 反・2
莒子高（?）	YM6D7 正・6
莒君長	YM6D8 反・1
莒政	YM6D5 反・2
莒威卿	YM6D7 反・3/YM6D8 正・5/YM6D8 反・1
胡毋欽	YM6D3 反・1/YM6D5 正・2
胡君	YM6D5 反・2/YM6D5 反・3
胡忠	YM6D3 正・3
柏（?）世	YM6D4・2
威卿	YM6D23 反
禺順	YM6D5 反・2
俞喬卿	YM6D7 正・3
宣元	YM6D3 反・3
宣聖	YM6D3 反・2/YM6D5 正・1

十畫

唐□□	YM6D7 正・6
唐宣	YM6D4・1
唐惠卿	YM6D7 正・2
唐湯	YM6D3 反・3/YM6D5 正・2
夏（?）子都	YM6D8 正・5
夏（?）稚卿	YM6D7 正・4
夏子都	YM6D8 反・2

夏侯武	YM6D3 正·2
夏侯登	YM6D4·2
夏彭祖	YM6D3 反·2
夏筐	YM6D3 反·1/YM6D5 正·3
夏稚卿	YM6D8 反·4
孫少卿	YM6D8 正·3
孫吉	YM6D5 正·4
孫孝卿	YM6D8 正·6
孫都卿	YM6D7 反·3/YM6D8 正·5
孫敞	YM6D3 正·2/YM6D5 正·1
孫嚴	YM6D5 正·1
家聖	YM6D3 正·3/YM6D5 正·1
師大孟	YM6D10 反
師子夏	YM6D10 反
師子儀	YM6D7 正·2
師君兄	YM6D10 反/YM6D20 正/YM6D21 正/YM6D23 反
師君長	YM6D7 反·1/YM6D8 正·1/YM6D8 正·3/YM6D8 反·3/
師卿	YM6D14 正/YM6D15 正/YM6D16 正/YM6D17 正/YM6D18 正/YM6D19 正
徐□	YM6D3 正·1
徐子真	YM6D7 正·1
徐中孫	YM6D14 反
徐政	YM6D4·1

殷順	YM6D3 正・3
殷臨	YM6D3 反・3
涂（？）子平	YM6D7 反・1
涂君都	YM6D8 正・2
涂長史	YM6D7 正・4/YM6D8 反・1
涂真卿	YM6D7 正・2/YM6D8 正・6
級	YM6D14 反
馬□君	YM6D8 正・7
莊（？）子孝	YM6D7 正・1
莊仁	YM6D4・1/YM6D5 正・3
莊少子	YM6D7 正・2/YM6D8 反・4
莊成	YM6D3 反・2/YM6D5 正・1
莊敞	YM6D3 反・3
逢賢	YM6D3 正・3
郭□	YM6D3 正・2
陳九	YM6D4・2
陳子河	YM6D7 正・1
陳少平	YM6D7 正・3/YM6D8 反・2/YM6J55
陳文卿	YM6J67
陳幼君	YM6D7 正・7
陳次君	YM6D7 正・7
陳君兄	YM6D7 正・1
陳君長	YM6D7 正・6/YM6D8 正・2
陳君嚴	YM6D7 正・4/YM6D8 正・3
陳咸	YM6D4・2

陳宮	YM6D3 反·1/YM6D5 正·3
陳紿（？）君	YM6D7 正·3
陳逢	YM6D3 正·3/YM6D5 正·3
陳都卿	YM6D7 正·6
陳勝	YM6D3 正·3
陳順	YM6D3 反·2/YM6D5 正·1
陳褒	YM6D3 正·2/YM6D5 正·2
華（？）君實（？）	YM6D7 正·7/YM6D7 反·3
華君實（？）	YM6D8 反·2
華喬	YM6D5 正·2
華 喬	YM6D3 正·1
華（？）喬卿	YM6D7 正·6

十一畫

曹平	YM6D3 反·3
曹勳	YM6D4·2
盛中子	YM6D8 正·2
盛咸	YM6D3 反·3
處初卿	YM6D7 正·7
許君功	YM6D7 正·5/YM6D8 正·6
許長史	YM6D8 正·5
淳于子	YM6D7 正·2/YM6D8 正·7
淳于君房	YM6D7 反·2/YM6D8 正·2
淳于賞	YM6D4·1
梁君長	YM6D7 正·1

梁樊于	YM6D5 正·1
張（?）良	YM6D3 反·2
張□	YM6D3 反·1
張□君	YM6D8 正·3
張未央（?）	YM6D3 正·1
張永國	YM6D3 反·2
張良	YM6D5 正·1
張君長	YM6D7 正·6/YM6D8 正·6
張泰君	YM6D7 正·2
張崇	YM6D3 正·3
張循	YM6D3 反·1
張蓋之	YM6D4·1
張稚翁	YM6D7 正·3
張稚翁（?）	YM6D8 反·3
張臨	YM6D4·1
張霸	YM6D3 反·3
陽況游功	YM6D7 正·5

十二畫

賁（?）君長	YM6D7 反·1
賁（?）孫卿	YM6D8 正·5
董（?）遷（?）	YM6D5 反·3
董卿	YM6J28
單君仲	YM6D7 正·4/YM6D8 正·5/YM6D8 反·2
程長孟	YM6D7 正·2

傅子夏	YM6D8 正·5
傅更	YM6D5 反·2
番次翁	YM6D7 正·4／YM6D8 反·4
馮子高	YM6D8 反·2
馮豐	YM6D3 反·2
曾聖	YM6D3 反·3
強廣	YM6D5 反·2
幾級	YM6D3 反·1

十三畫

楊平卿	YM6D16 反
楊明	YM6D3 正·2／YM6D5 正·1
虞賀	YM6D5 正·4
景子真	YM6D7 正·2
梁君長	YM6D8 正·7
梁君都	YM6D8 正·8
遭	YM6D19 反

十四畫

趙君孫	YM6D18 反
蔡君長	YM6D7 正·5／YM6D7 反·3／YM6D8 正·4／YM6D8 反·2
蔡卿	YM6J65
蔡義	YM6D3 反·2
管（？）費	YM6D4·1

管儀	YM6D4・2
鄭長伯	YM6D17 反
鄭遵（？）	YM6D5 正・4
鄭賽	YM6D3 反・2

十五畫

賢	YM6D16 反
劉子嚴	YM6D7 正・3/YM6D7 反・4/YM6D8 正・1
劉奉上	YM6D3 反・1
劉恩卿	YM6D8 正・7
劉曾	YM6D3 正・1

十六畫

駱嚴	YM6D3 反・1/YM6D5 正・3
薛子孝	YM6D7 反・1/YM6D8 正・7
薛子僑	YM6D7 正・6/YM6D8 正・7
薛元功	YM6D7 反・4
薛幼敖（？）	YM6D7 正・1
薛君上	YM6D8 正・1
薛君長	YM6D7 正・7
薛卿	YM6J29
薛彭祖	YM6D4・1
薛鐔	YM6D5 正・3
蕭子□	YM6D8 正・3
橋敬	YM6D3 反・3

營忠　　　　　YM6D4·1/YM6D5 正·3

十七畫
戴子然　　　　YM6D7 反·3/YM6D8 正·3/YM6D8 反·4
戴少平　　　　YM6D7 正·2
戴孝卿　　　　YM6D7 正·5
戴長伯　　　　YM6D7 正·2
韓訢　　　　　YM6D4·2
魏□　　　　　YM6D3 反·1
鍾中子　　　　YM6D8 正·2
謝長平　　　　YM6D15 反

十八畫
顏駿　　　　　YM6D5 正·2

十九畫
關常　　　　　YM6D3 反·2
嚴子孝　　　　YM6D8 正·6/YM6D8 反·3
譚君房　　　　YM6D8 正·5
譚君房（？）　YM6D8 反·3

二十畫
蘭少實（？）　YM6D7 正·7
饒　　　　　　YM6D22 反（2）/YM6D23 反

顉　　　　　　YM6D21 反

二十三畫
龔武　　　　　YM6D4·1

《尹灣漢簡》遣策名物索引

王玉蛟　張顯成①

說　明

一、本索引所依據的釋文爲張顯成、周群麗《尹灣漢墓簡牘校理》（天津古籍出版社，2011 年）的上編《尹灣漢墓簡牘校釋》，以下簡稱《校釋》。

二、本索引收《尹灣漢墓簡牘》中所有遣策名物，共包括以下幾種中的名物：《君兄衣物疏》（YM6D12）、《君兄繒方緹中物疏》（YM6D13 正）、《君兄節司小物疏》（YM6D13 反）、《無名氏衣物疏》（YM2D1）。

三、名物排列順序先按筆畫數排列，筆畫數相同的字再按筆順（一、丨、丿、丶、乙）排列。

---

① 王玉蛟，西南大學漢語言文獻研究所　碩士研究生　重慶　400715；張顯成，西南大學漢語言文獻研究所教授　重慶　400715。

四、名物的隸定釋讀與《校釋》釋文同。有些名稱因文字漫漶而識讀不能確定,依《校釋》釋文在釋讀不確定字後注以問號"(?)";有些名稱因文字漫滅而不全,依《校釋》釋文以"□"代替,一"□"一字。若整個名稱均爲"□",則不收入本索引。

五、通假字、異體字、訛誤字等均不予說明,因《校釋》中已有解釋。

六、每一名物後均標明出處,包括木牘號、正面或反面、欄序(爲行文簡潔,不標文獻名),故通過本索引,可檢索到《尹灣漢簡墓簡牘》中的全部遣策名物,如:

璧　　　　　　YM6D12 反 · 1

表示"璧"出現在 6 號墓第 12 號木牘反面第 1 欄。再如:

五采系　　　　YM6D13 反 · 4/ YM2D1 反 · 2

表示"五采系"分別出現在 6 號墓第 13 號木牘反面第 4 欄、2 號墓第 1 號木牘反面第 2 欄。

二畫

刀　　　　　　YM6D12 反 · 3/ YM6D13 正 · 1/
　　　　　　　YM6D13 反 · 2/ YM2D1 反 · 3
(刀)帶　　　　YM6D13 反 · 2

三畫

小□　　　　　YM2D1 反 · 4
小巾　　　　　YM6D13 反 · 3
□巾　　　　　YM6D13 反 · 2/ YM2D1 反 · 2
□□□衣　　　YM2D1 正 · 1

□□單衣	YM2D1 正·1
□□絮	YM2D1 反·3
□□橐（?）	YM2D1 反·3（2）
□具	YM2D1 反·2
□紃橐	YM6D13 反·3
□散單衣	YM2D1 正·1
□絮	YM2D1 反·3
□橐	YM2D1 反·2
□鮮支絧	YM2D1 正·3

四畫

比	YM6D13 反·1
五子檢	YM2D1 反·2
五采糸	YM6D13 反·4/ YM2D1 反·2
五采絹	YM2D1 反·3
手巾	YM6D13 反·3
六甲陰陽書	YM6D13 正·2
手衣	YM6D13 反·4
毋尊單衣	YM2D1 正·1
方絮	YM6D13 反·4
方緹	YM6D13 正·1
木黃監（?）繻	YM2D1 正·2

五畫

白毋尊單衣	YM6D12 正·1

白布單衣	YM6D12 正·1
白幕	YM2D1 反·3
白綸	YM2D1 反·2
白縷單被	YM2D1 正·4
白鮮支單絝	YM6D12 正·4
白繝幦	YM2D1 正·3

六畫

列	YM6D13 正·3
列女傅	YM6D13 正·2
交刀	YM6D13 反·1
早丸大絝	YM6D12 正·3
早丸復衣	YM6D12 正·2
早丸諸于	YM6D12 正·4
早丸襜褕	YM6D12 正·4
早布大絝	YM6D12 正·3
早單	YM6D12 正·1
早復衣	YM6D12 正·2
早復襜褕	YM6D12 正·4
羽林蠱	YM6D13 反·2
羽青幦	YM2D1 正·3
羽青絝	YM2D1 正·4
羽青諸于	YM2D1 正·2
糸履	YM6D12 反·2

七畫

弟子職	YM6D13 正·3
君直纚綺衣	YM6D12 反·2

八畫

板	YM6D13 正·2
板研	YM6D13 正·1
卸（?）巾	YM6D13 反·3
青丸復襦	YM6D12 反·2
青巨巾	YM2D1 正·4
青糸履	YM2D1 反·4
青素綺	YM2D1 正·4
青幕	YM2D1 反·3
青（?）管	YM2D1 反·4
青綺手衣	YM2D1 反·3
青綺復襦	YM6D12 正·2
青鮮支中單	YM6D12 正·2
青繒履	YM2D1 反·4
帛（?）剽衣	YM2D1 正·1
帛霜帬	YM2D1 正·3
帛霜復襦	YM2D1 正·1
帛纚合直領	YM2D1 正·2
帛纚帬	YM2D1 正·3
帛纚單帬	YM2D1 正·3
帛纚復襦	YM2D1 正·1

帛縹鮮支單襦　　　YM2D1 正·2

九畫
哈〈唅〉具　　　　YM6D12 反·1
故絮　　　　　　　YM6D13 反·3

十畫
帬　　　　　　　　YM6D12 反·1
記　　　　　　　　YM6D13 正·2
骨尺　　　　　　　YM2D1 反·3
烝栗棺中席　　　　YM6D12 反·2
鳥傳　　　　　　　YM6D13 正·3
脂管　　　　　　　YM6D13 反·2
旁橐　　　　　　　YM6D13 正·2
粉橐　　　　　　　YM6D13 反·1
恩澤詔書　　　　　YM6D13 正·2

十一畫
掊　　　　　　　　YM6D13 正·2
疏　　　　　　　　YM6D13 反·1
絑　　　　　　　　YM6D12 反·2
紺綺諸于　　　　　YM2D1 正·2

十二畫
筆　　　　　　　　YM6D13 正·1

須牙	YM6D13 反·1
閒中單	YM6D12 正·2
渠如	YM2D1 反·3
黃糸履	YM2D1 反·4
黃綸	YM2D1 反·2
閒青復襦	YM6D12 正·3
閒青薄襦	YM6D12 正·3
單被	YM6D12 正·1
單襦	YM6D12 反·3
綺被	YM2D1 正·4
詘帶	YM6D13 反·2
費節	YM6D13 反·1
鄉橐	YM6D13 反·3

十三畫

筭	YM6D13 正·1
（筭）衣	YM6D13 正·1
道	YM6D13 反·2
葛中單	YM6D12 反·1
節司	YM6D13 反·1
節衣	YM6D13 反·4
頓牟簪	YM2D1 反·3
頓牟璽	YM6D13 反·2
楚相內史對	YM6D13 正·3

十四畫

幘　　　　　　YM6D13 反・3
管　　　　　　YM6D13 正・1
（管）衣　　　YM6D13 正・1
綠丸綺　　　　YM2D1 正・3

十五畫

劍　　　　　　YM6D12 反・3
練□單襦　　　YM2D1 正・3
練小綺　　　　YM6D12 正・3
練巨巾　　　　YM2D1 正・4
練早大綺　　　YM6D12 正・3
練單襦　　　　YM6D12 正・4
練霜衣　　　　YM2D1 正・1
勴（？）肐　　YM2D1 反・2
墨囊　　　　　YM6D13 正・2
髮囊　　　　　YM6D13 反・2

十六畫

盧絮　　　　　YM2D1 反・2
縑單帬　　　　YM2D1 正・3
勳囊　　　　　YM6D13 反・3

十七畫

薄巾絮　　　　YM2D1 反・2

霜丸衣	YM2D1 正·1
霜丸合衣	YM2D1 正·1
霜丸復衣	YM6D12 正·2
霜丸復襦	YM2D1 正·2
霜散合帬	YM2D1 正·3
霜散紛	YM2D1 正·1
霜綺直領	YM2D1 正·2
鮮支單襦	YM6D12 正·4
縹被	YM6D12 正·1
縷巨巾	YM2D1 正·4

十八畫

璧	YM6D12 反·1
繒方緹	YM6D13 正·1
繒履	YM6D12 反·2
簧蠠	YM6D13 反·2

十九畫

鏡	YM6D13 反·1
（鏡）衣	YM6D13 反·1
繻（？）丸下常	YM6D12 反·1
繻丸合衣	YM6D12 正·2
繻丸合帬	YM2D1 正·3
繻下常	YM6D12 反·1
繻丸復襦	YM6D12 正·3

纕丸諸于	YM6D12 正·4
纕長繻	YM2D1 正·1
纕段領	YM6D12 正·4
纕散合繻	YM2D1 正·2
纕綺衾	YM6D12 反·1
綺複衣	YM6D12 正·2
纕（？）綺復繻	YM2D1 正·2
纕鮮支單諸于	YM2D1 正·2
繡被	YM6D12 正·1／YM2D1 正·4
繩杅	YM6D13 正·2
麇絮	YM2D1 反·2

二十二畫

繡手衣	YM2D1 反·3

建國以來秦簡的發現與研究

王 偉[①]

摘 要：建國以來秦簡的發現和研究可劃分爲 1949 年至 1989 年和 1990 年至今（2010 年底）兩個階段。本文對各時期發現的秦簡資料的研究狀況進行評述和總結，並對秦簡研究前景做了展望。

關鍵詞：秦簡；階段；發現與研究

一、建國後 40 年間秦簡的發現和研究

（1949 年—1989 年）

1. 秦簡的大發現

1975 年至 1976 年間，湖北省雲夢縣睡虎地 11 號秦墓中出土 1150 多枚竹簡及殘片 80 餘枚，[②] 這是我國首次發現秦簡。竹簡內

[①] 王偉，陝西師範大學文學院 講師 陝西西安 710062。
[②] 季勳《雲夢睡虎地秦簡概述》，《文物》1976 年第 5 期。孝感地區第二期亦工亦農文物考古訓練班《湖北雲夢睡虎地 11 號秦墓發掘簡報》，《文物》1976 年第 6 期。雲夢秦墓竹簡整理小組《雲夢秦簡釋文》一、二、三，《文物》1976 年第 6、7、8 期。

容有《編年記》、《語書》、《秦律十八種》、《效律》、《秦律雜抄》、《法律答問》、《封診式》、《爲吏之道》、《日書》甲種、《日書》乙種等十部分，簡文字體爲秦隸，寫於戰國末至秦初年。

1975 至 1976 年間，湖北省雲夢縣睡虎地 4 號秦墓中出土木牘兩件，兩面書字，墨書隸體，內容爲士卒寫給家裏的私信，是目前所見最早的家信實物。①

1980 年四川省青川縣郝家坪戰國墓葬群 50 號墓出土木牘兩枚。② 木牘兩面書字，主要內容爲秦更修田律，寫於秦武王二年（前 309 年）。

1986 年 6 月，甘肅省文物考古研究所在天水市北道區黨川鄉放馬灘 1 號秦墓中出土竹簡 460 枚和木板地圖 7 塊。時代爲戰國末年。經整理，內容有甲乙兩種《日書》和《墓主記》。甲種《日書》73 枚，乙種《日書》379 枚，《墓主記》8 枚。此後很長一段時間裏，祇公佈了《墓主記》和部分甲、乙種《日書》共 58 枚竹簡的照片資料。③ 放馬灘秦簡《日書》可與睡虎地秦簡《日書》相互比較；《墓主記》是描述人死而復生的故事，對研究秦人的生死觀及宗教觀有很大的幫助；7 塊木板地圖是目前所見時代最早的地圖實物。

1986 年間，湖北省江陵縣嶽山崗 36 號秦墓出土木牘兩枚，

---

① 湖北孝感地區第二期亦工亦農文物考古訓練班《湖北雲夢睡虎地十一座秦墓發掘簡報》，《文物》1976 年第 9 期。
② 四川省博物館等《青川縣出土秦更修田律木牘——四川青川縣戰國墓發掘簡報》，《文物》1982 年第 1 期。
③ 甘肅文物考古研究所等《甘肅天水放馬灘戰國秦漢墓群的發掘》，《文物》1989 年第 2 期。

年代大致與睡虎地秦簡同時,內容均爲日書。①

1989年10月至12月,湖北省文物考古研究所等機構在雲夢城郊龍崗發掘了九座古墓,其中6號墓出土木牘1枚、竹簡150餘枚(出土編號293個)。②簡文寫於秦代末年,內容爲法律文書。爲了與雲夢睡虎地秦簡區別,這批資料後來被稱爲"龍崗秦簡"。

2. 研究概況

高明士、何雙全、林劍鳴、吳福助、掘毅、高敏等人對這一時期的秦簡研究狀況作了較全面的回顧,內容涉及日本研究雲夢秦簡情況簡介、近年來新出土簡的整理與研究現狀等方面;③秦簡研究論著目錄也得到了彙集。④

(1)睡虎地秦墓竹簡、木牘

睡虎地秦簡出土後,簡文内容、墓葬發掘、出土文物的相關資料很快公佈。此後,有三種版本的《睡虎地秦墓竹簡》相繼

---

① 湖北省江陵縣文物局、荆州地區博物館《江陵岳山秦漢墓》,《考古學報》2000年第4期。
② 湖北省文物考古研究所等《雲夢龍崗秦漢墓地發掘簡報》,《江漢考古》1990年第3期。
③ 高明士《日本研究雲夢秦簡情況簡介》,《中國史研究動態》1983年第3期。何雙全《近年來新出土簡牘的整理與研究》,《中國史研究動態》1983年第9期。林劍鳴《日本學者對中國簡牘的研究》,《中國史研究動態》1985年第12期。吳福助《睡虎地秦簡十四年研究述評》、《睡虎地秦簡論考》,臺北文津出版社,1994年。掘毅《日本的睡虎地秦簡研究》,《秦漢史論叢》第四輯,西北大學出版,1989年。高敏《秦簡、漢簡研究的狀況及展望》,《簡牘研究入門》,廣西人民出版社,1989年。
④ 中華書局編輯部《雲夢秦簡研究·雲夢秦簡資料、論著目錄(1976年3月~1980年底)》,中華書局,1981年。曹延尊、徐元邦《簡牘資料論著目錄》,《考古學集刊》(二),1982年。[日]大庭修著、謝桂華譯《中國出土簡牘研究文獻目錄》,《簡牘研究譯叢》第一輯,中國社會科學出版社,1983年。邢義田《秦漢簡牘與帛書研究文獻目錄》,《秦漢史論稿》,臺北東大圖書公司,1987年。

出版，公佈了全部資料。① 其中，8 開線裝本有圖版和釋文、注釋，但未收入兩種《日書》；32 開平裝本，祇有釋文、注釋，沒有圖版，也不包括《日書》，但增加了語譯；《雲夢睡虎地秦墓》發掘報告，有全部簡文的圖版，有未加標點的釋文。

睡虎地秦簡由於性質重要，受到中外學者的普遍重視，發表了大量的研究論著和論文，大大推進了秦史的研究進程，研究專著有《雲夢秦簡初探》、《雲夢秦簡日書研究》等。② 論文集有中華書局編輯部《雲夢秦簡研究》和甘肅文物考古研究所《秦漢簡牘論文集》。③ 這一時期，關於睡虎地秦簡綜論、簡文考釋和語言文字研究論文總計超過 100 篇。

《雲夢睡虎地秦墓》對出土的家信木牘作了初步的整理研究，此後黃盛璋對家信木牘的相關地理問題作了較深入的研究。④

臺灣簡牘學會 1981 年 7 月出版《簡牘學報》第十期"秦簡研究專號"，里仁書局編輯出版了《睡虎地秦墓竹簡》。⑤ 另外，徐富昌、梁文偉、宋豫卿、余宗發等人的學位論文均是以睡虎地秦簡爲題。⑥

---

① 睡虎地秦墓竹簡整理小組《睡虎地秦墓竹簡》（八開線裝本），文物出版社，1977 年。睡虎地秦墓竹簡整理小組《睡虎地秦墓竹簡》（32 開平裝本），文物出版社，1978 年。雲夢睡虎地秦墓編寫組《雲夢睡虎地秦墓》文物出版社，1981 年。
② 高敏《雲夢秦簡初探》，河南人民出版社，1979 年。饒宗頤、曾憲通《雲夢秦簡日書研究》，香港中文大學，1982 年。
③ 中華書局編輯部《雲夢秦簡研究》，中華書局，1981 年。甘肅文物考古研究所《秦漢簡牘論文集》，甘肅人民出版社，1989 年。
④ 黃盛璋《雲夢秦墓兩封家信中有關歷史地理的問題》，《文物》1980 年第 8 期。
⑤ 里仁書局編《睡虎地秦墓竹簡》，臺北里仁書局，1981 年。
⑥ 徐富昌《睡虎地秦簡研究》，國立臺灣大學中國文學研究所博士論文，1981 年。梁文偉《雲夢秦簡編年記相關史事核斠——兼論編年記性質》，國立臺灣大學中國文學系研究所博士學位論文，1981 年。宋豫卿《秦司空研究——以睡虎地秦簡資料爲主》，文化大學歷史研究所碩士學位論文，1983 年。余宗發《雲夢秦簡——佚書研究》，國立臺灣師範大學國文學系碩士學位論文，1983 年。

（2）天水放馬灘秦簡

何雙全最先介紹了墓葬發掘及出土竹簡與木板地圖的內容。① 1989 年，整理小組公佈了甲種《日書》釋文，何雙全做了初步研究。② 由於公佈的資料有限，天水放馬灘秦簡的研究在此後很長一段時間裏未能取得大的進展。

（3）青川更修田律木牘

青川木牘是罕見的木牘文字資料，于豪亮、楊寬、李學勤、黃盛璋、羅開玉、李零等對木牘文字和田畝制度作了考證，③ 李零對研究狀況作了述評。④

3. 與秦簡有關的漢字理論研究

（1）"書同文"及隸書的形成　70 年代初，出現了一系列討論秦"書同文字"的作用和意義的文章。⑤ 最早研究秦代隸書問題的是裘錫圭，他認爲隸書分爲古隸和八分兩個階段，古隸是

---

① 何雙全《天水放馬灘秦簡綜述》、《天水放馬灘秦墓出土地圖初探》，《文物》1989 年第 2 期。
② 秦簡整理小組《天水放馬灘秦簡甲種〈日書〉釋文》、何雙全《天水放馬灘秦簡田種〈日書〉考述》，《秦漢簡牘論文集》，甘肅人民出版社，1989 年。
③ 于豪亮《釋青川秦墓木牘》，《文物》1982 年第 1 期。楊寬《青川秦牘的田畝制度》，《文物》1982 年第 7 期。黃盛璋《青川新出秦田律木牘及其相關問題》，《文物》1982 年第 9 期。李學勤《青川郝家坪木牘研究》，《文物》1982 年 9 期。黃盛璋《青川秦牘〈田律〉爭議問題總議》，《農業考古》1987 年第 2 期。羅開玉《青川秦牘〈爲田律〉所規定的"爲田"制》，《考古》1988 年第 8 期。李零《釋"利津"和戰國人名中的與字》，《出土文獻研究續集》，文物出版社，1989 年。
④ 李零《論秦田阡陌制度的復原及其形成線索——郝家坪秦牘〈爲田律〉研究述評》，《中華文史論叢》1987 年第 1 期。
⑤ 陳直《秦始皇六大統一政策的考古資料》，《歷史教學》1963 年第 8 期；王世民《秦始皇統一中國的歷史作用——從考古學上看文字、度量衡和貨幣的統一》，《考古》1973 年第 6 期；北文《秦始皇"書同文字"的歷史作用》，《文物》1973 年第 11 期。俞偉超、高明《秦始皇統一度量衡和文字的歷史功績》，《文物》1973 年第 12 期。譚世保《秦始皇的"車同軌""書同文"新評》，《中山大學學報》1980 年第 4 期。

八分形成之前的隸書，戰國秦篆是形成隸書的基礎；秦始皇以小篆爲標準字體來統一六國文字，而隸書爲輔助字體，秦始皇的"書同文字"實際上是以隸書統一了文字。①

睡虎地秦簡的出土，使隸書的形成繼續成爲討論的焦點，眾多的學者參與了討論。② 吳白匋認爲睡虎地秦簡是真正的秦隸，秦隸遠祖可推到周代。秦始皇統一文字以隸書爲主，當時篆隸並用，並無正規與否的區別。③ 朱德熙認爲，秦漢簡"填補了漢字發展史上的一個重要缺環，使大家熟悉了秦隸的面貌，並瞭解到隸書實際上在戰國時代的秦國就已初步形成"。④ 尹顯德據秦武王二年的青川木牘文字認爲，青川戰國木牘雖比雲夢秦簡早 80 年，但是和當時的金文、石刻比較，有不少差別，卻與秦簡的秦隸極爲相似，而把隸書形成上推至戰國中後期。⑤ 鍾鳴天、左德承更進一步認爲，青川木牘幾乎沒有篆書痕跡，隸書已經存在一個時期了。⑥ 以上的這些探索，基本得到了學術界的肯定。此外，臺灣謝宗炯《秦書隸變研究》是較早涉及隸變的綜合研究。⑦

（2）漢字構形和字形演變研究　李學勤《秦簡的古文字學

---

① 裘錫圭《從馬王堆一號漢墓"遣冊"談關於古隸的一些問題》，《考古》1974 年第 1 期。
② 馬子雲《秦代篆書與隸書淺說》，《故宮博物院院刊》1980 年第 4 期。徐無聞《小篆爲戰國文字說》，《西南師範學院學報》（社科版）1984 年第 2 期。董志翹《從出土戰國文字材料看"隸變"》，《淮北煤炭師範學院學報》（社科版）1987 年第 4 期。
③ 吳白匋《從出土秦簡帛書看秦漢早期隸書》，《文物》1978 年第 2 期。
④ 朱德熙、裘錫圭《七十年代出土的秦漢簡冊和帛書》，《語文研究》1982 年第 1 期。
⑤ 尹顯德《小篆產生以前的隸書墨蹟——介紹青川戰國木牘兼說"初有隸書"問題》，《書法》1983 年第 3 期。
⑥ 鍾鳴天、左德承《從雲夢秦簡看秦隸》，《書法》1983 年第 3 期。
⑦ 謝宗炯《秦書隸變研究》國立成功大學歷史語言研究所碩士學位論文，1988 年。

考釋》指出秦簡文字考釋的三個要點：第一，秦簡文字一般不難釋，"然而，簡中還有個別難於讀釋、不見於後世的隸楷的字。"第二，"秦簡有大量假借字，與六國古文和漢初文字相同。"第三，"秦簡有不少俗字"。並且指出，秦簡文字中存在少數六國古文的寫法。① 這些論述爲秦簡文字、秦文字的理論研究明確了方向。謝光輝較早對秦文字形體作了綜合研究。② 王美宜就雲夢睡虎地 11 號秦墓竹簡文字的通假現象加以整理、分析，對它的形成作了初步探討。③ 此外湯餘惠、林素清、許學仁等在各自的論著中也對秦文字相關問題作了研究。④

二、20 世紀 90 年代以來秦簡的發現和研究
(1990 年—2010 年底)

1. 秦簡出土概況

20 世紀 90 年代以來秦文字資料的出土有成批、數量大、資料重要等特點。

1991 年，湖北江陵楊家山 135 號秦墓出土竹簡 75 枚，墨書隸體，內容是記隨葬物品的清單。⑤

1993 年，湖北江陵縣荊州鎮郢北村王家臺 15 號秦墓出土竹

---

① 中華書局編輯部編《雲夢秦簡研究》，中華書局，1981 年，頁 336-345。
② 謝光輝《秦文字形體研究》，中山大學碩士學位論文，1988 年。
③ 王美宜《睡虎地秦墓竹簡通假字初探》，《寧波師專學報》1982 年第 1 期。
④ 湯餘惠《戰國文字形體研究》，吉林大學博士學位論文，1984 年。林素清《戰國文字研究》，臺灣大學中文研究所博士論文，1984 年。許學仁《戰國文字分域與斷代研究》，國立臺灣師範大學國文學研究所博士論文，1986 年。
⑤ 荊州地區博物館《江陵楊家山 135 號秦墓發掘簡報》，《文物》1993 年第 8 期。

簡約800餘枚，主要內容爲抄錄的書籍，有《效律》、《日書》、《易占》、《政事之常》、《災異占》等。① 該墓還出土一件木質方形式盤，墨書二十八星宿、金木水火土、及月份名等文字。目前這批資料尚未完全公佈。

1993年6月，荆州市沙市區關沮鄉清河村周家臺30號秦墓出竹簡381枚，木牘1枚，時代爲秦代末年。據竹簡據形制和內容可分成3組，編者分別定名爲《曆譜》、《日書》、《病方及其它》；木牘內容爲秦二世元年曆譜。②

2002年，湖南龍山縣里耶鎮一號井出土秦簡37000餘枚。③《里耶發掘報告》共公佈了四種內容的簡文，其中有公文簡36枚、祠先農簡22枚、地名里程簡3枚、戶籍簡28枚（無字或無法釋讀的6枚，實22枚簡上有文字）。另外，井中出土的文字資料還有封泥匣、封泥和笥牌等。

2007年12月，湖南大學岳麓書院從香港搶救性收購一批秦簡，共2098個編號，其中比較完整1300餘枚。2008年8月，香港一收藏家將其所購藏的少量竹簡（76個編號，較完整的30餘枚）捐贈給岳麓書院。這兩批簡的形制、書體和內容都與此前新收藏的秦簡相同，應屬同一批出土。經初步整理，岳麓秦簡的主要內容可分七大類：《質日》、《爲吏治官及黔首》、《占夢書》、《數》書、《奏讞書》、《秦律雜抄》、《秦令雜抄》。其中

---

① 荆州地區博物館《江陵王家臺15號秦墓》，《文物》1995年第1期。
② 荆州市周梁玉橋遺址博物館《關沮秦漢墓清理簡報》，《文物》1999年第6期。
③ 湖南省文物考古研究所《湖南龍山里耶戰國——秦代古城一號井發掘簡報》，《文物》2003年第1期；湖南省文物考古研究所編著《里耶發掘報告》，岳麓書社，2006年。

《質日》、《爲吏治官及黔首》、《數》三種是簡背上原有的標題，其他四種是整理小組暫擬的篇題。

2010年初，香港馮燊均國學基金會搶救了一批流失海外的珍貴秦代簡牘，後捐贈給北京大學。據報導，這批簡牘包含竹簡763枚（其中近300枚爲正、背兩面書寫）、木簡21枚，木牘6枚，竹牘4枚，不規則木觚1枚，有字木骰一枚。此外，在簡牘中還雜有竹笥殘片、兩組長度不同的竹製算籌、裝算籌的竹製圓筒等物品。簡牘的文字內容包括：質日、爲吏之道、交通里程書、算數書、數術方技書、制衣書、文學類佚書等。①

2. 研究概況

（1）綜合研究

這一時期，秦簡綜合研究方面的論著有兩部，均論及秦簡的出土和研究概況。② 其中《二十世紀出土簡帛綜述》一書對近百年來簡帛發現、研究的歷史和現狀作了全面疏理。徐在國《戰國文字論著目錄索引》中單列"秦簡牘"，收錄自1976年迄於2003年底，大陸、港澳臺及日本等地學者的秦簡牘專著108餘部，論文1746餘篇，蔚爲大觀。沈頌金、趙汝清、陸錫興、于

---

① 叢欣《北京大學藏秦簡牘情況通報及座談會召開》，《北京大學學報》（哲社版）2010年第6期。
② 沈頌金《二十世紀簡帛學研究》，學苑出版社，2003年。駢宇騫、段書安《二十世紀出土簡帛綜述》，文物出版社，2006年。

振波、陳文豪等對秦簡出土與研究狀況作了綜述。① 張玉金對秦簡語法研究作了總結;② 此外,李玉、吉仕梅、黃文傑等人的研究中都對秦簡語言文字做了一定探討。③

20世紀90年代初,秦簡文字編的編撰取得了顯著成就,三部秦簡文字編相繼出版。《秦簡文字編》首先在日本出版。④ 隨後,兩部《睡虎地秦簡文字編》相繼出版。⑤ 兩書雖然同名,但內容上有諸多差異。前者收有睡虎地11號墓竹簡和木牘、6號墓木牘、青川田律木牘及新出龍崗秦簡木牘;後者則僅限於《睡虎地秦墓竹簡》一書。前者以照相取字形,以部首排列,字頭下注明原簡篇名、編號,列辭例,加簡注;後者臨摹字形,按《說文》部首排列,各字下也注篇名及編號。前者正文後的附"睡虎地秦簡通假字表"、"異體字表"、"誤書字表";後者的字之通假,在字下注明。兩書所收字頭相近,前者1752個,後者1763個,所收重文大致相同。兩書的問世,對秦簡文字研究,均有極大的促進作用。

---

① 沈頌金《海外簡牘研究綜述》,《文史知識》1992年第11期。趙汝清《日本學者簡牘研究述評》,《簡牘學研究》(一),甘肅人民出版社,1997年。陸錫興《七十年代以來的秦漢簡帛文字研究》,《南昌大學學報》2000年第3期。于振波《近三十年大陸及港臺簡帛發現、整理與研究綜述》,《南都學壇》2002年第1期。謝桂華《百年來的簡帛發現與簡帛學的發展》,《光明日報》2001年9月6日。陳文豪《二十世紀出土秦漢簡帛概述》,《簡牘學研究》(三),甘肅人民出版社,2002年。
② 張玉金《出土戰國文獻語法研究的回顧與展望》,《華南師範大學學報》(社會科學版),2007年6月。
③ 李玉《秦漢簡牘帛書音韻研究》,當代中國出版社,1994年。吉仕梅《秦漢簡帛語言研究》,巴蜀書社,2004年。黃文傑《秦至漢初簡帛文字研究》,商務印書館,2008年。
④ 張世超、張玉春《秦簡文字編》,日本京都中文出版社1990年。
⑤ 陳振裕、劉信芳《睡虎地秦簡文字編》,湖北人民出版社1993年。張守中《睡虎地秦簡文字編》,文物出版社1994年。

以秦簡綜合研究爲題的學位論文有黃靜吟《秦簡隸變研究》、胡偉《秦簡人稱代詞研究》、許信昌《秦簡日書數術的探討》、何宗昌《雲夢秦簡中秦律之研究》、王澤強《戰國秦漢竹簡研究》、孫鶴《秦簡牘書研究》、林雅芳《〈天水放馬灘秦簡〉、〈周家臺秦簡〉及〈里耶秦簡〉詞語通釋》等。① 專門討論秦牘的論著有林葛鵬《秦牘六種研究》。②

張顯成先生主持的 2010 年度國家古籍整理出版資助項目《秦簡逐字索引》（簡帛逐字索引大系之一）是目前唯一一部秦簡逐字索引。③

另外，2008 年度教育部哲學社會科學研究重大課題攻關項目"秦簡牘的綜合整理與研究"立項，該項目由武漢大學簡帛研究中心承擔，利用紅外線照相技術拍照，並吸收了國內簡牘收藏單位和海內外相關研究人員參與，是目前唯一一個秦簡綜合研究項目，其研究模式和經驗值得借鑒。

（2）睡虎地秦簡研究

1990 年再版的《睡虎地秦墓竹簡》集中體現了前一階段的睡虎地秦簡研究成果。④ 該書收錄了所有圖版、釋文、注釋和語

---

① 黃靜吟《秦簡隸變研究》，中正大學中文研究所碩士論文，1993 年。胡偉《秦簡人稱代詞研究》，華南師範大學碩士學位論文，2005 年。許信昌《秦簡日書數術的探討》，國立臺灣大學歷史研究所碩士學位論文，1993 年。何宗昌《雲夢秦簡中秦律之研究》，國防管理學院法律研究所碩士學位論文，2003 年。王澤強《戰國秦漢竹簡研究》，蘇州大學博士學位論文，2003 年。孫鶴《秦簡牘書研究》，首都師範大學博士學位論文，2004 年（北京大學出版社 2009 年）。林雅芳《〈天水放馬灘秦簡〉〈周家臺秦簡〉及〈里耶秦簡〉詞語通釋》，華東師範大學碩士學位論文，2009 年。
② 林葛鵬《秦牘六種研究》，安徽大學碩士學位論文，2009 年。
③ 張顯成《簡帛逐字索引大系之一：秦簡逐字索引》，四川大學出版社，2010 年 12 月。
④ 睡虎地秦墓竹簡整理小組《睡虎地秦墓竹簡》（八開精裝本），文物出版社 1990 年。

譯，釋文吸收了之前學術界對簡文文字的考釋成果。

睡虎地秦簡研究專著涉及各個方面，有劉樂賢《睡虎地秦簡日書研究》、高敏《睡虎地秦簡初探》、郝茂《秦簡文字系統之研究》、吳小強《秦簡日書集釋》、魏德勝《睡虎地秦墓竹簡語法研究》和《睡虎地秦墓竹簡辭彙研究》、王子今《睡虎地秦簡〈日書〉甲種疏證》；臺灣傅容珂《睡虎地秦簡刑律研究》、徐富昌《睡虎地秦簡研究》、吳福助《睡虎地秦簡論考》，日本工滕元男《睡虎地秦簡所見秦代國家與社會》等。① 有關的學位論文涉及文字形體、詞類、通假字、語法等諸多方面。② 此外，《出土秦律書寫形態之異同》一文的研究頗具啟發性：該文比較睡虎地、王家臺秦簡中的"效律"簡的書寫形態，認爲《秦律十八種》中常見的"●"符號並不是表示前後條文的區分，

---

① 劉樂賢《睡虎地秦簡日書研究》，臺北文津出版社，1994年。高敏《睡虎地秦簡初探》，臺北萬卷樓出版公司，2000年。郝茂《秦簡文字系統之研究》新疆大學出版社，2001年。吳小強《秦簡日書集釋》，岳麓書社，2000年。魏德勝《睡虎地秦墓竹簡語法研究》，首都師大出版社，2000年。魏德勝《睡虎地秦墓竹簡詞彙研究》，華夏出版社，2003年。王子今《睡虎地秦簡〈日書〉甲種疏證》，湖北教育出版社，2003年。傅容珂《睡虎地秦簡刑律研究》，臺北商鼎文化出版社，1992年。徐富昌《睡虎地秦簡研究》，臺北文史哲出版社，1993年。吳福助《睡虎地秦簡論考》，臺北文津出版社，1995年。工滕元男《睡虎地秦簡所見秦代國家與社會》，創文社1998年；又上海古籍出版社，2010年。

② 黃文傑《睡虎地秦簡文字形體研究》，中山大學碩士學位論文，1992年。吉仕梅《〈睡虎地秦墓竹簡〉封閉性詞類研究》，四川大學碩士學位論文，1993年。洪燕梅《睡虎地秦簡文字研究》，國立政治大學中文研究所碩士論文，1993年。石峰《〈睡虎地秦墓竹簡〉動詞研究》，四川大學碩士學位論文，1998年。趙立偉《〈睡虎地秦墓竹簡〉通假字、俗字研究》，西南師範大學碩士學位論文，2002年。李明曉《〈睡虎地秦墓竹簡〉法律用語研究》，西南師大文獻所碩士學位論文，2003年。王化平《秦簡〈爲吏之道〉及相關問題研究》，四川大學碩士學位論文，2003年。崔南圭《睡虎地秦簡語法研究》，臺灣東海大學博士論文，1994年。李淑怡《〈睡虎地秦墓竹簡〉詞語選釋》，中山大學碩士學位論文，2008年。張茂發《〈睡虎地秦墓竹簡〉動詞配價研究》，西南大學博士學位論文，2008年。楊洪《〈睡虎地秦墓竹簡〉辭彙研究》，華東師範大學碩士學位論文，2008年。

"●"符以下的内容是對律文的補充，"●"符的作用在於提示補充的部分。"秦律十八種"竹簡上並列存在著書寫目的不同的兩種文書。①

　　1994年之前的研究狀況和論著目錄可參看吳福助《睡虎地秦簡十四年研究述評》和《睡虎地秦簡文獻類目》。② 李明曉對2004年之前睡虎地秦簡語言文字方面的論著做了彙集。③ 截止2009年，秦簡語言文字方面的研究論文約有五十餘篇。簡文考釋研究的論文有三十多篇。睡虎地秦簡《日書》的研究是一個熱點，論文有四十多篇；沈頌金、張強、劉樂賢等人對《日書》的研究狀況作了總結。④ 馬彪輯錄了睡虎地秦簡出土以後至2004年近30年間日本雲夢睡虎地秦簡研究文獻目錄。⑤

　　(3) 龍崗秦簡、木牘

　　與發掘簡報同時刊發的《雲夢龍崗秦簡綜述》一文對簡文

---

　① ［日］佐佐木研太著，曹峰、張毅譯《出土秦律書寫形態之異同》，《清華大學學報》2004年4期。
　② 吳福助《睡虎地秦簡論考·睡虎地秦簡十四年研究述評》，臺北文津出版社1995年。吳福助《睡虎地秦簡文獻類目》，［臺］《中華文化學報》創刊號，1994年6月。
　③ 簡帛研究網站：http：//www. jianbo. org/admin3/list. asp? id = 1056 (2003年12月7日)。
　④ 沈頌金《中日兩國學者研究秦簡〈日書〉評述》，《中國史研究動態》1994年第4期。張強《近年來秦簡〈日書〉研究評介》，《文博》1995年第3期。劉樂賢《睡虎地秦簡〈日書〉研究二十年》，《中國史研究動態》1996年第10期。張強《近年來秦簡〈日書〉研究評介》，》《文博》1995年第3期。張銘洽《〈秦簡日書集釋〉與日書研究》，《文博》2001年第5期。
　⑤ 簡帛研究網站：http：//www. bsm. org. cn/show_ article. php? id = 47 (2005年11月6日)

內容作了介紹。① 1994 年，龍崗秦簡資料全部公佈。② 此後又有《雲夢龍崗秦簡》和《龍崗秦簡》兩部全面的考釋和研究專著出版，公佈了全部釋文和照片，後者對釋文有所修訂，並且附有李學勤、黃盛璋、胡平生、劉國勝等學者的五篇研究文章。③ 有關龍崗秦簡研究的論文約有二十餘篇。黃盛璋、劉信芳等有專文討論龍崗木牘。④ 2005 年 8 月雲夢縣委宣傳部、雲夢秦漢文化研究會編《雲夢睡虎地秦竹簡出土 30 周年紀念文集》收錄論文 35 篇，研究論著目錄 3 篇。

（4）江陵王家臺秦簡

王家臺秦簡的研究集中在對簡文的釋讀和"易占"與《歸藏》、《周易》的關係上。連劭名、李家浩、邢文等均有論著發表。⑤ 2000 年新出簡帛國際學術研討會論文上，王明欽《王家臺秦墓竹簡概述》一文詳細介紹了簡文內容。⑥ 此後，廖名春、朱

---

① 湖北省文物考古研究所等《雲夢龍崗秦漢墓地發掘簡報》，《江漢考古》1990 年第 3 期。劉信芳、梁柱《雲夢龍崗秦簡綜述》，《江漢考古》1990 年第 3 期。
② 湖北省文物考古研究所等《雲夢龍崗 6 號秦墓及出土簡牘》，《考古學集刊》（八），科學出版社，1994 年。
③ 劉信芳、梁柱《雲夢龍崗秦簡》，科學出版社 1997 年 7 月。中國文物研究所、湖北省文物考古研究所《龍崗秦簡》，中華書局，2001 年。
④ 黃盛璋《雲夢龍崗六號秦墓木牘與告地策》，《中國文物報》1996 年 7 月 14 日第 3 版。劉信芳《關於雲夢龍崗秦牘"沙羡"的地望問題》，《文物》1997 年第 11 期。
⑤ 連劭名《江陵王家臺秦簡與〈歸藏〉》，《江漢考古》1996 年第 4 期。李家浩《王家臺秦簡"易占"爲〈歸藏〉考》，《傳統文化與現代化》1997 年第 1 期。王寧《秦墓〈易占〉與〈歸藏〉之關係》，《考古與文物》2000 年 1 期。邢文《秦簡〈歸藏〉與〈周易〉用商》，《文物》2000 年第 2 期。
⑥ 王明欽《王家臺秦墓竹簡概述》，《新出簡帛研究——新出簡帛國際學術研討會論文集》，文物出版社，2004 年。

淵清、王輝先生等人又對簡文作了進一步研究。①

（5）周家臺30號秦墓竹簡

彭錦華《周家臺30號秦墓竹簡"秦始皇三十四年曆譜"釋文與考釋》與簡報同期刊發。②《關沮秦漢墓簡牘》詳細報告了墓葬發掘及簡牘出土情況，並發表了部分研究成果。③ 資料公佈後彭錦華、劉信芳、王貴元等又有論文繼續討論。④ 以周家臺秦簡爲題的學位論文有劉國勝《沙市出土〈式占〉及其相關問題研究》、張佩慧《周家臺三〇號秦簡論考》和楊繼文《周家臺秦簡文字字形研究》等。⑤

（6）秦更修田律木牘

徐中舒、羅開玉、張金光、祝中熹等對秦更修田律木牘的文字、田律制度等作了深入的研究。⑥ 許學仁輯錄了1982年至

---

① 廖名春《王家臺秦簡〈歸藏〉管窺》，《周易研究》2001年第2期。朱淵清《王家臺〈歸藏〉與〈穆天子傳〉》，《周易研究》2002年第6期。王輝《王家臺秦簡《歸藏》索隱——兼論其成書年代》，《古文字研究》第24輯，中華書局，2002年。

② 彭錦華《周家臺30號秦墓竹簡"秦始皇三十四年曆譜"釋文與考釋》，《文物》1999年第6期。

③ 湖北省荊州市周梁玉橋遺址博物館《關沮秦漢墓簡牘》，中華書局，2001年。

④ 彭錦華、劉國勝《沙市周家臺秦墓出土線圖初探》，《簡帛研究2001》，廣西師大出版社，2001年。劉信芳《周家臺秦簡曆譜校正》，《文物》2002年第10期。彭錦華《周家臺30號秦墓簡牘綜述》，《簡帛研究2002~2003》，廣西師範大學出版社，2005年。王貴元《周家臺秦墓簡牘釋讀補正》，《考古》2009年第2期。

⑤ 劉國勝《沙市出土〈式占〉及其相關問題研究》，武漢大學歷史系，1995年。張佩慧《周家臺三〇號秦簡論考》，國立政治大學國文教學碩士學位班學位論文，2005年。楊繼文《周家臺秦簡文字字形研究》，西南大學碩士學位論文，2009年

⑥ 徐中舒、伍仕謙《青川木牘簡論》，《古文字研究》第19輯，中華書局，1992年。羅開玉《青川秦牘〈爲田律〉再研究》，《四川文物》1992年第3期。張金光《青川秦牘〈更修爲田律〉適用範圍管見》，《四川文物》1993年第5期。祝中熹《青川秦牘田制考辨》，《簡帛研究》（二），法律出版社，1996年。

1997青川木牘研究論文要目。① 以此爲題的學位論文僅見肖輝《青川木牘輯考》。②

（7）天水放馬灘秦簡　自出土以來，僅公佈了少量資料，導致研究嚴重滯後，論文僅數篇。③ 1990年又公佈了少量甲、乙《日書》圖版，但未引起學術界重視，④ 祇有個別學者據此對甲種《日書》釋文作了訂正。⑤ 雍際春專門研究了木板地圖。⑥ 2009年天水放馬灘秦簡資料全部公佈，但簡文圖版很不清晰。⑦ 隨之也有一些論著就釋文等問題進行討論。⑧

（8）里耶秦簡

里耶秦簡自出土以來，雖然資料僅公佈了極少數，但研究論著

---

① 簡帛網站 http：//www. bsm. org. cn/show_ article. php？id = 387（2006年7月30日）。
② 肖輝《青川木牘輯考》，安徽大學碩士學位論文，2007年。
③ 任步雲《放馬灘出土竹簡〈日書〉芻議》，《西北史地》1990年第3期。李學勤《放馬灘中的志怪故事》，《文物》1990年第4期。鄧文寬《天水放馬灘秦簡"楗"應名"建除"》，《文物》1990年第8期。劉信芳《〈天水放馬灘秦簡綜述〉質疑》，《文物》1990年第9期。張修桂《天水〈放馬灘地圖〉的繪製年代》，《復旦學報》（社科版）1991年第1期。林劍鳴《從放馬灘〈日書〉（甲種）再論秦文化的特點》，《簡帛研究》第一輯，法律出版社，1993年。饒宗頤《論天水秦簡中"中鳴"、"後鳴"與古代以音律配合時刻制度》，《簡帛研究》第二輯，法律出版社，1996年。胡文輝《放馬灘〈日書〉小考》，《文博》1999年第6期。
④ 《書法》1990年4期。
⑤ 施謝捷《簡帛文字考釋劄記》，《簡帛研究》第三輯，廣西教育出版社1998年。
⑥ 雍際春、陳逸平《天水放馬灘秦墓出土的地圖繪製者與年代問題新探》，《陝西歷史博物館館刊》第9輯，三秦出版社，2002年。雍際春《天水放馬灘木板地圖研究》，甘肅人民出版社2002年。
⑦ 甘肅省文物考古研究所編《天水放馬灘秦簡》，中華書局，2009年8月。
⑧ 呂亞虎《〈天水放馬灘秦簡〉校讀劄記》，《西安財經學院學報》2010年第3期。王輝《〈天水放馬灘秦簡〉校讀記》，簡帛網 http：//www. bsm. org. cn/show_ article. php？id = 1278（2010年7月30日）。晏昌貴《〈天水放馬灘秦簡〉乙種〈日書〉分篇釋文》（稿），《簡帛》第五輯，上海古籍出版社，2010年。呂亞虎《〈天水放馬灘秦簡〉識小》，《簡帛》第五輯，上海古籍出版社，2010年。

不斷湧現。2009年之前的研究論文約有百篇。凌文超、伍成泉、郭艾生等撰文綜述了研究概況。① 王煥林綜合各家校釋成果，整理了已公佈的簡文。② 鍾煒研究了歷史地理方面問題。③ 凡國棟輯錄了《里耶秦簡研究目錄》（2007年之前）。④ 2007年10月召開的"中國里耶古城·秦簡與秦文化國際學術研討會"是對前階段里耶秦簡研究的總結與推進，會上又有少部分新資料公佈。⑤

（9）岳麓書院藏秦簡

岳麓書院藏秦簡的資料正在整理中。陳松長、肖燦、朱漢民、于振波等人做了初步研究，公佈了部分資料。⑥ 最近出版的《岳麓書院藏秦簡（壹）》收錄了《質日》、《爲吏治官及黔首》、《占夢書》三種文獻。⑦

3. 與秦簡有關的漢字理論研究

以出土文字資料爲依據來研究秦"書同文字"政策的討論

---

① 凌文超《近年來龍山里耶秦簡研究綜述》，《湖南科技學院學報》2006年第2期。凌文超、伍成泉《近年來湘西里耶秦簡研究綜述》，《中國史研究動態》2007年第6期。郭艾生《2007年度里耶秦簡研究綜述》，《雲夢學刊》2008年第1期。
② 王煥林《里耶秦簡校詁》，中國文聯出版公司，2007年9月。
③ 鍾煒《里耶秦簡牘所見歷史地理及相關問題》，武漢大學碩士學位論文，2004年。
④ 簡帛網 http：//www.bsm.org.cn/show_article.php?id=527（2007年2月24日）
⑤ 中國社會科學院考古研究所等《里耶古城·秦簡與秦文化研究——中國里耶古城·秦簡與秦文化國際學術研討會論文集》，科學出版社，2009年10月。
⑥ 陳松長《岳麓書院所藏秦簡綜述》，《文物》，2009年第3期。陳松長《岳麓書院藏秦簡中的郡名考略》，《湖南大學學報（社科版）》，2009年第2期。肖燦、朱漢民《岳麓書院藏秦簡〈數書〉中的土地面積計算》，《湖南大學學報（社科版）》2009年第2期。朱漢民、肖燦《從岳麓書院藏秦簡〈數〉看周秦之際的幾何學成就》，《中國史研究》2009年第3期。肖燦、朱漢民《岳麓書院藏秦簡〈數〉的主要內容及歷史價值》，《中國史研究》2009年第3期。于振波《秦律中的甲盾比價及相關問題》，《史學集刊》2010年第5期。
⑦ 岳麓書院秦簡整理小組《岳麓書院藏秦簡（壹）》，上海辭書出版社，2010年11月。

仍在繼續，討論內容包括籀文、小篆、隸書之間的繼承關係、秦文字發展的序列等問題。① 天水放馬灘秦簡部分資料公佈後，毛惠明再次論證了隸書最晚流通於戰國時代，在秦統一前已初步成熟。② 陳昭容的一系列文章對秦文字發展序列、小篆與籀文的關係、秦代書體、隸書起源等重要問題作了深入系統的研究。③ 趙平安對隸變的起因、現象和規律、影響、性質和特點、途徑和方法等問題作了系統研究，勾畫出戰國至漢初文字的發展脈絡。④

秦文字字體和構形的研究成為逐漸為學者關注。綜合研究秦文字字體及構形的有陳昭容、黎東明、徐筱婷、楊宗兵等。⑤ 也有將秦文字與他國或其他時代文字比較研究的。⑥ 另外，一些研究春秋戰國文字構型的論著也涉及到秦文字字體。這些研究或宏

---

① 奚椿年《"書同文字"政策的實施及其失敗：從出土文物看秦始皇統一全國文字的工作》，《江海學刊》1990年4期。趙平安《論秦國歷史上的三次"書同文"》，《河北大學學報》（哲社版）1994年第3期。陳昭容《秦"書同文字"新探》，《歷史語言研究所集刊》68本3分，1997年9月。陳昭容《秦代書同文的意義及其影響》，《歷史文物月刊》2001年第1期。李裕民《重評秦始皇統一文字》，《晉陽學刊》2001年第4期。陳一梅《論秦的文字制度》，《西北大學學報》（哲社版）2005年第6期。

② 毛惠明《從天水秦簡看秦統一前的文字及其書法藝術》，《書法》1990年4期。

③ 陳昭容《秦書八體原委——附論新莽六書》，《中國文字》新21期，1996年12月。《隸書起源問題重探》，《南大語言文化學報》第2卷第2期，1997下半年。陳昭容《秦文字發展序列——從漢字發展歷史看秦文字的傳承與演變》，《兵馬俑秦文化》，臺北國立歷史博物館，2000年12月。

④ 趙平安《隸變研究》，河北大學出版社，1993年。

⑤ 陳昭容《秦系文字研究》，東海大學中文研究所博士論文，1996年。黎東明《秦系文字研究》，首都師範大學書法所博士學位論文，1999年。徐筱婷《秦系文字構形研究》，國立彰化師範大學國文研究所碩士論文，2001年。楊宗兵《秦文字字體研究》，北京師範大學博士學位論文2005年。

⑥ 宋瑢映《〈秦簡〉文字與〈說文〉小篆字形比較研究》，北京師範大學博士學位論文，1997年。王甌惠《秦、楚金文書體比較研究》，國立政治大學中等學校教師在職進修班碩士學位論文，2005年。洪燕梅《秦金文與〈說文〉小篆書體之比較》，《政大中文學報》2006年第5期。

觀或微觀地總結了秦系文字的特徵。①

此外，也有針對秦簡用字做專門的研究。②

三、總結與展望

20世紀中期以來，由於秦簡資料的不斷出土，也引起了研究的熱潮。從以上介紹的研究概況可以看出，秦簡文字的研究與秦相關制度以及秦史、秦文化研究結合得非常緊密。秦簡《日書》、法律文書、行政公文中的占卜、避忌内容、苛細的法律條文等内容，爲探討秦社會狀况、法律及相關制度提供了第一手材料。

今後的秦簡研究應在已取得成果的基礎上，在以下幾個方面向前推進：

1. 加快材料的保護、整理與刊佈。天水放馬灘秦簡時隔20多年才將資料全部公佈，由於竹簡保護情况不佳，圖版模糊，使進一步的研究工作更加困難。希望王家臺秦簡、周家臺秦簡、里耶秦簡、岳麓和北大藏秦簡的資料能儘快、完整刊佈，以便學術界開展研究。

2. 加强各科研機構之間的合作，開展秦簡資料的整合研究。近幾年來有大宗的秦簡文字資料先後出土，如湘西龍山里耶出土

---

① 羅衛東《春秋金文構形系統研究》，北京師範大學博士學位論文，1997年（上海教育出版社2005年）。陳立《戰國文字構形研究》，臺灣大學中國文學研究所博士學位論文，2004年。吳欣潔《春秋金文形構演變研究》，臺灣成功大學中國文學系碩博士班碩士論文，2004年。張曉明《春秋戰國金文字體演變研究》，山東大學博士學位論文2005年（齊魯書社2006年）。

② 朱翠萍《秦代簡帛用字研究》，中國人民大學碩士學位論文，2006年。

的秦簡 37000 餘枚，岳麓書院購藏的 2000 餘枚秦簡，北京大學新近入藏 700 餘枚秦簡等。這些資料的整理研究需要學術界的通力合作。武漢大學簡帛研究中心陳偉先生主持的"秦簡綜合整理與研究"是一個很好的範例。

3. 加強秦（簡）文字和楚（簡）文字的比較研究，以及秦文字與其他四系的文字比較研究。

以上所及各家論著難免挂一漏萬，有些評價不一定準確，有些提法不一定妥當，敬請批評指正。

後 記

　　本輯共收文章28篇，涵蓋了簡帛文字研究及簡帛釋文研究、簡帛音韻研究、簡帛詞彙研究（含辭書研究）、簡帛語法研究多個研究領域。

　　另外，本輯還刊載了3篇關於《尹灣漢墓簡牘》專用名詞索引的文章，即《〈尹灣漢簡〉兵器名物索引》、《〈尹灣漢簡〉人名索引》、《〈尹灣漢簡〉遣冊名物索引》。刊載的緣由是，《尹灣漢墓簡牘校理》（作者張顯成、周群麗，天津古籍出版社2011年3月出版）一書，屬國家古籍整理出版2011年資助項目，由於出版社要趕在規定的時間內出版，時間緊，工作量大，便刪去了原書稿所附的這三個"索引"，應學界專家的建議，曾將這三個"索引"發至武漢大學簡帛網上，供學界使用，現爲使學界能得到更規範的樣本，故將它們發於本輯。

　　再，本輯還刊發了王偉的《建國以來秦簡的發現與研究》一文。此文雖不屬語言文字研究之列，但對包括語言文字研究在內的簡帛學者，都是頗有裨益的，故刊之。

　　本輯原定在2011年底出版，由於諸多原因，未能按期付梓，謹向各位作者致歉！

本輯編務工作是由馬克冬擔任的，謹致謝！

主　編
2012 年 1 月 30 日

《簡帛語言文字研究》徵稿啟事

　　本刊是專門刊發簡帛語言研究和簡帛文字研究論文的學術刊物，尊重學術自由，鼓勵學術爭鳴，歡迎學界來稿。來稿請注意：

　　1. 繁體行文，請一定注意規範使用繁體。正文必須是繁宋（繁體宋體），不能簡單地將簡體轉換成 PMingLiu，應再轉一次（即轉宋體）。

　　2. 來稿請提交紙本和電子本各一份，電子本可為郵件形式或磁片形式。

　　3. 當頁註腳，每頁重新編號，注碼形式為：①②③……

　　4. 標題下一行是作者名，作者簡介位於文章第一頁註腳。如："李明曉，西南大學漢語言文獻研究所　副教授　重慶400715。"

　　5. 引文出處標注格式：

　　A. 期刊類：作者、文章名、期刊名、期數。如：劉曉南《先秦語氣詞的歷史多義現象》，《古漢語研究》1991年第3期。

B. 集刊類：作者、文章名、集刊名、輯數、出版社、出版時間。如：李銳《讀簡散劄》，《簡帛語言文字研究》第三輯，巴蜀書社，2008年。

C. 專著類：作者、專著名、出版社、出版時間、頁碼。如：張顯成《簡帛文獻學通論》，中華書局，2004年，頁6。陳松長《香港中文大學文物館藏簡牘》，香港中文大學文物館，2001年，頁2-6。馬承源主編《上海博物館藏戰國楚竹書（一）》，上海古籍出版社，2001年。太田辰夫著，蔣紹愚、徐昌華譯《中國語歷史文法》（修訂譯本），北京大學出版社，2003年，頁375。

6. 文中若有圖片文字，請一定要清晰，符合出版標準，不能簡單地將圖版上的照片文字複製插入文中，應將所用圖片文字進行處理（或摹寫，或用電腦脫去底色），除拓片文字外，不能有底色。若有文字以外的圖片，也同樣一定要清晰。

如右圖左右兩欄的圖片文字，1欄的不清晰，不符合出版要求；2欄為清晰者，符合出版要求。

7. 來稿請另紙或於稿末注明作者真實姓名、通訊地址、郵政編碼、電子信箱、手機電話，以便聯繫。

8. 來稿請寄：重慶北碚西南大學文獻所《簡帛語言文字研究》編輯部，郵政編碼400715。E-mail: jbyywzyj@163.com。

图书在版编目（CIP）数据

简帛语言文字研究．6／張顯成主編．—成都：巴蜀書社，2012.5

ISBN 978-7-5531-0016-6

Ⅰ.①简… Ⅱ.①張… Ⅲ.①简（考古）－古文字－中國－文集②帛書－古文字－中國－文集 Ⅳ.①K877.54－53②K877.94－53

中國版本圖書館 CIP 數據核字（2012）第 075807 號

簡帛語言文字研究（第六輯）　　　張顯成　主編

責任編輯	謝藝波
出　　版	四川出版集團巴蜀書社 成都市槐樹街 2 號　郵編 610031 總編室電話：(028) 86259397
網　　址	www.bsbook.com
發　　行	巴蜀書社 發行科電話：(028) 86259422　86259423
經　　銷	新華書店
印　　刷	成都蜀通印務有限責任公司
版　　次	2012 年 5 月第 1 版
印　　次	2012 年 5 月第 1 次印刷
成品尺寸	203mm×140mm
印　　張	13.125
字　　數	310 千
書　　號	ISBN 978-7-5531-0016-6
定　　價	30.00 圓

本書如有印裝質量問題，請與工廠調換